Cultural Relics

Repair

Research

沈军 著

文物
修复
研究

文物医院的理念与实践

江苏凤凰美术出版社

图书在版编目(CIP)数据

文物修复研究：文物医院的理念与实践 / 沈军著.
— 南京：江苏凤凰美术出版社，2021.8(2022.7重印)
ISBN 978-7-5580-9235-0

Ⅰ.①文… Ⅱ.①沈… Ⅲ.①文物修整—研究 Ⅳ.
①G264.3

中国版本图书馆CIP数据核字(2021)第180493号

责任编辑　孙雅惠
助理编辑　袁小捷
责任校对　吕猛进
责任监印　生　嫄

书　　名	文物修复研究：文物医院的理念与实践
著　　者	沈　军
出版发行	江苏凤凰美术出版社(南京市湖南路1号　邮编:210009)
制　　版	江苏凤凰制版有限公司
印　　刷	盐城志坤印刷有限公司
开　　本	718毫米×1 000毫米　1/16
印　　张	18.625
版　　次	2021年8月第1版　2022年7月第2次印刷
标准书号	ISBN 978-7-5580-9235-0
定　　价	98.00元

营销部电话　025-68155675　营销部地址　南京市湖南路1号
江苏凤凰美术出版社图书凡印装错误可向承印厂调换

目　录

上篇　总论

绪论　3

第一章　故宫博物院文物修复与保护发展历程　8

第二章　现代科技与传统技艺的融合　20

中篇　个案研究

第三章　清宫御制匾联的修复研究
　　　　——以故宫博物院咸若馆原状陈列金龙匾联为例　47

第四章　文物医院保护理念下的修复研究
　　　　——以故宫博物院院藏清代旃檀佛像的"治疗"为例　70

第五章　一件紫檀嵌粉彩瓷片椅的修复研究　100

第六章　尽缮尽美
　　　　——故宫博物院文物修复展览策划研究　115

下篇 十年综述(2007—2016)

第七章 文物修复双年综述(2007—2008) 135

第八章 文物修复双年综述(2009—2010) 152

第九章 年度文物修复综述(2011) 170

第十章 文物修复三年综述(2012—2014) 187

第十一章 年度文物修复综述(2015) 208

第十二章 文物保护修复与保护科技工作综述(2016) 231

附录一 文物修复情况 266

附录二 文物修复相关 285

附录三 文物修复合作76件 287

附录四 宋代五大名窑科学技术国际学术讨论会 290

上篇
总 论

绪 论

一 本书研究拟采用的具体研究方法

从历史的角度看,中国的文物是中国古代的先民们,在当时社会理念的指导下,根据当时社会的需要,在当时社会生产力水平和科学技术水平条件下,以当时的材料和工艺制作而成的。文物修复研究以掌握充分的实验数据和资料为前提,多层面展开文物制作者、制作工艺及其文化背景的历时性研究,进一步通过科学实验、实地调研、文献精读、史料考证、图像解析、文化思想阐释等具体研究方法,对待修复或者已经修复的中国数千年文物的重要资料进行系统梳理,客观比对,分列清单,实物取样,个案解析。从分列清单、个案解析、实物取样三个单元递进研究,在全面梳理、归纳、分析的基础上,对古代文物的宫廷、民间文化场域,宫廷、民间民俗叙事场域、社会传播场域进行内容构建;对文物的材料技术形态、视觉构成形态、社会传播形态进行形态解析;通过描述、分析、诠释的方法完成古代文物的文化表征诠释。

并结合科学实验、史料考证、图像解析、文化思想阐释等方法,对具体文物研究文本进行综合论证,提出观点,产生代表性学术成果。以翔实的总揽资料为依托,形成逻辑清晰、论证有据的中国千年文物的研究文本。

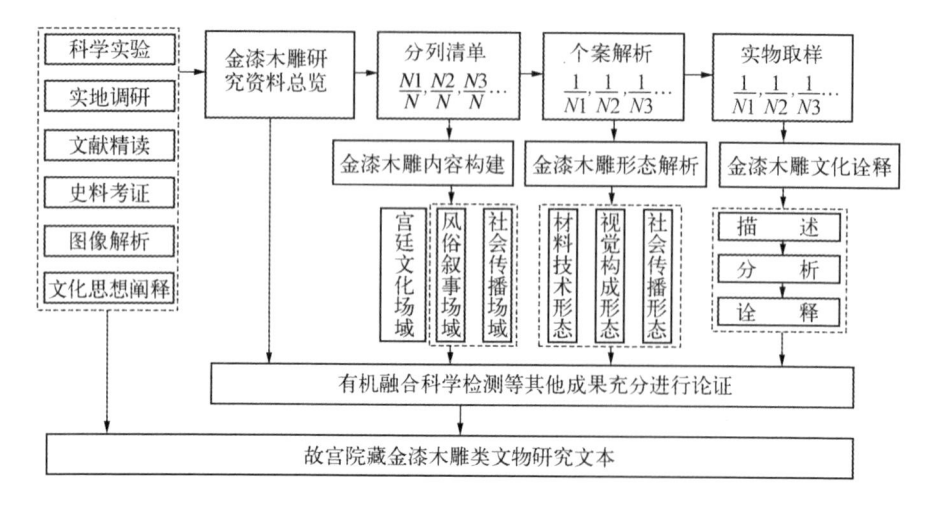

```
科学实验 ──┐
实地调研   │   ┌─────────┐   ┌─────────┐   ┌─────────┐   ┌─────────┐
文献精读   ├──▶│金漆木雕研│──▶│分列清单 │──▶│个案解析 │──▶│实物取样 │
史料考证   │   │究资料总览│   │N1,N2,N3 │   │ 1, 1, 1 │   │ 1, 1, 1 │
图像解析   │   └─────────┘   │ N  N  N │   │N1 N2 N3 │   │N1 N2 N3 │
文化思想阐释┘                 └─────────┘   └─────────┘   └─────────┘
                                   │             │             │
                                   ▼             ▼             ▼
                              ┌─────────┐  ┌─────────┐   ┌─────────┐
                              │金漆木雕内│  │金漆木雕形│   │金漆木雕文│
                              │容构建   │  │态解析   │   │化诠释   │
                              └─────────┘  └─────────┘   └─────────┘
                              ┌──┬──┬──┐  ┌──┬──┬──┐   ┌─────────┐
                              │宫│风│社│  │材│视│社│   │ 描 述   │
                              │廷│俗│会│  │料│觉│会│   ├─────────┤
                              │文│叙│传│  │技│构│传│   │ 分 析   │
                              │化│事│播│  │术│成│播│   ├─────────┤
                              │场│场│场│  │形│形│形│   │ 诠 释   │
                              │域│域│域│  │态│态│态│   └─────────┘
                              └──┴──┴──┘  └──┴──┴──┘
                                   │             │             │
                                   ▼             ▼             ▼
                              ┌─────────────────────────────────────┐
                              │有机融合科学检测等其他成果充分进行论证│
                              └─────────────────────────────────────┘
                                                │
                                                ▼
                              ┌─────────────────────────────────────┐
                              │  故宫院藏金漆木雕类文物研究文本      │
                              └─────────────────────────────────────┘
```

其中所使用的具体研究方法如下:

(一)科学实验

研究步骤主要包括:制样、结构观察和成分、物质组成分析,如图所示:

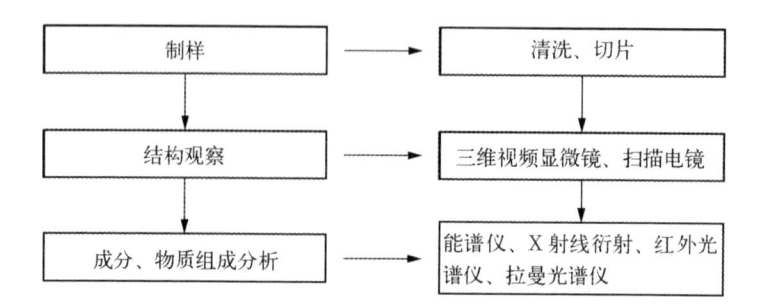

```
┌─────────┐      ┌──────────────┐
│  制样   │─────▶│  清洗、切片  │
└─────────┘      └──────────────┘
     │
     ▼
┌─────────┐      ┌──────────────────────┐
│结构观察 │─────▶│三维视频显微镜、扫描电镜│
└─────────┘      └──────────────────────┘
     │
     ▼
┌─────────────┐  ┌──────────────────────────┐
│成分、物质组成│─▶│能谱仪、X射线衍射、红外光 │
│    分析     │  │谱仪、拉曼光谱仪          │
└─────────────┘  └──────────────────────────┘
```

(二)实地调研

对原状陈列文物发生地的现场遗存进行实地调研、勘察,工艺验证和科学鉴定,使之成为有力的技术证明,这些是本研究的必备功课,这对中国传世文物研究来说,对数百年中国宫廷文化的传播和书写来说,其意义都是十分重要的。

（三）文献精读

对文字文献资料（包括国外文字文献和外文文字文献）进行分门别类梳理之后，坚持对文献资料进行精读，并且做出精准性分析，以此为时序基础，建立研究文本的撰写主轴。为了深化这一重要的研究方法，本研究将精心遴选 50 部（篇）中国历代传世文物的重要文献进行归纳、分析，针对其中的 5 部（篇）经典文献写出每篇 4000 字左右的导读性学术文章，最终结集为 2 万字的《历代传世文物修复文献导读及汇编》。

（四）史料考证

搜集第一手文物史料，对其进行研判，结合新的发现，形成本研究新的研究材料，提高研究的技术含量，增加研究的相关证据链作用。

（五）图像解析

对于涉及重要传世文物的实物图像、创作图像、施工图像、环境图像、时事图像、传播图像等严格按照图像学研究的三层步骤进行描述、分析、诠释，力求还原其历史原境，让相关图像"说话"，使它们真正成为中国数千年传世文物历史的一部分。

（六）文化思想阐释

文化思想阐释是中国传世文物研究中难度极大的研究方法，必须对现有材料进行完备的整理、分析，在历史与文化的高度上，对特定内容样本进行深层解释性的调查，揭露其复杂而潜在的意义，这样才能从传世文物的视角，深刻揭示其背后深藏的社会生活与文化思想的本源。

二 研究手段和技术路线

本书的主要研究手段是文献精读与实地调研，在文物形态的具体分析上，力求手段细致，路线清晰；在文物资料的具体考证上，力求证据确切，观点明了。这些研究手段看起来繁复，但极具操作性。

文物的修复研究是一项跨学科的课题，既涉及化学、物理学、植物学等学科，也涉及考古学、社会学、文化学、博物馆学等多学科的研究成果。

因此，本书力求运用系统论的观点，系统地整合并汲取其他相关学科的研究成果，不断丰富本研究内容，力图建构起文物修复的整体性框架。

三 适用性和可操作性

本书所选用的具体研究方法、研究手段和技术路线具有适用性，是按照文物和博物馆学科的理论研究程序及标准制定的，符合雕塑、漆艺等学科的特点。

任何研究要想做到一流，有三个模型须建立：一是逻辑模型，是为了解决研究主题、研究范畴、研究体量和研究时段等问题（一句话：你想做多大？）；二是数学模型，针对逻辑模型的总量设定进行刻度划分，梯度值和梯级数的设置是决定研究成败的关键，梯度值的设置应以绝大多数研究者不费力气即可跨越为标准（一句话：你想分几步做？）；三是工程模型，是具体分配数学模型所设定的各个小工程的完成体量，在严格控制质量的前提下，按部就班、不折不扣地完成研究的设计，最终完成整个工程。这样的研究方法和手段极具操作性，且研究质量有保证，研究进度可控制（一句话：每一步做什么？）。

本书研究在以上三级模型的指导下，如同建造一座大厦：建筑师设计图纸，工程师根据图纸完成建筑施工图，工人按施工图要求，完成建筑材料的垒砌。因此，各司其职，各尽其责，按能分配，三步完成，具有明确的可操作性。

四 本选题相对于已有研究的独到学术价值、应用价值和社会意义

以漆器文物的修复为例，目前对历代传世文物保护和修复的研究中，少有对具体髹漆方法和技术进行系统深入探讨和实证的研究，文献也较为零散。因样品的来源、数量、制样方式和测试手段等方面的局限，还存在相当多没有还原和揭示的问题。

鉴于本书对于历代传世文物的文献综述和操作实例，本书具有可进

一步探讨、发展或突破的巨大学术空间。

具体而言,本书是国内外第一次试图围绕故宫博物院院藏历代传世文物多个时段、多种类型、诸多个案展开的研究,是理论体系层面的系统研究与深入阐释。

1. 其独到的学术价值体现在:将先进的检测方法、检测设备引入传世文物修复领域,为传世文物的修复提供准确、科学的数据,将此前仅凭经验而无法量化的因素以更具体、明确的形式展现出来,并可进行有效的分析和利用,是当代文物保护科学研究的重要方向。

2. 其丰厚的应用价值体现在:在实际工作中充分利用现代科技和传统手工艺相结合的手法,有利于科学与艺术的完美结合,历代传世文物修复体系的建构对全国数百万件同类文物的修复具有特别重大的意义。

3. 其重要的社会意义体现在:响应了习近平总书记提出的让藏在深宫里的文物活起来的号召,配合专题性的展览和文物修复展进而在社会层面上进一步实现精品文物的文化传播价值。

第一章　故宫博物院文物修复与保护发展历程

　　故宫博物院目前承担可移动文物修复的机构为文保科技部,曾位于紫禁城外西路慈宁宫后"西三所殿""西三宫殿",2016年搬迁至故宫博物院西河沿,位于西部红墙外,城墙内,第一历史档案馆北部,西北角楼、城隍庙南部。主要负责院藏文物的保护、修复、复制和研究,从事文物的实验检测和科技考古,致力于文物修复与复制技艺非物质文化遗产的保护与传承,并对外开展文物复制品、仿制品监制、文物保护技术咨询和培训等工作。

　　文物修复历史悠久,修复之法世代传承。故宫博物院的文物收藏以传世文物为主,追根溯源。就技艺而言,文保科技部的文物修复技术及十大修复技艺及师承关系多数源承于清宫造办处的技艺及传承;就文物的出处而言,这些文物有相当一部分是由清宫造办处制作体系承制;就机构设置而言,文保科技部的科室设置,也都可以直接追溯到造办处所属各"作"。

第一节　中华人民共和国成立之前的文物修复机构演变

一　造办处

　　造办处是清宫制造皇家御用品的专门机构,康熙年间建于养心殿,又名养心殿造办处。康熙三十年(1691)移至慈宁宫以南。据《大清会典事例》卷一千一百七十四载:"原定造办处预备工作以成造内廷交造付件。其各'作'有铸炉处、如意馆、玻璃厂、做钟处、舆图房、珐琅作、盔头作;金玉作所属之累丝作、镀金作、錾花作、砚作、镶嵌作、摆锡作、牙作;油木作所属之雕作、漆作、刻字作、镟作;匣裱作所属之画作、广木作;镫裁作所属之绣作、绦儿作、皮作、穿珠作;铜錽作所属之凿活作、刀儿作、风枪作、眼镜作;枪炮作所属之弓箭作。"清代康熙、雍正、乾隆三朝养心殿造办处各"作"承做的器物都非常精美,代表着清代工艺制造的最高水平。这些器物都是当时全国最优秀的工匠们的作品。有些工匠从地方被选送到养心殿造办处当差,还有多数从事各该行当的手艺人仍在当地,通过督、抚、关差、制造、盐政等等关系接受造办处的定制活计。养心殿造办处具备一个相当大的制造网[①]。

1912年溥仪退位后,大部分清宫造办处的能工巧匠散落民间。自1914年古物陈列所肇建及1925年故宫博物院开院后,部分原清宫造办处的技师匠人回到故宫,从事清宫文物的保护修复等工作。

经历一个多世纪的发展,口授心传的传统技艺不仅修复了大量陈旧破损的宫殿陈设和文物珍品,还培养了一代又一代掌握这些古老的传统技艺的专门人才。日新月异的科学技术使得文物保护技术更为精细多样,尤其为文物材料鉴别、工艺解析、病害勘察、保存状况评估及文物的预防性保护等提供了重要的技术支持。如今,"古法"和"今术"的日渐融合是文物保护技术的发展趋势,并在文物保护事业中发挥重要作用。最近十余年来,在坚持挖掘整理传统技艺、坚持加强文保科技力量的决策下,文保科技部在传承文物修复技艺、文物保护技术研究以及文物修复人才培养等方面取得了辉煌成绩,为故宫博物院的文物保护事业做出了突出贡献。

---

① 朱家溍:《清代造办处漆器制作考》,《故宫博物院院刊》,1998年第3期,第3页。

二 古物馆

　　文保科技部的前身可以追溯至民国时期的古物馆。1925年,故宫博物院成立,设置古物馆并制订相关文物修复规定。根据1927年3月21日公布的《故宫博物院古物馆暂行简章》记载,古物馆下设登录课、编纂课、流传课、展览课、典藏课、装潢课、总务课七个科室。其中装潢课职掌包括四项内容:一是关于书画织绣等部之卷轴册页装裱事项;二是关于雕嵌等部物品之修整事项;三是关于物品附属物之修整事项;四是关于本课工匠之考勤及监察事项①。可见,故宫博物院成立之初,即已设立专门科室,组织人员从事文物修复工作。及至1931年4月,古物馆专门设立裱画室,聘用技工,从事书画、钟表、木器修复,以配合院中文物陈列的需要。据记载,当时共聘用5位技工,分别是京裱技工2人、钟表技工2人、小木作技工1人。除了机构设置和人员配备外,故宫博物院还专门制订了相关文物修复规则,例如1934年古物馆制订的《书画装裱规则》详细规定了书画装裱的原则以及书画修复的程序和规范。例如《书画装裱规则》第一条规定:凡本院所藏轴卷册有当重装者,以不改旧观为原则,如遇有不得不变更原式时,亦须尽量存其旧观。"修旧如旧"的原则,早在民国时期就已是文物修复领域的共识。从现存档案资料来看,《书画装裱规则》应该是故宫博物院文物修复的第一份成文规则,也可能是近代中国文物修复的第一个成文规范。可见,故宫博物院自成立之初就十分重视文物修复工作,尤其是20世纪30年代裱画室的设立以及《书画装裱规则》的制订,标志着故宫博物院文物修复工作在机构设置、人才配备和制度规范等方面得到完善和提升。

---

① 《故宫博物院章制汇编》(1924—1927),档案编号 jfqggzz00011。

第二节　中华人民共和国成立后的文物修复机构

中华人民共和国成立后,故宫博物院根据文物陈列的需要和文物保管的加强,不断推进文物修复工作。其发展历程大致可以分为四个阶段,即:20世纪50年代的修整组时期、20世纪60年代至80年代的修复厂时期、20世纪90年代以来的文保科技部时期,以及2016年文保科技部新址竣工,成立"故宫文物医院",自此进入文保科技部和文物医院一体时期,文物医院和文保科技部是一个机构两块牌子,与20世纪90年代相比突出了"文物医院"的修复理念。其具体情况,分述如下:

一　20世纪50年代的修整组时期

1951年,保管部增设修整组,并制订了办事细则,其内容主要包括三方面:一是修整组的机构职责,即负责全院文物的修整,负责检查保管部各库所藏文物的防蛀防腐情况,承担修整文物的收发登记,各单位各部门送来修整的文物应一律登载在《修整文物收发簿》上,修整完毕后通知各单位取回,同时负责本组文件的撰拟、修整器材的收发管理以及糊制囊匣等事项;二是修整组的工作内容,主要包括书画、刻绣、舆图、书籍、瓷、铜、玉器、雕嵌漆器及钟表木器的修整;三是修整组的工作规范,要求修整文物均需登载《文物修整登记表》,记录修整原因、修整经过及修整毕之状况,必要时先将伤损文物照相备查[1]。配合国家文物保护形势和本院文物事业发展的需要,修整组在这一时期得到快速发展。

1954年3月,故宫博物院开始扩充修整组,陆续从北京、上海、苏州等地调来一批书画、铜器、漆器、木雕、镶嵌等修复技术人才,例如郑竹友、金仲鱼等书画临摹人才,张耀选、杨文彬、孙承枝等裱画名家,古德

---

[1]《保管部修整组办事细则草案》,档案编号19510118z。

旺、赵振茂、金禹民等青铜修复专家,徐芳洲、徐文潾等钟表修复技师,等等①。与此同时,故宫博物院又从院内选调了一批青年职工,加入文物修复行列,完善文物修整组的人才队伍建设。1954年4月,故宫博物院特别批准将西三所中院北房3间辟为裱画室,西院北房3间辟为研究室,西院后北房5间辟为修钟室。至1954年底,修整组已经初步形成钟表、木器、裱画(京裱、苏裱)、古铜、漆器及糊制囊匣6个工种。到1956年底,修整组的修复工种已多达12种,修整组在编人员达37人,另有长期临时工11人。至此,故宫博物院文物修复的人才队伍已经初具规模,并逐步形成了"师徒传承"的人才培养模式。

随着文物修整队伍的壮大,文物修整规范制度也得到了进一步完善。奉陈副院长指示并经过院务会议决定尽快将修整组积压文物清查完报院核办,文物修整组在1956年3月完成将历年积压的各类文物盘点,完善编纂分类清册②。查该组积压的文物分九类共计725件,其中还有一部分是陈列部选修的大批木器陈设及贴落、隔扇心,虽然已经修好,但是没有提用,导致这批文物大量积压。修整组在未实行修复制度以前,虽然没有正式记载,但是每一件器物都能找出原送来的经手人,因此可以分别提退达到不使任一件文物积压。对于这次的情况修整组提出了自己的建议,对于大批贴落及隔扇心均标有原宫殿字样能恢复原状者仍予还原,不能复原者可予补号交库保存。此外尚有需继续修复的文物,可申请手续进行登记。与此同时,为了防止今后再出现文物积压现象,保管组拟订了《修整组修复文物细则》,除第一条修整组接受各项文物时须按照1955年8月修订的文物修复规则进行修复。

又增添八条规定,其主要内容有:应行修复的文物分珍贵及一般两种,均须依照批准的申请修复单接修,无批准的修复单不予接修,其中珍

---

① 宋纪蓉:《故宫文物医院——改革开放四十周年献礼》,《故宫博物院院刊》,第8页,2018年第6期。
② 《报告修整组清点积压文物情况并拟订修整细则请核实》,档案编号19560566z。

12

贵物品修复时应先进行拍照详细记录损伤情况另行登载修复记录，不能随意改变原物的形状和色彩；一般性文物进行修复时登录记载簿及估修单，但是残破太甚时亦须拍照存查；珍贵物品修整后，应立即通知原送修单位验收签注评语，及时取回，本组不代保存；珍贵物品修整记录和一般物品的修整登记，按月编纂记录，年终统计成册，为本组固定之档案，这样可以有效避免文物修整组的文物漏点、积压。

为了保证文物修复的质量，1957年4月，故宫博物院成立文物修复委员会，组织专家研究文物修复方法，明确文物修复要求，聘请吴仲超、唐兰、陈炳、陈万里、李鸿庆、张珩、陈梦家、沈从文等院内外专家9人为委员。委员会下设绘画、铜器、工艺品三个小组，共聘院内外专家17人分任小组顾问。其中，唐兰、张珩、徐邦达、张耀选、王以坤为绘画组顾问，唐兰、陈梦家、阎文儒、陆鸿年、杨伯达、王世襄、赵振茂、张耀选、徐芳洲为铜器小组顾问，陈万里、王世襄、沈从文、管平湖、魏松卿、朱家溍、杨伯达、李鸿庆、孙瀛洲为工艺品小组顾问。修复委员会的建立，不仅规范了文物修复工作，也提升了文物修复技术。

随着人才队伍的壮大及组织机构的完善，修整组的业务工作也十分突出。据统计，1954年至1958年间，修整组共计修整文物12573件，糊制囊匣5755个，其中包括唐韩滉的《文苑图》、周昉的《挥扇仕女图》等珍贵文物的装裱。此外，修整组还为国内外其他博物馆修复文物，例如为安徽博物馆修复出土铜器70余件，替内蒙古博物馆修复铜器20余件，代山东博物馆装裱曲阜孔庙孔像及门神等80余件，并为苏联博物馆装裱画轴3卷，另外还替各处复制了猎壶、秦公簋、吴王夫差剑、越王勾践剑等。为提高文物修复的科学水平，在清华大学的协助下，以苏联赠送部分设备为基础，修整组于1957年8月设立文物修复实验室（不久被撤销）。

二 20世纪60—80年代的修复厂时期

1959年11月19日,中共北京市文化部公布《文物复制工厂筹建计划(草案)》,并决定以故宫博物院保管部修整组为基础建立文物复制工厂。1960年初,在原文物修整组的基础上,故宫博物院正式成立文物修复复制厂(或称"文物修复厂"或"文物复制厂"),任命徐志超为厂长,蔡瑞芬为副厂长。根据现有复制力量,文物修复复制厂制订《复制工作规划初稿》,计划从书画、铜器和漆器的复制入手,逐步完成院内有关文物复制计划[1]。先从各单位和院内抽调技术人员充实铜器、漆器两个工种,并从无到有地建立了摹画工种,开展书画复制工作。经过再三讨论,1960年11月,文物复制工厂率先拟定《1961年复制书画工作计划》,拟临摹隋展子虔《游春图》等绘画6件和晋王珣《伯远帖》等4件,由金仲鱼、郑有竹负责,并派金禹民、于琛、田涛等配合[2]。

经过一年多的运作,文物修复复制厂对文物修复和复制工作进行了长远的规划和明确的分工。1962年,《文物修复厂三年工作计划(1962—1964)》和《文物复制工厂五年工作规划(1963—1967)》相继制订。《文物修复厂三年工作计划》对文物修复工作提出了两项要求和目标:1. 进行传统技术经验总结,计划三年内漆器、裱画、铜器及书画修复经验初稿;2. 继续采取"以老带新""师傅带徒弟"的方式,培养人才,加强对传统修复工艺技术的传承[3]。《文物复制工厂五年工作规划》明确规定了书画复制、铜器复制和漆器复制的具体任务,要求五年内完成历代馆和绘画馆经常需陈列的一级藏品的复制工作[4]。为了推动文物修复和复制工作的顺利进展,1963年7月,故宫博物院设立复制与修复工作会议,并制订

---

[1]《复制工作规划初稿》,档案编号19610220z。
[2]《60年第四季度61年全年摹画工作计划》,档案编号19610221z。
[3]《文物修复厂三年工作计划(1962—1964)》,档案编号19620633z。
[4]《文物复制工厂五年工作规划(1963—1967)》,档案编号19630544z。

《复制与修复工作会议工作暂则》。会议小组成员由吴仲超、唐兰、顾铁符、杨伯达、刘津、郑求真、徐邦达、魏松卿、徐志超9人组成,会议秘书由蔡瑞芬担任。工作会议主要工作是研究文物保护的方针、政策和法令及制订文物复制与修复计划等①。

20世纪六七十年代,文物修复复制厂为故宫博物院的文物修复及复制工作打下了良好的基础。配合中国博物馆事业发展的需要,文物修复复制厂为本院及其他博物馆修复复制了大量的文物。据记载,1961年共计修复或复制文物458件,其中书画133件,铜器67件,漆器63件,钟表54件,木器镶嵌141件②。为配合协助中国考古事业的发展,文物修复复制厂派出专业人员参加不少出土文物的修复或复制工作,例如1971年派出张耀选和孙孝江协助湖南省博物馆修复长沙马王堆出土帛书和帛画。

20世纪70年代末,国家实施改革开放,旅游事业逐步发展,国际游客购买文物复制品的需求日益增加。为适应形势的需要,故宫博物院于1979年正式组建外宾服务部,并从文物修复厂调入一批技术人员,从事文物藏品的复制与展销工作。80年代初,外宾服务部承担了故宫博物院与中华书局在香港合作举办的"首届馆藏名画及复制品展览"(1980年)及"第二届故宫博物院藏画及复制品展览"(1982年)。两次展览会上的文物复制品受到海内外观众的好评,取得了良好的社会效益和经济效益,在特定的年代为故宫博物院的文保事业发展做出了突出的贡献。基于文物复制品在对外贸易和文化交流方面的独特价值,1983年故宫博物院正式成立文物复制厂,归外宾服务部领导,俗称"东修复厂"(或简称"东厂"),其主要任务是商品性文物复制品的生产,设有摹画、拓片、装裱、牙雕、珂罗版印刷、三彩小窑等专业门类。原文物修复厂仍归保管部

---

① 《复制与修复工作会议工作暂则》,档案编号19630416z。
② 《1961年文物修复、复制统计表》,档案编号19610205z。

领导,主要职责是负责院藏文物的修复和保护,分为金石、装裱、摹画、照相、木器、钟表、漆器、糊匣 8 个小组,俗称"西修复厂"(或简称"西厂")。

至 20 世纪 80 年代,为加强对各类文物的科学研究,故宫博物院保管部筹备建立一个文物保护技术实验室,对传统文物保护技术进行总结,并加以科学化。1980 年 12 月,中国文物保护协会成立,保管部郑求真当选第一届理事会常务理事。1981 年 7 月,中国文物保护协会组织召开中国书画装裱技术座谈会。会上,文物修复厂的王以坤和张耀选分别在会上做了《书画装裱沿革概论》和《关于马王堆三号墓出土的西汉帛画帛书的修裱》学术报告;裱画组也在会上发表了《修裱古代书画的管理制度与修旧画心的几点体会》。1981 年 9 月,故宫博物院与化工部涂料所合作,开展了石质雕刻文物的防风化保护、木质彩画的防褪色保护和户外鎏金及青铜金属文物的氧化保护三项课题研究。在上述基础上,1982 年,故宫博物院从高等院校招聘数名化学专业毕业生,重建文物保护技术实验室。实验室采取自然科学实验手段,本着以防为主,以治为辅,相互结合,相辅相成的方针,研究和解决文物的保护技术问题。这一时期,实验室重点对青铜器防腐蚀、文物的杀虫灭菌、文物的保存环境及文物检测等进行了探索研究。

三 20 世纪 90 年代的科技部时期

"两厂一室"的布局和发展,在推动故宫博物院文物保护技术的专业化发展方面确实取得了明显的成效,逐步在文物保护、文物修复和文物复制领域培养了技术人才,并形成了专业方向明确、技术力量过硬的专业团队。然而,随着博物馆事业的发展和文物保护技术的更新,"两厂一室"的文物保护技术体系的局限性逐渐凸显,也产生了一些问题:1. 管理不便。我院文物保护技术、文物修复厂、文物复制厂这三个构成了"两厂一室"的特殊布局,文物修复厂、实验室、复制厂都是技术部门,分属保管部和服务部管理,但是两部门的主体工作性质相差较大,方针任务也不一样,在管理体制与工作安排上不易协调;2. 技术力量分散。故宫博物院原有文物修复和复制技术本属于同一技术体系,且技术人员原本亦师承一脉。分为修复和复制两厂,造成技术设备重复和专业人员分散等问题,这对于提高故宫博物院文物保护技术的整体水平有所限制;3. 传统工艺与科学技术缺乏有效整合。文物修复厂和文物复制厂主要以传统工艺技术对文物进行修复和复制,而文物保护技术实验室则主要以自然科学实验手段针对文物保护技术开展实验研究。如何在传统工艺技术的基础上引入现代科学技术,提高文物保护、修复和复制水平,如何将两者有效整合,从而达到传统与现代、艺术与技术的有机统一,这些成为亟待解决的问题。

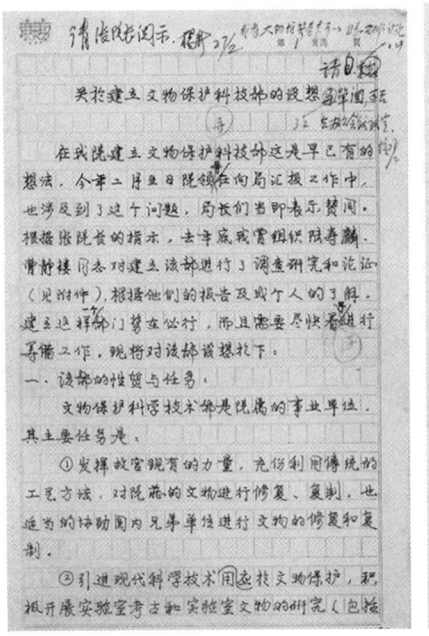

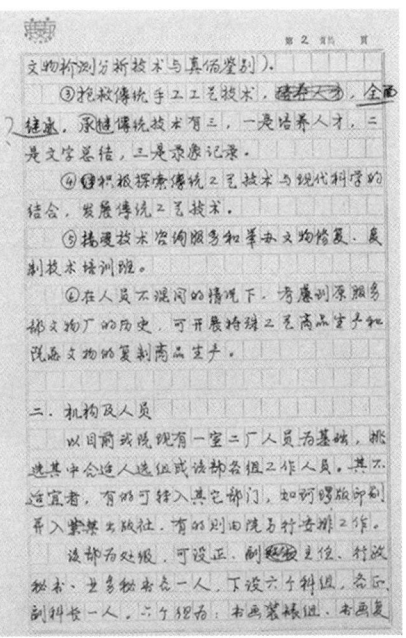

鉴于此,1988年2月,故宫博物院开始讨论筹设文物保护科学技术部,建立起一个统一管理的院藏文物保护、修复和复制的事业机构。根据筹备设想与规划,初步明确了科技部的三项主要任务:一是院藏文物的保护技术研究和文物修复、复制;二是实验室考古和实验室文物研究

(包括文物的检测分析技术和文物真伪的鉴别研究);三是协助兄弟单位进行文物保护、修复、复制工作,接受技术咨询服务和举办保护、修复、复制的技术培训班①。经过严谨的认证与研究,1988年10月,故宫博物院将文物保护实验室与文物修复厂、文物复制厂合并,正式成立"文物保护科学技术部",简称"科技部"。为全面有效地保护文物,1989年,科技部编制《文物保护科学技术部七年规划(1989—1995)》,明确了文物保护科学技术部七年规划的任务和目标:将文物保护科学技术部建成一个与故宫博物院地位相称的、在世界上有影响的、设备比较先进的、科学技术水平较高的、素质队伍较好的、以故宫博物院的文物保护为基础的具有中国特色的文物保护技术体系。1997年机构改革时,科技部更名为文物保护科学技术部,简称文保科技部。

经过十年的努力,科技部在传承文物修复和复制的传统工艺技术和传统工艺技术与现代科技融合等方面取得了可喜的成果。例如1989年一级藏品《冯承素摹兰亭帖序》揭裱复原成功,为历史博物馆复制《晋顾恺之洛神赋图卷》等4件文物书画;1990年为中南海紫光阁修复9扇雕漆镶嵌屏风,协助江西省博物馆修复12件青铜器;1996年为湖北、四川、吉林延边、河南等地方博物馆培训多名文物修复和复制技术人员;1997年为德国柏林博物院修复22件馆藏文物字画;为日本复制青铜器材570件等。

四 文物医院时期

2016年,文保科技部新址竣工,成立"故宫文物医院"。文保科技部团队荣获"2016中国全面小康十大贡献人物"。截至2018年8月,文保科技部现有人员161人,其中高级职称52人,国家级非物质文化遗产代

---

① 《关于建立文物保护科技部的设想》,档案编号19930716z;《关于建立文物保护科技部的动议》,档案编号19930717z。

表性传承人11人,博士19人,硕士74人。历史悠久的传统文物修复技艺,加上当今先进的现代科学技术,"古艺"和"今术"的结合使故宫博物院文保科技部成为一所拥有现代科学理念与架构的文物综合性医院。文物被送进"故宫文物医院"后,文物医生们尽其所能,使文物得以延年益寿。

  文物保护修复学科与医学有许多相似性。医学关注人的健康,文物保护修复则是负责文物的延年益寿。中国文物修复传统手工技艺犹如中医学,上千年来医治着文物的病害。我们有责任挖掘这些传统手工技艺蕴含的科学道理,并使之传承光大。同时,文物保护修复具有很强的科学性,它是多学科交叉渗透形成的一门科学,包含人文社会科学、自然科学和工程技术三大领域。它需要像100多年前科学家将实验室的新发现,如X射线引入医学帮助医生诊断人类的疾病那样,应用现代分析检测设备和技术,借鉴当今其他学科完善的理论构架和成熟的技术方法来构建起文物保护修复学科,这正是文物医院和文物医生们的责任所在[①]。

[①] 宋纪蓉:《故宫文物医院——改革开放四十周年献礼》,《故宫博物院院刊》,第9页,2018年第6期。

第二章 现代科技与传统技艺的融合

进入 21 世纪以来,故宫文物修复的各项工作更是得到了长足发展。配合古建修缮工程,故宫文保科技专家的文物修复和复制技术发挥了突出的作用,例如中轴线、西六宫、雨花阁、同道堂、同顺斋的贴落、匾联、隔扇心等年久失修,质地糟朽的书画作品的修复以及倦勤斋通景画及原状陈列中大量书画、匾联、贴落等文物的修复和复制。

2003 年文保科技部提出了《科技部对院发展总体规划的建议》,建议指出针对保管、陈列展览需要,加大文物保护、修复复制工作的力度,以修复急需文物为重点,同时将那些长期陈列、易损文物替换下来,用仿制品取而代之,调动文物保护、修复工作人员的积极性,结合社会力量完成院里的任务。对于具体问题,例如科技部用房总体规划的定位,现有人员结构培养,建立半开放式工作室提出了改进方案。

科技部的长期目标及规划,重点放在定位上,在未来三年、七年发展的基础上,科技部应逐步建立一支具有较高的科技水平,文物修复复制水平,文物研究水平的专业队伍,紧紧围绕故宫博物院担负起三方面工作,即文物保护、文物修复和文物的研究工作(文物的复制工作是为文物修复进行技术储备,最终目的是服务于文物修复)。在各方面的工作中都要体现科技含量,学术研究水平上一个新台阶。

在文物修复上,要同国际接轨,修复人员必须是专门学校培养出来的,不是任何一个大学生分来就可以担当此项任务,要形成整套的科学化的修复理论和操作技术,在总结传统方法的基础上,进行科学的还原和验证,在材料和技术上不断更新,达到科学与艺术相互交融的更高水平。

在文物研究工作中,围绕总体规划中的某个问题来完成课题,解决故宫迫切需要解决的问题,不重复立项,使科研工作始终为总体目标的实现服务。进一步依靠科学研究,光靠感觉器官进行经验式肯定或否定是不够的,要充分运用科技手段。如:对各种文物的材质真伪的研究要形成一套方法,对文物产地、时代、工艺、保护材料的研究要科学化、规范化。

切实加强硬件建设,购置和引进一些先进的仪器设备,要尽可能具体、量化,使之跟上 21 世纪科技发展的脚步。例如现在日本裱画,在补绢的过程中,运用先进的分析仪器对绢纸进行层层分析研究,最终找到最贴近的材质补配,达到最好的效果。而目前我国文博界往往仍只能凭借老师傅们的经验,靠现有材质进行补配,其差距就可想而知了。

我们要在继承、发展传统的基础上,将科学技术贯穿整体工作中,实行全面的数字化管理。数字化故宫,文物保护修复数字化应该成为一个重要的部分。要实现文物保护、修复的数字化管理资料档案,在各个修复工作室配备相应的电脑控制的数码分析和数码储存设备,这将全面推动科技部整体的数字化管理,修复技术档案的储存与修复领域的资源共享,使我们整体的管理上一个新的平台,与文物保护与科学技术相融合的定位相符。

故宫博物院借助全国非遗申报热潮,文保科技部积极对文物修复复制等传统技艺进行了挖掘、继承和推广工作。经过多年的努力,文保科技部的各项工作取得了突出成绩。

第一节　五项国家级非遗落户文保科技部

截至2021年6月,"装裱修复技艺·古字画装裱修复技艺"被列入第二批国家级非物质文化遗产名录,"青铜器修复及复制技艺"与"古书画临摹复制技艺"被列入第三批国家级非物质文化遗产名录,"古钟表传统修复技艺"被列入第四批国家级非物质文化遗产。

一　装裱修复技艺·古字画装裱修复技艺

"中国传统古字画装裱修复技艺"历史源远流长,从晋唐流传至今。清代清宫造办处专门设有"裱作"装裱宫廷书画,故宫博物院的古字画装裱修复技艺师承清代的"苏裱"流派。至今,故宫博物院已培养了三代装裱大师:第一代为张耀选、杨文彬、孙承枝、江绍大、孙孝江;第二代为张金英、徐建华、李寅、常洁等;第三代为杨泽华、张旭光、周海宽等;现已传至第四代。故宫博物院的古字画装裱修复技艺是以宣纸、绫绢、浆糊、国画颜料为材料,采用棕刷、马蹄刀、排笔等传统工具,通过洗、揭、补、托、全等工序完成古字画的装裱修复,继承并发展了中国1700多年来的传统字画修复技艺。

故宫博物院的"中国传统古字画装裱修复技艺"继承了传统装裱修复技术的精髓并保留了中国古代书画装裱的各种形式,是中国博物馆古字画装裱界的一朵奇葩,是非常珍贵的非物质文化遗产。装裱大师们以其精湛的装裱修复技艺,先后修复了展子虔的《游春图》、张择端的《清明上河图》、顾闳中的《韩熙载夜宴图》、韩滉的《五牛图》等国宝级文物。

修复前的《五牛图》

修复中的《五牛图》

修复后的《五牛图》

2008年,古字画装裱修复技艺入选第二批国家级非物质文化遗产名录。2012年,徐建华被评选为国家"装裱修复技艺·古字画装裱修复技艺"非遗传承人。作为现如今裱画科年龄最长、资历最老的修复师傅,徐建华42年间参与修复过韩滉的《五牛图》、文徵明的泥金《兰亭修禊图》、赵孟頫的《白马图》、文彭的草书《千字文》、展子虔的《游春图》、林良的《雪景双雉图》、王原祁的《青山叠翠》、马和之的《唐风图》、张桂珪的《神龟图》等几十件珍贵文物,复原了湖北出土的战国帛画,揭开了新疆出土1700年前纸鞋下隐藏的文字……2000年,他还开展了国家文物局"书画装裱质量的影响因素及其影响机制"的研究工作,2001年,主持了故宫博物院年度课题"清代书画装裱研究"。

杨文斌曾对学徒时期的徐建华说:"书画勿论价格都要同等对待,就像医生看病不论穷富,医德最重要。"徐建华对现如今的徒弟们讲:"干一行就是一行,就是拿来卫生纸,也得把它裱好喽。"就是这一代代师傅前辈的言传身教,指引和激励着后来人用持之以恒的耐心、甘于寂寞的定力、一心一意的专注造就和传承着故宫博物院的"装裱修复技艺·古字画装裱修复技艺"。

二 古书画临摹复制技艺

"古书画人工临摹复制技艺"有着悠久的历史。自晋代以来,临摹书画之风盛行,临摹古代书画珍本一直是传承中国古代书画艺术与技法的重要手段。唐宋以降,书画临摹更得到了宫廷和民间鉴赏、收藏家的重视。据说晋朝著名画家顾恺之就有摹拓的妙法,唐代著名鉴藏家张彦远著的《历代名画记》就专门谈及古书画的传摹拓写。20世纪50年代,故宫博物院成立文物修复厂后,聘请了金仲鱼、陈林斋、冯忠莲、金禹民等书画临摹名家到故宫工作,临摹了许多故宫博物院院藏的书画珍品,同时也为故宫博物院培养了十几位书画临摹大师,传承古书画临摹复制技艺。例如第二代书画临摹传人刘炳森、李湘、余昭华、郭文林、祖莪、常保立等,目前书画临摹已有第三代传人。

"临摹"实为两种技法。"临",即参照原作,以笔墨自然挥运,再现作品艺术特征,力求形似,重在神似。"摹",即以透明纸覆在原作之上,勾摹底稿,以此为蓝本,进行原样复制,要求与原作一致。故宫博物院的"古书画人工临摹复制技艺"为了准确再现原作神貌,一般以摹为主,主要运用传统工艺、传统工具、传统材料,采用勾稿、落墨、着色、做旧、题款及摹印等技术,使摹品最大程度接近原件。例如:冯忠莲先生花费了近13年的时间临摹了张择端的《清明上河图》;金仲鱼先生临摹赵佶的《听琴图》、崔白的《寒雀图》;陈林斋先生临摹顾闳中的《韩熙载夜宴图》、王渊的《花竹锦鸡图》;李湘摹顾恺之的《洛神赋图》;余昭华摹赵雍的《挟弹游骑图》;郭文林摹焦秉贞的《仕女图册》;祖莪摹卢楞伽的《六尊者像》,等等。目前,全国鲜有博物馆专门设有古书画临摹工作室,无论是临摹技艺还是临摹大师,故宫博物院的"古书画人工临摹复制技艺"一直都是独领风骚。

2011年5月23日,古书画临摹复制技艺经国务院批准列入第三批国家级非物质文化遗产名录。2012年,祖莪入选古书画临摹复制技艺国家级代表性传承人。

三 青铜器修复及复制技艺

故宫博物院的"中国青铜器传统修复、复制技艺"源于清代宫廷技艺，师承京派"古铜张"，是一项传承有序的、工艺规范的传统手工技艺。青铜器传统修复主要运用整形、去锈、拼接、补配、粘接、加固、做旧等技术，而青铜器复制主要采用制作模具、翻模铸造、錾刻花纹及打磨做旧等工序。

中华人民共和国成立初期，著名的京派"古铜张"传人赵同仁、孟海泉、赵振茂、李会生等来故宫工作，开始修复和复制故宫博物院院藏的青铜器，并培养了一批修复、复制高手，如霍海俊、贾文超、王友亮、王五胜、吕团结、恽小刚等。这一批名师高徒们运用"中国青铜器传统修复、复制技艺"先后抢救性修复了商代司母辛鼎、西周班簋、春秋立鹤方壶、汉代的马踏飞燕等国宝级文物，复制了商代兽面纹方鼎、西周牛尊、西周荣簋、面纹觚(gū)等重要文物，为故宫的青铜器乃至全国的青铜器修复、复制做出了积极的贡献。

修复前的青铜卣(yǒu)　　　　修复后的青铜卣

2011年，由故宫博物院负责申报的"青铜器修复及复制技艺"被国务院公布为国家级非物质文化遗产。王有亮入选青铜器修复及复制技艺国家级代表性传承人。

1976年铜器室赵振茂师傅带领徒弟修复秦兵马俑
（左起赵振茂、张巨如、霍海俊、曹静楼、姚万清）

四　古钟表传统修复技艺

故宫博物院的"古代钟表传统修复技术"已有300多年的历史，源于清宫造办处做钟处的皇家修复技艺。据史料记载，自康熙设立清宫造办处并下设做钟处，就开始不断对清宫钟表进行修复和日常维护。无论是清代、逊清皇室时期，还是故宫博物院成立以后，做钟处的工匠师傅们一直留在紫禁城中从事清宫钟表的修复与维护，这项皇家技艺是一脉相传，从未间断和外传的技艺。其中值得铭记的古代钟表修复大师是徐文璘先生（1895—1960），他先后供职于清宫造办处做钟处、民国时期古物陈列所及中华人民共和国成立后的故宫博物院，是故宫博物院第一代古钟表修复大师。师从徐文璘先生的高徒徐芳洲（徐文璘的儿子）、白金栋、马玉良、陈浩然，继承了徐先生高超的古钟表修复技艺，这是宫中修复古钟表第二代传人。现在古钟表修复工作室的修复专家秦世明先生（已退休）、齐钢女士（已退休）、王津先生是"古代钟表传统修复技术"第三代传人。2000年后,亓昊楠作为年轻一代继续传承古钟表修复技术。多年来,这些大师们修复了很多国家一级文物古钟表,例如铜镀金象驮转蛇花乐钟、铜镀金写字人钟、铜镀金象拉战车乐钟、铜镀金象驮水法塔式音乐钟,等等。

修复前　　　　　　　　修复后

由于故宫古钟表藏品都是精品,基本上每座钟表的构造都有所不同,修复难度大,而且故宫院藏古钟表不仅仅是作为计时器使用,还是具有很强装饰性的装饰品,这就要求修复专家不仅要具备机械制造的知识,在音乐、美学等方面都要有很高的造诣。从拆装、清洗、零件加工、组装、调试、核对等都需要很高的修复技巧与很强的知识储备。因此,"古代钟表传统修复技术"正是这多项技巧及知识的结合体,是一代又一代传承下来的,极具故宫博物院特色的古代传统修复技术,在中国绝无仅有。

五　宫廷传统囊匣制作技艺

2021年,"宫廷传统囊匣的制作技艺"入选第五批国家级非物质文化遗产代表性项目名录传统技艺类。

27

"传统囊匣的制作技艺"具有悠久的历史。《旧文物略》中记载"前清盛世,都人士竞尚奢靡,馈遗陈设之品,必美其装饰,于是锦匣以起,应用甚广"。由此可见,在明清时期较发达地区有许多作坊制作囊匣,到了清代囊匣业有了较大的发展,即使在清宫造办处也设有"匣作",专门负责制作精美的皇家囊匣。1912年溥仪退位后,造办处匣作的匠人散落民间,部分匠人在前门、琉璃厂、东四、隆福寺一带的锦匣铺继续从事囊匣制作,从而这项传统囊匣制作技艺被传承了下来。故宫博物院的第一代囊匣制作大师王进修先生和赵绩明先生就来自前门一带的锦匣铺。目前文保科技部囊匣制作工作室的乔秋云是王进修先生的爱徒。而王金生、王海红、宋旸则师从赵绩明先生。故宫博物院院藏文物大小不一、种类门类繁多、材质各不相同的特点,决定了传统囊匣制作技艺的复杂性和科学性。故宫博物院的囊匣制作大师们都能得心应手地利用精准的计算、巧妙的构思,并结合完美的色彩搭配,制作出符合力学原理的,在文物的收藏、运输及抗震等方面都能起到积极作用的精美考究的囊匣作品。

组合式多囊匣 　　　　　　如意云头书套

第二节　绝活的继承和发展——五种传统工艺技术

自民国发展至今,文保科技部已经形成了十个不同材质、不同门类的文物修复和复制工作室,除了五种技艺已经成为国家级非物质文化遗

产之外,还有木器修复工作室、漆器修复工作室、宝玉石镶嵌修复工作室、纺织品修复工作室与陶瓷修复工作室,五种传统工艺技术的修复工作室。此外,文保科技部继承和发展了许多其他的传统文物修复和复制技艺,并不断加强自身的内涵建设,力争打造出新的非遗品牌。

一 中国传统漆器修复、复制技艺

"中国传统漆器修复、复制技艺"是中国7000多年的漆器文化的一种表现形式,传承了清宫漆器制作和修复技艺。清宫造办处设有"漆作",从全国各地征集髹漆工艺的能工巧匠专门负责制作与复制宫廷御用漆器,并对出现损伤的宫廷漆器进行修复。随着清王朝的覆灭,宫廷髹漆艺人离开了紫禁城,凭借自身的技艺相继开办了漆器作坊或古玩铺,使这项皇家制漆、髹漆与修复技艺在民间得以延续。1953年经王世襄先生介绍,故宫博物院从这些著名的漆器作坊和古玩铺中聘请了久负盛名的髹漆大师多宝臣先生等进入故宫博物院,同时还征召胡增瑞和郭德龄两位艺人,他们将传统的宫廷髹饰技艺重新带回故宫博物院,壮大了这里的技术力量。据档案资料记载,他们在工作的同时还担负起培养新人的任务,培养髹漆技艺传承人,现在该项传统技艺已传至第四代。第一代(20世纪初期至70年代)为多宝臣、郭德龄、胡增瑞;第二代(20世纪60年代至80年代)为杨玉珍、刘志笃、陈振生;第三代(20世纪70年代起)为张克学;第四代(20世纪90年代至今)为张军、沈军、闵俊嵘、王晓军、华春榕、王陆伊等。几代的髹漆大师们各个身怀绝技,传承并发展了此项传统漆器修复、复制技艺,运用高超的技艺,修复了许多国家一级文物,例如倦勤斋的漆饰构件剔红寿字如意双耳瓶、般若波罗蜜心经经盒、黑漆描金多宝格、剔红大吉葫芦瓶、汉代彩绘漆瓶、太和殿金漆宝座、古琴万壑松涛、古琴峨眉松等一系列重要漆器文物;复制了皇极殿金漆宝座与屏风、元代张成造剔红栀子花圆盘、中和韶乐杖鼓、剔红孔雀纹大盘、剔红海棠式盆、元代杨茂造剔红观瀑图八方盘等漆器文物。故宫博物院的传统漆器修复及复制技艺包含了工艺、美学、科技等丰富的内涵,是我国传统文化中的重要组成部分。通过这些修复与复制工作,一方面有效地保护了大量珍贵的漆器文化遗产,使其能够继续展览、传承;另一方面使传统髹饰与修复技艺得以保存和延续,对弘扬中国传统文化做出了贡献。

修复前　　　　　　　　　　　　修复后

"中国传统漆器修复、复制技艺"要求髹漆大师们对雕刻、填嵌、描绘、晕染、戗划等技法都能如行云流水般运用自如,同时对漆器本身的制作过程、使用材料、采用的工具及运用传统的技法都能了如指掌。文保科技部的漆器修复技艺承袭了清代宫廷造办处的传统制漆与修漆技艺,始终以传统髹饰工艺作为核心修复工艺,结合先进的科技检测分析手段,秉持修旧如旧的修复原则进行漆器文物修复。目前,全国仅故宫博物院采用传统漆器修复、复制技艺来对宫廷漆器进行修复与复制。在漆器保护与修复领域,故宫博物院独占鳌头。

故宫博物院的漆器修复及复制技艺以传统髹饰工艺作为核心技术,使用与文物原件相同的传统工艺和材料,以明清宫廷收藏与制作的珍贵漆器文物为修复与复制对象。传统漆器修复主要包括查验并记录伤况、原件工艺分析研究、修复材料与工艺的试验、制订修复方案、传统工艺修复、修复记录等程序。其中传统工艺修复主要包括清洗除尘→加固→回帖→整形→补全胎体→补全地仗层,然后运用雕刻、描绘、罩明、晕染、戗划等技法补全装饰层。传统漆器复制技术主要包括制胎→施靠骨漆→施底灰→裱布→施漆灰→施底漆→施中涂漆→施面漆→制作装饰层（装饰层工艺包括雕刻、描绘、罩明等）。

故宫博物院的漆器文物修复与复制技艺主要特征有三个：第一，修复与复制对象是明清宫廷收藏与制作的珍贵漆器文物。这些器物工艺种类多，制作工艺精湛，出现损伤的漆器文物修复难度很大；第二，漆器修复、复制始终以传统髹饰工艺作为修复的核心工艺，使用与文物原件相同的工艺和材料，能够保持原有工艺水平；第三，严格遵守文物操作规程，秉持有效保护、修旧如旧的修复原则。

文保科技部的漆器修复工作室在不断的实践过程中积累了丰硕的修复经验与成果，并积极参与对外合作交流，与意大利文化遗产部以及意大利中央修复学院共同完成太和殿金漆宝座的清洗与修复试验，与美国世界文化遗产保护基金会共同完成倦勤斋内部漆装饰构件修复工程，将东方传统修复技艺与理念同西方修复理念相融合，结合科技检测手段，其传世漆器文物的保护与修复在全国博物馆中保持领先水平。

二　中国传统镶嵌修复技艺

故宫博物院的"中国传统镶嵌修复技艺"源于清代宫廷造办处的"镶嵌作"，是一项典型的皇家传统手工修复技艺。造办处的"镶嵌作"汇集了全国各地的镶嵌能工巧匠，主要负责宫廷镶嵌类器物的制作和修复与保养。第一代镶嵌修复大师郝玉坤曾师从清宫造办处镶嵌作的工匠，而郝先生高徒张文庆先生则于1945年到故宫巧器作从事镶嵌类文物的保护与修复工作，直至1983年退休，此项技艺现已传至第六代。由于镶嵌文物种类繁多，材料来源多种多样，各种制作工艺各不相同，因此传统镶嵌修复技艺也包括多种技术。如：传统百宝镶嵌修复技术、花丝镶嵌修复技术、竹木镶嵌修复技术、牙骨镶嵌修复技术、玉石镶嵌修复技术、传统琢玉技术、传统点翠技术、传统牙雕技术、传统贝雕技术等等。所以故宫博物院的镶嵌修复大师们都是手艺高超的能工巧匠，不仅熟悉掌握各种镶嵌文物的制作工艺，还具备精湛的修复技能。文保科技部的镶嵌修复工作室是全国现存唯一的一个拥有传统镶嵌修复技艺的工作室，所修复的主要是明清时期宫廷珍宝、玉石、象牙、鸟羽、琉璃等有机质或无机质材质的文物，包括独立摆件和镶嵌组合两种工艺形式，涵盖传统玉雕、牙雕、盆景、点翠、穿珠、珠宝镶嵌等多种传统工艺。"中国传统镶嵌修复技艺"具有典型的故宫特色，是值得保护与传承的。

百宝镶嵌类文物修复技术的核心是：使用与文物原件相匹配的修复材料，借助相应的制作工艺，对故宫博物院院藏百宝镶嵌、花丝点翠、珠串灯具、盆景陈设等相关文物进行科学、适度的养护与修复。镶嵌修复工作室致力于多种传统技艺的研究与传承，同时，结合现代文保科技与检测技术手段，使百宝镶嵌类文物修复更加科学与规范。

修复前 　　　　　　　　　　　　　修复后

三　传统木器家具的修复技艺

"传统木器家具的修复技艺"历史悠久、源远流长。清宫造办处"木作"的技艺一代一代地被继承下来。推翻帝制后，宫廷的木器家具制作与修复工匠离开了紫禁城，其中有一部分聚集在隆福寺和南锣鼓巷的铺子里继续从事木器的制作和修复工作，因此该项修复技艺被传承了下来。故宫博物院建院后，先后从当时的明隆斋和恒利小器作等著名的铺

子请来了高春秀先生、胡秀峰先生及其弟子王吉友、王庆华、白锡来、史建春和赵福水,构成了第一代与第二代的明清木器家具修复大师。目前,木器家具修复工作室第三代修复高手4人,第四代修复高手7人。该传统修复技艺是采用同等的材料、相同的艺术风格、传统的工具、精湛的手工工艺,结合现代文物保护和修复理念及要求,将传统技艺与现代科技紧密结合,对明清宫廷大家具和小器作木器文物进行修复的技艺。各位修复专家技艺高超,手法纯熟,修复了大量国家的重要文物,例如黄花梨雕龙大柜、黄花梨梳妆台、乾隆御笔"文渊阁记"围屏、乾隆御笔"五经萃室记"围屏、紫檀象牙雕宝座、明式黄花梨圈椅、万佛塔、紫檀钟楼、木楼嵌银花动人乐钟镂、木楼钟、紫檀香几、木质消防车、影木面心紫檀桌、紫檀杆宫扇墩、御笔改译辽金元三史序紫檀盒、紫檀雕十二生肖盒、檀香木雕"绿像救度佛母赞"经盒、紫檀嵌玉万字纹圆盒、紫檀三友盒、紫檀经盒等,为故宫博物院明清木器家具的保护与修复做出了积极的贡献。

修复前　　　　　　　　　修复后

四　传统纺织品修复技艺

中国素有"丝绸之国"的美誉。中国丝织品经考古发掘证明可以追溯到新石器时代的良渚文化,历经几千年的发展进化,清代纺织品达到顶峰。清宫内务府管辖的江宁(南京)、苏州、杭州三大织造组织当地能工巧匠负责内廷"供奉",每年按广储司缎库、茶库拟定的花样、颜色和数量进行生产。宫廷内务府设有染作、衣作、皮作,满足皇室日常消费。故宫博物院现存纺织品文物以宫廷传世纺织品为主,包括服装类(袍、衣、衫、裤、裙、盔甲、戏衣、鞋、帽、袜、手套等)、饰品类(香囊、荷包、眼镜盒、包、袋、名片盒、扇套、各种结饰流苏等)、生活用品类(1.地毯、挂毯、炕毯、毡毯等;2.被子、枕头、椅披、拼缝物和镶饰物;3.旗帜、窗帘、门帘等)。其他类(书画包装及函套、唐卡、佛幡、卤簿仪仗等),数量众多,品类繁杂,囊括了多种织绣工艺,如刺绣、织锦、缂丝、抽纱、花边、绒绣、绣衣、绣鞋、珠绣、地毯、手工编结等。所以需要修复者具有丰富的织绣知识储备,多手段的修复技能,以应对不同种类、工艺、材质的纺织品文物修复。

2009年7月,故宫博物院正式组建故宫纺织品文物修复保护工作室,现有修复人员8名。纺织品文物修复工作室在保证文物安全的前提下,将传统纺织制造修复技艺与现代科技手段相融合,预防性保护与干预性保护并重,顺利完成纺织品文物修复保护任务数百件,完成6项院内纺织品文物修复保护合作项目,为故宫博物院清代纺织品保护修复做出了积极的努力。

修复前　　　　修复后

五 传统陶瓷修复技艺

　　清代是中国制瓷史上的集大成时期,其制瓷水平达到了前所未有的高峰。《清史稿》记载:皇家御窑烧造,归养心殿造办处负责,即由养心殿造办处提供型、制、纹样、工艺要求,很多样品均在京城试烧,这一点在康熙一朝尤多。逢皇家盛典,则会专门指派高级官员(往往是皇室成员)督办。古陶瓷修复可上溯到清中期,宫里太监把破损的瓷器偷拿出宫,所用材料有蛋清、虫胶、糯米汤等等,渐渐地就有了这种行业。清末,古陶瓷修复技艺已在社会上初步形成,当时主要用虫胶、树胶和鱼胶作为黏合剂,也有采用锯钉的办法,走街串巷来修补民间一些残破瓷器。开埠后,这里更是古董商云集,古陶瓷极易破损的特性催生了一批专业修复人才。

　　2011年3月,故宫博物院成立陶瓷文物保护修复工作室,负责院内陶、瓷、石质文物的保护修复工作。现有正式职工3人,返聘专家1人。陶瓷质文物保护修复工作室,主要负责院内陶、瓷、石质可移动文物的保护与修复。陶瓷质文物保护修复工作,主要涉及档案记录、前期分析检测、制订保护修复计划、文物清洁、去除过去修复材料、加固脆弱部分、粘接碎块、补配缺损部位及表面效果制作等步骤。同时,还要满足保护

修复前　　　　　　　　　　　修复后

修复工作的基本原则,如最小干预,处理后要在尽量长的时间内使文物保持稳定,保护修复处理需具备可再处理性,修旧如旧,避免创造性修复等。近几年,随着各种新技术新材料的引入,保护修复工作的质量有了长足的提高。

第三节 科技保障是文物修复和保护的重要环节

一 一个重点科研基地

为进一步加强故宫博物院古陶瓷研究领域的学术地位,充分发挥故宫博物院在藏品资源和研究力量方面的优势,故宫博物院决定创建古陶瓷研究中心。配合古陶瓷研究的发展,古陶瓷检测研究实验室也于2005年成立。经过几年努力,国家文物局于2008年2月批准成立古陶瓷保护研究国家文物局重点科研基地(故宫博物院),该基地于2009年12月8日正式揭牌运行,朱清时院士担任科研基地学术委员会主任、著名古陶瓷研究专家耿宝昌研究员担任科研基地学术委员会顾问。科研基地实行国家文物局宏观管理、北京市文物局组织管理、故宫博物院运行管理的三级管理体制,采用"开放、流动、联合、竞争"的运行机制,实行依托单位领导下的主任负责制、学术委员会学术指导制和课题制等科研基地内部管理体制。主要研究方向为:古陶瓷价值揭示、古陶瓷工艺研究、古陶瓷产地研究、古陶瓷年代研究、古陶瓷真伪研究及古陶瓷保护研究。科研基地由科技与人文两方面科研人员组成,现有专业研究人员26人,其中正高级专业技术职称12人,副高级及中级专业技术职称10人,配备了逾千万元的各种先进仪器设备,可进行古陶瓷的物理性能、化学成分、显微结构、物相组成、烧成温度及色度等方面的分析检测研究。

古陶瓷保护研究国家文物局重点科研基地自成立以来,在文物保护的实验检测和技术研发方面取得了丰硕的成果。据2016年的统计数据,科研基地先后承担国家科技部、国家文物局和故宫博物院科研课题4项(包括国家"十一五"科技支撑项目课题、国家文物局"指南针计划"专项试点项目等），申请发明"直接施釉重烧保护技术"与"施加中间层施釉重烧保护技术"2项专利，制定行业标准征求意见稿1项，研发建成中国首个古代建筑琉璃构件科学分析数据库，建立古代建筑琉璃构件价值揭示多媒体展示系统1个，并在核心期刊和国际会议发表学术论文数十篇。

二 多个实验室

（一）无机质文物保护研究实验室（古建科技保护实验室）

该实验室主要负责金属、砖石、玻璃和彩绘等类文物的材质工艺分析与保护技术研究，以及文物建筑内外檐彩画、金属、砖石类构件的科学认知与科技保护，研究方向主要包括：(1)金属、砖石、玻璃、彩绘类文物：①材质与制作工艺研究；②劣化产物与病害成因分析及其影响因素研究；③保护方法、新技术与新材料研究；④文物保护效果评价研究。(2)古建筑附属文物：古建筑内外檐彩画、金属、砖石类构件的科学认知与科技保护研究。

实验室配备德国Leica金相显微镜和偏光显微镜各一台，日本Olympus激光共聚焦显微镜（CLSM）和实体显微镜各一台，手持式X射线荧光光谱仪（HH-XRF）和便携式激光诱导击穿光谱系统（p-LIBS）各一台，以及各类样品制备设备，可以为金属样品的金相分析、彩绘样品的剖面分析、颜料种类鉴别，以及各类无机文物材料的原位成分分析提供设备与技术支持。

（二）无损分析检测实验室

该实验室可同时完成各类文物的无损成像、成分分析及物质结构分析工作，很好地实现了文物材质、制作工艺、病害情况与病害产物的无损、原位分析工作。实验室按照仪器设备功能主要分为三部分：

1. X射线无损成像室：承担文物内部结构及伤况的无损检测分析。配备450KV工业X射线探伤、微焦点X射线实时成像系统、软X射线成像系统各一套；

2. 无损光谱成像室：承担文物不同波段的无损光谱成像工作。配备高/多光谱成像系统、光学相干断层扫描系统（OCT）等无损成像设备；

3. 无损分析实验室：承担文物原位无损成分分析及物质结构分析。配备开放式X射线荧光光谱仪、便携式X射线光谱仪、便携式拉曼光谱仪、光纤光谱仪等。

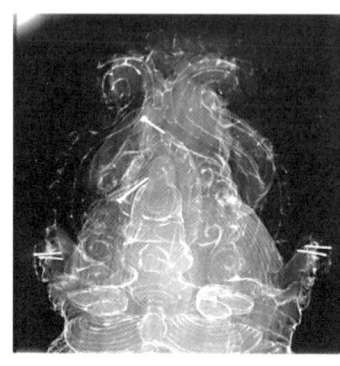

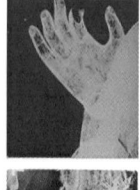

软X射线探伤

（三）色谱—质谱实验室

该实验室的主要功能：热裂解仪与气相色谱—质谱联用，可以定性识别文物中油脂、树脂、蛋白质、多糖、蜡等各类天然有机胶结材料及人工合成保护材料；热脱附仪与气相色谱—质谱联用，可以定性、定量分析检测文物保藏环境、包装材料中挥发性有机组分；超高效液相色谱单四极杆联用仪和超高效超临界流体色谱仪共同使用，可以定性、定量分析古书画和纺织品中的有机染料成分。

色谱—质谱实验室配备了美国安捷伦公司7890B-5977A型气相色谱—质谱联用仪，及日本Frontier公司EGA/Py-3030D型热裂解仪、英国Markes公司UNITY2型全自动热脱附仪；美国沃特世公司超高效液相色谱单四极杆联用仪UPLC H-Class/Acquity QDa,超高效超临界流体色谱仪Acquity UPC2。

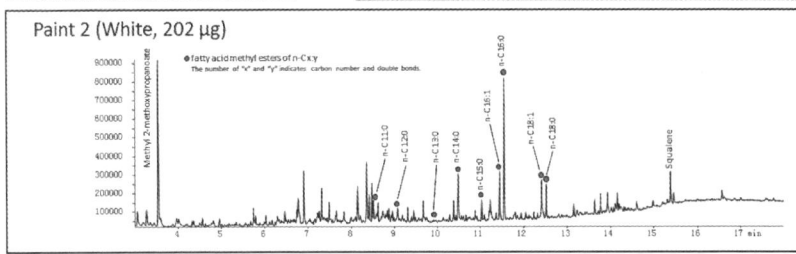

红外热裂解气相色谱—质谱分析图

（四）防震实验室

实验室将围绕文物的防震保护展开试验，研究内容贯穿文物的包装、运输、储藏、展示等各个环节，重点对所用材料的缓冲性能，文物展陈的固定方式，以及运输过程中的文物振动特性进行检测分析。

实验室可开展材料常规力学性能以及结构振动特性的检测，其10KN万能材料试验机能进行材料的拉伸试验、压缩试验、弯曲试验，可用于测量材料的弹性模量、抗拉强度、屈服强度、抗压强度等。另一台便携式动态数据采集仪可进行常规的振动噪声测量和分析研究，对振动频率、振型、阻尼等结构模态参数进行检测。

（五）文物环境实验室

文物环境实验室规划使用面积约120平方米，由文物环境综合研究工作室和恒湿恒温工作室两部分组成。文物保存环境实验室全面负责文物在保存、展出等环节中的环境监测、评估、控制和改善；负责文物保存环境相关问题的科学研究工作。具体包括库房文物保存环境、展陈文物保存环境、室外文物保存环境、外展文物保存环境、装饰材料对文物影响和文物保存标准的研究。

通过对文物保存环境的监测,数据的统计分析,从而有针对性地控制和改善文物环境,对可能出现病害的各类文物采取预防性保护的措施,满足院内文物保存、展览、原状陈列的要求。

文物环境研究是一项涉及多学科的系统工程,各类环境问题错综复杂,因此,鼓励采取与高校和科研院所合作的方式开展各项研究工作,在相关基础和理论研究的基础上,解决实际工作中的疑难问题。同时,采取走出去请进来的方式,与国内外文物环境研究机构建立更广泛的联系,积极交流和沟通,及时了解世界上本领域的科研动态,学习和吸收先进的理念、技术和方法,切实提高我国的文物环境研究水平。

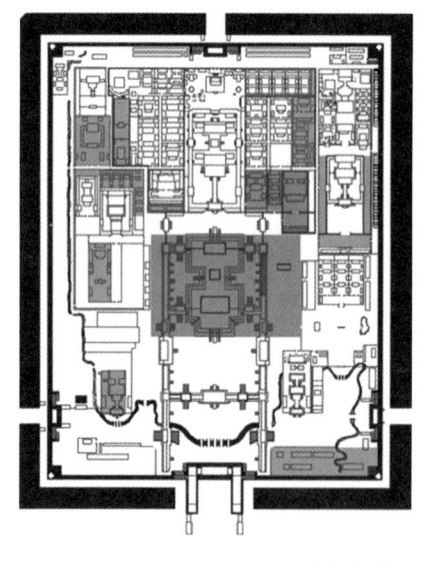

目前故宫白蚁监测装置
埋设面积约15万平方米
约占故宫总面积的20%

■ 白蚁危害部位
■ 白蚁防治区域
■ 扩大监控区域

白蚁监控与防治

（六）生物实验室

生物实验室由仪器室、无菌室、操作间三部分组成。承担院藏文物和古建筑的虫霉调查、监测、治理及文物虫霉的预防性保护工作。

40

三 数字复制工作室

自从故宫建立书画复制组以来,众多古书画复制专家复制了数量众多、种类多样的古书画作品。从唐人绘画到明清书法,从文人笔墨到列朝宸翰,从金碧山水到水墨写意,从古籍碑帖到手札诏书,可以说涉及中国古书画的各个门类。针对不同种类的书画作品,所使用的复制方法各有不同,这其中既有对传统书画复制技法的固守与传承,也有紧跟科技发展的开拓与创新。数字复制工作室就是使用现代科技复制古书画的典型代表。

数字喷绘复制古书画是伴随着图像采集技术、色彩管理手段以及大幅面数字喷绘技术的发展而不断成长的。区别于其他古书画复制方式,数字喷绘复制古书画的复制过程是全数字化的,每一个制作步骤都在色彩管理技术的控制下进行,从而保证最大程度地还原原件的色彩信息。故宫进行古书画图像采集的设备为 CRUSE 185ST‐1100 REPRO-DÉCOR PROFESSIONAL 固定式文物扫描系统,该设备的光学分辨率

对古书画原件进行图像采集

可达14000×26640pixels，保证了用于古书画复制的图像采集的精度。扫描过程不接触古书画的表面并使用冷光源，在进行图像采集的同时最大程度地保护古书画原件。

工作室使用数字喷绘的方式复制古书画较之其他方法有着色彩表现力强、色彩控制精确、图像调整自由度大、制作工序少、制作时间短速度快等优点，是目前古书画复制领域发展潜力比较大的复制方法。文保科技部使用这种方法复制了众多珍贵文物，包括宋《妙法莲花经》、唐代《阿斯塔纳出土伏羲女娲像》《蒙汉考经》《御制盛京赋》、四明本西岳华山庙碑、边寿民《苇间主人泼墨图卷》等。但另一方面，受目前的技术条件限制，数字喷绘复制出的古书画也存在着画面颜色层没有厚度、蓝绿调子表现力差等缺陷。面对这些缺陷还需要紧跟技术发展，不断将新技术应用到古书画复制当中。同时应积极探索现代科技与传统工艺相结合的可能性。

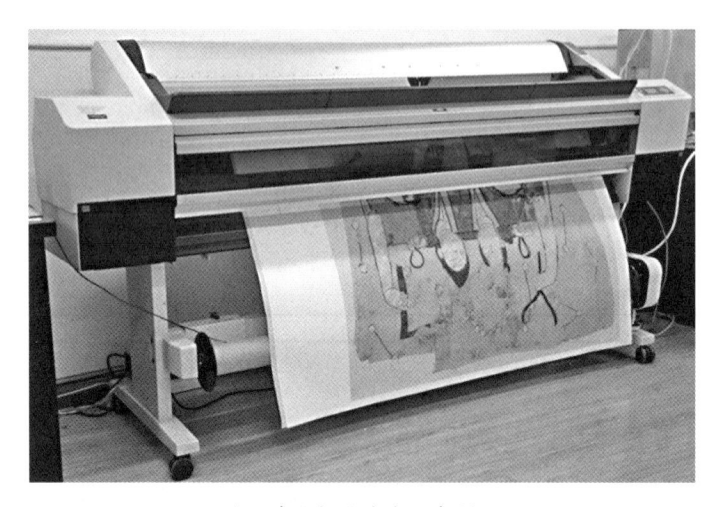

使用喷绘机输出书画复制品

总体而言，经过最近十余年的努力，文保科技部在文物保护的学术研究、技术研发、工艺传承等方面取得了十分可喜的成绩。2004年至2012年，文保科技部共完成保护修复、复制文物约4251件（套），制作囊匣约 2497 件(套),并与相关部门合作完成了中美合作项目倦勤斋的保护与修复工作。尤其是 2012 年 6 月首次举办"妙笔神工——国家级非物质文化遗产古书画临摹复制与装裱修复技艺展",深藏于故宫的传统工艺技术终于揭开神秘的面纱,受到全国观众的高度关注与好评。截至 2014 年底,文保科技部共计承担国家科技部、国家自然科学基金、国家文物局、北京市科委等不同层面的科研课题 67 项(已结题 32 项),其中国家"十一五"重点科技支撑项目的立项与完成改写了我院没有承担过大型国家级科研课题的历史,2011 年首次申报国家自然科学基金项目便取得了获批 3 项的好结果。此外,文保科技部相继组织举办了"2009 东亚文化遗产保护技术国际研讨会"和第九届"古陶瓷科学技术国际讨论会",共计出版学术论文集 2 本,发表学术论文 330 篇,申请了 2 项专利,出版个人专著 4 本。

四 未来工作展望

(一)筹建中国文物藏品科技保护基地

故宫西河沿文物保护综合业务用房和正在建设中的北院区文物藏品科技保护平台,今后将共同构成中国文物藏品科技保护国家基地。按计划,该基地将坚持科技保护项目对社会开放,支持和鼓励国内外高等院校、科学研究机构等一切可以为中国文物藏品保护提供支持和有所贡献的力量,平等参与、承担科技保护计划和项目。

(二)继续开展非遗的保护传承工作

做好"中国传统漆器修复、复制技术""中国传统镶嵌修复技术"和"传统木器家具的修复"三项传统技艺的申报工作,进一步完善师承制的工作。

(三)进一步加强人才队伍的建设

人才是故宫百年辉煌的灵魂,他们活化着文物,延续着历史。2000 年以后,科技部陆续从高等院校科研院所引进高层次人才,2004 年引进了第一个博士,2006年引进了第一个博士后,2014年8月12日,单霁翔院长主持召开的专题协调会中,特别提出了文保科技部未来五年的人才引进工作计划,会议议定:文保科技部应在未来五年发展到200人的规模,引进新人应以名校的博士、硕士毕业生为主。

中篇
个案研究

第三章 清宫御制匾联的修复研究
——以故宫博物院咸若馆原状陈列金龙匾联为例

本次文物修复以清乾隆年间,慈宁宫花园咸若馆佛堂内的金漆九龙匾额楹联的"宫廷御制特征"为切入口,通过御制体系考察、历史典籍的考证,对样本进行定量和定性分析以及微观结构观察,从灰地、金漆、断纹工艺等方面来探析御制文物的文化特征,在保、减、加、去四个步骤下开展文物的修复与保护工作。

第一节 御制文物制作修复背景及保存现状

为推进平安故宫工程[①]建设,更好地服务大众,故宫西部慈宁宫区域计划于2015年故宫博物院成立90周年之际对外开放。2014年下半年故宫博物院文保科技部承接慈宁宫花园咸若馆原状陈列金漆九龙匾额楹联的修复工程,从乾隆三十年(1765)乾隆下旨启动该文物的制作,至2015年上半年完成匾联的修复,这是一场历时250年古今工匠超越时空的对话。

---

① "平安故宫"工程旨在全面提升故宫博物院的文化遗产保护、展示传播和服务观众能力,实现故宫博物院的高水平保护利用和可持续发展,于2013年4月获得国务院批准通过。

一　溯源

咸若馆位于故宫博物院慈宁宫花园北部中央,是园中主体建筑,明代初建时称咸若亭,万历十一年(1583)更名曰咸若馆。今所见形制源于乾隆三十年(1765)慈宁宫花园最大的一次改扩建工程。据档案记载,这一年乾隆皇帝下旨对花园进行大规模的改建,正月十三日,慈宁宫花园的改建工程正式开始,其中包括"粘修"咸若馆五间,改建抱厦三间。改建后的慈宁宫花园据《日下见闻考》记载:慈宁宫花园前宇为咸若馆,供佛。为清代太后、太妃礼佛之所。

(一)造办处与南匠

1. 造办处概述

清代造办处是专门掌管宫中器物的制造、修理和贮存的机构。清代康熙、雍正、乾隆三朝养心殿造办处汇集了全国各地的优秀工匠,各"作"承做的器物都非常精美,代表着清代工艺制造的最高水平。故宫博物院现馆藏的大量清代精美漆器都是当时全国最优秀工匠们的作品。少数工匠从器物的盛产地或原产地被选送到养心殿造办处当差,多数从事该行当的手艺人仍在漆器的原产地,通过督、抚、关差、织造、盐政等关系接受造办处的定制活计,构成了以养心殿造办处为核心的宫廷器物庞大的制造网络。

《大清会典事例》中有详细记载,其卷一千一百七十三载:"初制养心殿设造办处,其管理大臣无定额,设监造四人,笔帖式一人。康熙二十九年增设笔帖式……成造什件所需物料,由户工二部内务府六库行取,工匠银两动用造办处库银,按月奏销。各项匠役由内务府三旗左右两翼挑选,所奏钱粮由各该旗自行关领。其南匠由苏州织造、粤海关监督衙门行取,所食钱粮亦动用造办处库银给发……"

据考证,乾隆朝造办处共有 42 作。乾隆二十年三月奏准将本处 28

作择其作厂相类者归并五作:将匣作、裱作、画作、广木作并为一作;将木作、漆作、雕銮作、璇作、刻字作并为一作;将灯作、裁作、花儿作、绦儿作、穿珠作、皮作、绣作并为一作;将镀金作、玉作、累丝作、錾花作、镶嵌作、牙作、砚作并为一作;将铜作、鋄作、凿活作、风枪作、眼镜作并为一作。归并的五作分别称为匣裱作、油木作、镫裁作、金玉作、铜鋄作。其余如意馆、做钟处、玻璃厂、铸炉处、炮枪处、舆图房、弓作、鞍甲作、珐琅作、画院处等十作仍各为一作,分别掌管现定各作成造活计。此外,在《活计档》中还提及盔头作、摆锡作、香袋作、大器作等。

2. 南匠

从档案上看,造办处制造修理各项活计的匠役来源有三:第一,从三旗佐领内挑选的家内匠役;第二,广东等督抚及三织造选送的南匠;第三,招募的民间匠人。乾隆时期人数达到800多名,其中南匠所占比例不多[1]。清宫造办处历来有使用南方工匠的传统,康、雍、乾三朝内务府造办处中皆有南匠。内廷中来自包含扬州地区的南方地区的匠役有些属临时招募、仅做短暂停留的"传差南匠",也有一住经年、至老方归的"供奉南匠",还有永不归南的"抬旗南匠"[2]。

南匠地位和待遇一般要比旗匠高,这与南匠的客观条件和宫廷制造活计的需要有关。我国江南一带自古经济就比较发达,明清时期,外国一些先进技术又首先传入这些地区,这些地区的工匠们将我国的民族工艺与西洋的先进技术相结合,其技艺较旗人工匠精湛。清朝统治者为了满足宫廷需要,遂以较优厚的待遇来吸引南匠,致使南匠地位高于旗匠[3]。

---

[1] 吴兆清:《历史档案》,页84,1991年,第4期。
[2] 嵇若昕:《紫禁城》,页49,2016年,第8期。
[3] 吴兆清:《历史档案》,页86,1991年,第4期。

乾隆十年三月,皇帝曾感慨"(造办处)南匠所食钱粮比官员俸禄还多"①。同年六月,内大臣海望在奏折中说,"京内匠役不敷用,需外雇匠,一时不得巧手之人,工价甚大。南边巧手之人甚多,工价亦小"②,因此,清宫所需器物部分由造办处自行制作,部分则由造办处发样,交南方工匠成造。

二 地方和宫廷技艺共同组成了清代帝国御制体系

(一)总设计师:乾隆

据《清宫内务府造办处档案总汇》记载:

> 二十七日催长四德笔帖式五德来说,太监如意传旨将鹤安斋现挂金龙匾对样画来呈览,钦此。于本月三十日③催长四德笔帖式五德来说,太监如意交御笔宣纸寿国香台匾文一张,宣纸对"赞无""证最"一付,慈宁宫咸若馆佛店内④。

从这段记载我们可以看出,乾隆皇帝御书匾联,额曰"寿国香台",联曰"证最胜因金界庄严欢喜地;赞无量寿宝轮拥护吉祥云",下旨形制按照鹤安斋现挂金龙匾对,设置环境为慈宁宫咸若馆佛殿内,对匾对内容和形式及设置环境都亲自过问,通过太监如意向造办处传达他的旨意。可以说乾隆皇帝是金龙匾联的总设计师。金龙匾属于皇家规格,其内容、形制和环境皆高度统一。(图1)

---

① 参见《总汇》第13册"记事录",页530。
② 参见《总汇》第14册"玉作",页20。
③ 据上下文研判应为乾隆三十年十一月三十日。
④ 中国第一历史档案馆、香港中文大学文物馆合编:《清宫内务府造办处档案总汇》第29册,页504,人民出版社,2005年。

图1 匾额（修后）

(二) 样稿：造办处馆员

清宫御用文物并非都由造办处承制，但往往由造办处出样，再交由地方工匠制作。《清宫内务府造办处档案总汇》有明确记载：

> 传旨：着造办处造鹤安斋现挂金龙匾对样做法款画样交普福带去照样成做匾对一分送来钦此。匾高二尺七寸，宽七尺四寸，对长一丈〇三寸，宽一尺三寸长（此匾对画样系付催长赫绅画来），于三十一年四月二十四日催长四德笔帖式五德将两淮盐政[1]普福送到雕漆[2]匾对一分随铜镀金托挂钉铁挺钩持进交太监胡世杰呈览，奉旨：将匾钉仍用旧云头，另换铁挺其挂对托挂钉另做铜镀金托挂钉六个安挂，钦此[3]。

---

[1] 乾隆时期，清宫造办处的京外制作地已经较雍正时期扩大到更多的地方，形成"京外九处"的制作规模，即苏州织造、杭州织造、江宁织造、两淮盐政、长芦盐政、九江关监督、淮关监督、凤阳关监督、粤海关监督。
[2] 此处的雕漆非雕漆工艺，应为木雕和金漆的简写，雕龙金漆，著名的有太和殿雕龙金漆龙椅。
[3] 中国第一历史档案馆、香港中文大学文物馆合编：《清宫内务府造办处档案总汇》第29册，页504，人民出版社，2005年。

本件金龙匾样稿由造办处催长赫绅照鹤安斋现挂金龙匾对样画好,并于乾隆三十年十一月三十日交给两淮盐政普福,由南方工匠——扬州工匠制作,乾隆三十一年四月二十四日做好送来,实际测量尺寸匾为纵93厘米,横236厘米,厚11厘米,宽度比当初的设计短约3寸,可以说出入不大;对联实际测量尺寸为:329厘米宽,42厘米高,8厘米厚,比原有设计略大,制作周期为四个月二十四天,实际制作除去北京至扬州路上行程和运输的时间应该在四个月左右的时间。金龙匾对由太监胡世杰交由乾隆帝呈览后,乾隆皇帝对旧云头、金托等具体细节都一一做了安排,可见其对匾对内容、形式和设置环境都亲自过问,还负责验收,提出修改意见,可以说是名副其实的总设计师。(图2)

(三)承制:扬州工匠

"扬州繁华以盐盛",全国赋税一半来自盐课,民谚道:"两淮盐税甲天下。"清廷在扬州设两淮盐运衙门。在盐业的带动下,"四方豪商

图2 楹联(修后)

大贾,鳞集麋至,侨寄户居者,不下数十万"。商品流通,市场繁荣,是扬州漆器能够接受定货、大量制作的重要因素。清代扬州空前繁华,首领江南经济文化和百工之作,扬州漆器进入全盛时期,名工荟萃,闻名遐迩。扬州工匠擅用各种漆器雕饰工艺制为家具。清初李渔评:"器之坐者有三,曰椅,曰杌,曰凳。三者之制,以时论之,今胜于古;以地论之,北不如南。维扬之木器,姑苏之竹器,可谓甲于古今,冠乎天下矣。"乾隆年间,宫廷用漆艺家具常交两淮盐政在扬州承办,两淮盐政设有漆器作坊,

承制宫廷用漆器,皇宫室内装修,每交扬州工匠承包,从《清档》与《贡档》的记载中,我们经常可以见到两淮盐政进贡的各种漆器家具,所涉官员有李质颖、吉庆、普福等人。

三 艺术风格及保存现状

(一)艺术风格

乾隆朝国力强盛,对九龙云纹浮雕的描述:雕刻精美奢华,富丽堂皇,乾隆帝书法师承赵、董,用笔方中带圆,刚中带柔,结字茂密洞达,笔墨流畅。匾与联不仅有外观上的美感,而且文字精炼凝重,内涵雅致、深邃,是我国传统建筑中不可多得的艺术珍品。作品都切景切题,有传达旨趣、升华宫殿意境的作用,具有历史的、人文的和审美的价值,是传统建筑不可缺少的艺术元素,往往可以起到画龙点睛的作用。康乾时代匾联的撰写主要源自皇帝个人情感的自由发挥,尤其是乾隆皇帝更是喜爱舞文弄墨,将自己对儒家文化与佛教的热爱与尊崇,集中地展现在匾联上。

九龙匾的设计蕴藏着象征皇权和天子之尊的九五之数,九是阳数的最高数,五是阳数的居中数,匾中寿、国、香、台四个字将9条蟠龙分隔于5个空间,匾额下方正龙居中,龙头为正面,瞠目张颌,威风凛然,龙身环曲,尾部上方和两前爪两侧各有一颗火焰宝珠。匾额下方正龙两侧的四条龙呈左右对称,右侧两龙右爪下按,左前爪上抬,左侧两龙左前爪下按,右前爪上抬,腾挪跳跃之体态刻画生动,四龙皆仰视印章方位,挺胸缩颈,龙尾上翘,张弛有度,风姿雄健;正龙上方嵌钤一枚"乾隆御笔之宝"印,印章左右两侧各有两条龙也呈左右对称,视线归集于印章的略上方,靠近印章的两龙龙首相向,后爪各握一颗龙珠,前爪相向于正中龙珠方位,二龙动感十足,争夺之势活灵活现。边侧两龙背道而驰,龙头回转,各逐一颗火焰宝珠,神动形移,似欲破匾而出。八条龙视线的集中处与现代绘画构图焦点透视的灭点有异曲同工之妙。

九龙楹联左右对各九龙呈均衡对称,联上龙、云、火珠以高浮雕手法制成,构图饱满,雕工精良,形成很强的立体感。龙身在云海中时隐时现,栩栩如生,17颗火珠穿插其中,龙珠四周环绕着火焰纹,进一步增加了构图的灵动性,充分显示出乾隆年间扬州工匠的高超智慧和艺术才华。联右侧联嵌钤一枚长方形台首章为奉三无私,左侧联有压角章二枚,乾隆宸翰(阳刻)、陶冶性灵(阴刻)。钤印篆刻艺术在匾联中的运用增强了帝王的尊贵感和权威性,匾额与楹联相互配合,形成互依互存、相辅相成的修辞关系。(图3)

1 乾隆宸翰（阳刻）　　2 陶冶性灵（阴刻）　　3 奉三无私（阳刻）　　4 乾隆御笔之宝（阳刻）

图3　印章

有意思的是我们在修复文物时发现,上联八颗火珠,下联九颗火珠,上联少了一颗火珠,可能是工匠在制作时无意中漏掉了一颗,而且内务府负责验收的官员甚至包括皇帝也没有检查出来,还是随着岁月的流失散轶掉了,现在已无从考证。修复时本着最小干预原则,决定遵从现状,不增添"缺少"的一颗火珠。

(二) 保存现状

待修匾额文物名称:寿国香台,编号:故203082;待修楹联文物名称:乾隆御笔木刻对联,编号:故203083。2015年恢复乾隆时期的原状陈列,正殿门上悬挂,抱厦两旁楹柱内侧悬挂。该组文物为清乾隆皇家御用文物的精品。

由于长期保存在条件较差的库房,匾额和对联表面附着了大量的灰尘,影响文物的外观,掩盖了其历史价值和艺术价值,吸附的少量污物含有害物质,已经对文物的本体造成了不可逆的损害,漆面爆皮有缺裂,部分配件松动,胎体灰地糟朽,亟须进行抢救性修复。(图4、图5)

图4　漆皮起翘缺失(修前)

图5　边框漆皮起翘,胎骨暴露(修前)

第二节　御制匾联典型工艺考证

一　检测设备——热裂解—气相色谱—质谱联用(PY-GC/MS)

气相色谱—质谱联用仪是一种质谱仪,在文物修复中应用于有机质组分的检测,气相色谱的流动相为惰性气体,气—固色谱法中以表面积大且具有一定活性的吸附剂作为固定相。当多组分的混合样品进入色谱柱后,由于吸附剂对每个组分的吸附力不同,经过一定时间后,各组分在色谱柱中的运行速度也就不同。吸附力弱的组分容易被解吸下来,最先离开色谱柱进入检测器,而吸附力最强的组分最不容易被解吸下来,因此最后离开色谱柱。如此，各组分得以在色谱柱中彼此分离，顺序进入检测器中被检测、记录下来。

Py-GC/MS：采用日本 Frontier 公司 EGA-PY3030D 型热裂解仪，结合美国 Agilent 公司 7890B/5977A 气相色谱—质谱联用仪，HP‑5MS 毛细管色谱柱（30 mm×0.25 mm×0.25 μm），四极杆质谱仪，电子轰击源，电离源能量为 70 eV；采取在线衍生化技术，将约 1 mg 粉末样品与 5 μL 甲基化试剂四甲基氢氧化铵（10％甲醇溶液，分析纯，购于上海阿拉丁试剂公司）放入不锈钢样品舱，然后直接送入热裂解仪石英裂解管，样品衍生化反应可在裂解反应进行的同时完成。裂解温度 600 ℃，裂解时间 0.2 分钟。热裂解仪与气相色谱接口温度 300 ℃。色谱分析采用分流进样，分流比为 50∶1，载气为氦气，流速 1.0 mL/min。GC 进样口温度 300 ℃；色谱柱初始温度 50 ℃，保持 2 分钟，柱温以 4 ℃/分钟从 60 ℃升到 280 ℃，保持 5 分钟。质谱离子源温度 230 ℃，四级杆温度 150 ℃，采取全扫描模式，扫描范围为 29～550 m/z，质谱识别数据库 NISTlibraries。

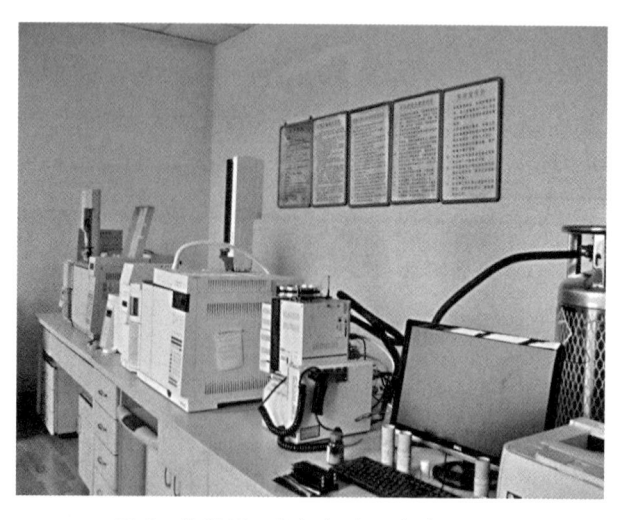

图 6　热裂解—气相色谱—质谱联用仪

二 地仗"鳗水"灰层材料、工艺科技还原和典籍验证

灰地分为有机质和无机质两大类,有机质材料在灰地中有塑形和胶黏的作用,对胎体有机质组分的考证是地仗灰层工艺还原的关键。通过光学显微镜(OM)观测残片样品剖面层次结构,可见金漆工艺分为五层(图8),第一层为贴金层,第二层为金胶漆层,第三层为糙漆层,第四层为灰地层,第五层为钻漆层。进一步对剖面结构的形貌观察,发

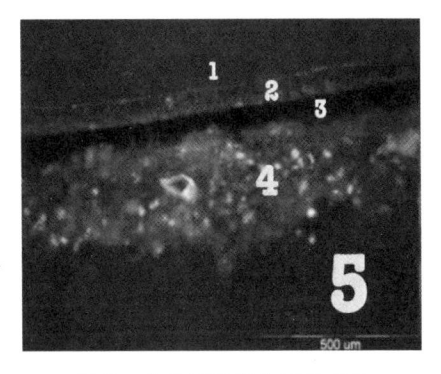

图8 咸若馆匾额金漆处样品剖面图(100x)

现灰地层与我们惯常所见的漆灰颜色有明显的差别,需对其有机组分深入分析以明确其材料和工艺,应用PY-GC/MS分析,样本(图7)灰胎层有机质组分为:熟桐油、蛋白质、多糖、松香。(表1、图9、图10)所有这些组分都指向一种非常重要且典型的地仗灰层工艺——鳗水。

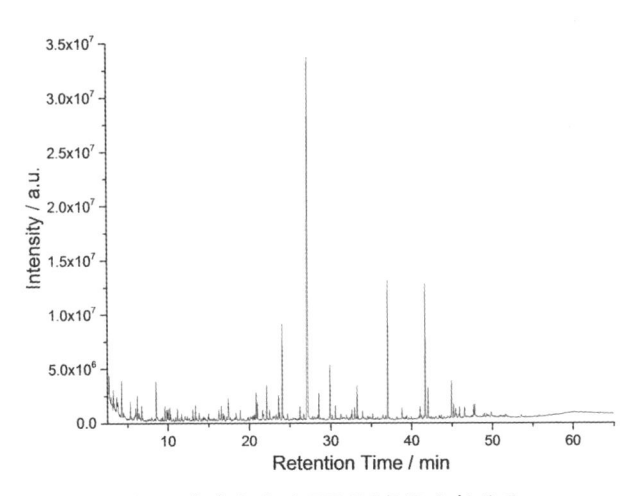

图7 金漆灰地层PY-GC/MS分析结果

表1 金漆样本结构层次的有机分析结果

编号	层次	有机组分识别结果
1	贴金层	无
2	红色层	熟桐油、大漆（饱和漆酚）
3	黑色层	熟桐油、大漆（饱和、不饱和漆酚）
4	灰地层	熟桐油、蛋白质、多糖、松香的成分
5	底漆层	生漆

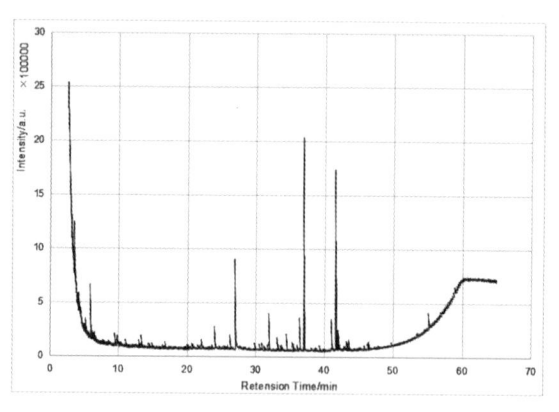

图9 金漆黑色层 PY-GC/MS 分析结果

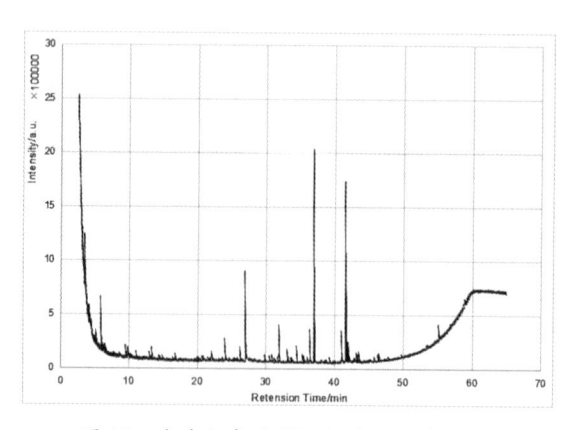

图10 金漆红色层 PY-GC/MS 分析结果

实验数据能提供一个思考的方向,蛋白质的成分,直观判断是一种动物胶,有可能是血料。熟桐油很少与膘胶、皮胶等动物胶结合在一起使用,但在漆艺灰层工艺中常常与血料结合在一起使用,多糖对应物质可能是面粉或江米浆。因检测的结果中发现了松树树脂的成分,推测在熬炼灰油的时候放入了松烟,松烟是一种快干剂,可以加速灰油的干燥。所有这些组分与王世襄所著《髹饰录解说》中关于"鳗水"所涉及的熟桐油、血料、面粉等有机质材料和工艺描述一致。

[鳗水,即灰膏子也]《辍耕录》:"鳗水,好桐油煎沸,如密之状却,取砖灰石细面和匀①。"鳗水又名"打满"。打满的办法是用生桐油放入锅中熬炼成灰油。灰油和面糊调匀后,加入血料,用木棍搅和。调匀后成灰白色的浆糊状,打满至此,便算完成。用时再加砖灰,稀稠以适用为度。将它敷着在器物上,可以代替灰漆②。

《圆明园漆活彩漆扬金定例》有关打满的条款与王世襄关于鳗水的描述基本一致:桐油每千金外加:黄丹六十二斤八两,土子六十二斤八两,白灰五百斤,白面五百斤,砖灰二十七石,木材五百斤。

之所以用鳗水工艺,第一是时间的考虑。在两淮盐政普福接到制造匾额的御制任务时,咸若馆的整修已经开始,应在整修结束之前务必要把匾额做好。使用鳗水工艺第一是为提高效率,更重要的是不能延误御制宗教文物的工期;第二,鳗水工艺是扬州漆工艺的一大特色,扬州工匠对工艺流程非常熟悉,对最终效果有绝对的把握;第三,是出于艺术效果的需要,因鳗水含油(熟桐油)特别细腻,使用鳗水工艺刮灰特别顺畅,艺术效果较漆灰更优。虽然,对表面相对平缓没有多少凹凸起伏的漆器而言,使用漆灰是惯例,但皇家御制金龙匾雕刻工艺结构复杂,表面高低错落,浮雕和透雕相结合,如果用漆灰,提高了工艺难度,不利于打磨,打磨

---

① 王世襄:《髹饰录解说》,页172—173,文物出版社,1998年。
② 王世襄:《髹饰录解说》,页172—173,文物出版社,1998年。

的效果也不一定好,而且金漆工艺底漆要求特别光滑,进而要求灰层也要打磨得特别光滑,使用鳗水工艺可以很好地解决这一问题。

另外,鳗水所用面粉、石灰和宫殿建筑中使用江米浆、石灰有类似的作用,可以使灰体更结实牢固。据记载,太和殿护板灰中可能含有江米浆,而其主要组分即为淀粉。在灰层中加入江米浆或面粉可以控制其碳酸钙晶体的生长速度,使碳酸钙晶体微观结构更加致密,从而使灰层获得更好的物理性能[1]。

综上所述,鳗水灰体材料检测结果与修复师的实践经验以及历史文献的描述一致。

三 金漆工艺探析

金漆文物的修复离不开对金漆工艺体系的整体认知,金漆工艺体系是以油漆配比为核心,围绕金的物理形态、油漆的物理性能、多层次的结构形貌三个方面相互交织互为关系,进而不同的金漆种类自然生发的结构系统。本件文物涉及彩金相、混金漆、描金开黑三种金漆工艺。

(一)彩金相

明代著名漆工黄成在《髹饰录》中首次提及彩金相金漆工艺:

【黄文】描金,一名泥金画漆,即纯金花纹也。朱地、黑质共宜焉。其文以山水、翎毛、花果、人物故事等;而细钩为阳,梳理为阴,或黑漆理,或彩金像[2]。

描金,一名泥金画漆,就是花纹做成金色。朱地上描金,黑地上描金都很相宜。描金的花纹有:山水、翎毛、花果、人物故事等等。彩金相是

---

[1] YANG Fu-wei, ZHANG Bing-jian, MA Qing-lin. Study of sticky rice-lime mortar technology for the restoration of historical masonry construction[J]. Accounts of Chemical Research, 2010,43(6): 936-944.
[2] 王世襄:《髹饰录解说》,页85,文物出版社,1998年。

金漆工艺中较为复杂的一种,杨明在注解中用三种金色交错使用对其加以解释。金胶漆将干未干之际①,用丝绵球裹蘸带有黄、青、赤等不同颜色的金象,这样的工艺叫"彩金象"。本组文物使用了三种金,是彩金相工艺的典型代表,龙纹、火珠处为库金,"库金"颜色发红,成色最好,开张大;黑漆御书、印的侧面为苏大赤,"苏大赤"颜色正黄,成色稍次,开张较小;云纹处为田赤金,"田赤金"颜色黄白,金的成色又次之。

(二)混金漆和描金开黑

杨明在注解中用三种金色交错使用对彩金相加以解释,另外他又提及了本件文物的另一种金漆工艺——混金漆②。

> 【杨注】梳理,其理如刻,阳中之阴也,泥薄金色,有黄、青、赤,措施以为象,有加之混金漆,而或填,或晕③。

还有一种金漆工艺介于混金漆和描金开黑之间,本件文物有三层立体的金漆结构:第一层云纹,第二层龙纹和火珠纹,第三层为立体的乾隆御笔诗文。侧面为金色,金色的阳纹上,可以金钩阳文,也可以用刀或用针刻出阴文,或者以黑漆描出阳文。

这种通体的金色上没有再描金,而是在正面髹以黑漆,效果介于混金漆和描金开黑之间。

第三节 修复与保养

御用金漆类文物修复最重要的转变之一就是在修旧如旧、最小干预修复等理念的基础上,把修复师的历史文化素养、文物传统工艺和文物

---

① 时机和火候的掌握是关键,以手指轻摸,有微小的吸力,有脆声,或用嘴哈气,雾气迅速散开时贴金。时间过早金箔发暗,不能最大程度地发挥金色的材质之美,时间过了金箔则又贴不上去,过犹不及。
② 王世襄:《髹饰录解说》,页85,文物出版社,1998年。
③ 王世襄:《髹饰录解说》,页85—87,文物出版社,1998年。

科技保护放到并重及相互支撑的层面上来。为了能有效地做好文物保护、修复工作,一方面,将文保修复师遇到的实际困难和修复难题,作为科技人员研究的方向,以解决修什么和怎么修的问题,如果是自身技艺水平不足的问题,需要通过不断的学习和实践解决;另一方面,文保科技人员从文物的价值和文物保护修复的目标入手,通过对传统工艺技术进行科学研究,向文物修复师揭示其科学内涵和文物本身的科学价值,为文物修复师提供一个全新的科技视野。总之,文物修复师应具备深厚的历史文化知识、高超的传统手工技术和全面的科技视野。

匾额是悬挂在宫殿明间檐下的题字,是古代建筑装饰的元素之一。它集文学、书法、雕刻、印章、装饰、建筑等多种艺术于一体,把中国传统文化与建筑艺术巧妙地结合起来,成为中国建筑特有的文化形式。故宫收藏有几百件文物匾联,形式多样,质地考究。其内容涵盖面广,或者是安邦治国的大政方针,或者是弘扬儒家思想的经典粹录,集中记载了当时皇宫的政治、思想及文化传承。故宫博物院收藏的这批落架匾额虽已残破旧损,但其文物价值是不可估量的,折射出深厚的文化内涵。

本件文物为皇家御用文物,具有材料和工艺的典型性和工艺流程的规范性,因此可以从经典的工艺流程入手,针对每一道工序出现的伤况在文物三层结构,两种修复方案,保、减、加、去四个步骤,十二道工序下有序开展针对性的修复,使其符合原状陈列的要求。

文物结构为三层,以榫卯结构相连接,第一层黑漆御书,第二层云龙纹雕版,第三层边框与横梁。

一 根据样本分析结果,修复按照文物结构确定两种修复施工步骤方案

方案一:边框、横梁与雕版背面:(1)捲榛[①]补缺;(2)合缝;(3)捎当;

[①] 捲榛,一名胚胎,一名器骨。

(4)布漆(麻漆①);(5)第一次粗灰漆;(6)第二次中灰漆;(7)第三次作起棱角;(8)第四次细灰漆;(9)第一次灰糙;(10)第二次生漆糙;(11)第三次煎糙;(12)黑漆。

方案二:雕版正面及黑漆御书:(1)榫�补缺;(2)合缝;(3)捎当;(4)纸漆(布漆②);(5)第一次鳗灰;(6)第二次鳗灰;(7)第一次灰糙;(8)第二次生漆糙;(9)红色金胶漆(第三次煎糙③);(10)贴金(黑漆④)。

二 四大步骤,十二道工序

(一) 保

文物自然的老化⑤是修复师面对的重要课题。老化物因承载着历史和岁月的记忆应尽量保留,这一保留既有价值意义上的保护历史价值、艺术价值和科学价值的完整性、科学性、原真性,又有物质意义上文物本体的保护、保养、长久保存,有机材料的介入干预能有效恢复其失去的机能。

1. 贴

对于地仗层基本完好,漆皮起翘的情况一般采取漆皮保湿回软并回贴的方案。通常文物修复中,采用针管注入膘胶的办法,填充地仗材料因氧化收缩或者流失所残留的"空余"空间,随后擦去溢出的膘胶,用载玻片叠加铅块压实,候干。

2. 固

因黏结剂老化,造成胎骨连接处松动需加固保护。拆下松动的龙头后发现龙头部位的固定主要靠两颗铁钉,由于木和铁的热胀冷缩的程度

---

① 雕版背面,第四道工序为麻漆。
② 黑漆御书修复这一道的工序为布漆。
③ 黑漆御书修复这一道的工序为煎糙。
④ 黑漆御书修复这一道的工序为紧涂上涂黑漆。
⑤ 在光、热、水、化学与生物侵蚀等内外因素的综合作用下,产生降解,表现为性能逐渐下降,从而部分丧失或丧失其使用价值,这种现象就是老化。

63

不同,加之原有的膘胶老化,时间久了,必然引起松动。采取的方法是清除原有老化膘胶,重新粘胶,原位固定。

3. 揭

由于大漆独特耐腐、耐磨、耐酸、耐溶剂、耐热、隔水等属性,漆皮往往是漆木类文物中物理形态保存最好的部分,如果地仗空鼓糟朽比较严重,仅凭简单的注胶已无法使地仗漆皮平整牢固,这时候应保留和揭取漆皮,待地仗层修补好之后回贴漆皮。老旧漆皮的揭取(图11-3),类似书画类文物修复中揭取画心,去除糟朽的命纸,待重新装裱。

(二)减

1. 除尘去污去伪存真

除尘去污分为两类:一是物理除污。对于灰尘类污垢,先用羊毛刷和吸尘器去除浮灰,再用纯净水浸湿的脱脂棉布①对罍对表面进行擦拭。然后用医用棉签蘸纯净水对接口和缝隙处进行擦拭,直至擦不出污渍;二是对于顽固污渍可采用化学除污的办法,根据有害物质的组分,选择配比合适的溶剂清除有害污渍。日常除污作业中常用到凝胶,其配比如表2所示。

表2 凝胶详细配比

序号	名称	重量/体积	用途
1	卡波姆(Catbopol)934	1 g	增稠剂
2	有效清洗试剂	100 mL	清洗溶解污物
3	Ethomeen C12 或 C25	10 mL	表面活性剂与 pH 中和剂
4	去离子水	几滴	提供凝胶形成时需要的 H^+ 与 OH^-

---

① 湿度控制以不能挤出水分为佳。

2. 去除糟朽部位

对于地仗、胎骨糟朽糠腐无法加固定型且会加重文物病害的部位，由外向内直至木胎——去除，把木胎局部虚松、疵病、腐败的地方剔宽，扬州工匠称此道工序为"撕缝"。

（三）加

"加"是指加上原本属于文物本体的部分。"加"是文物固本培元，延年益寿的关键，是保、减、加、去四步骤的核心。皇家御制文物的修复是一个系统工程，鉴于文物代表了同时代的最高水平，在修复的过程中应确保每一个修复步骤和工艺的经典性，并能在历史典籍和科技实验中得到验证。综合《髹饰录》坤集质法章的记载和以往宫廷文物的修复经验，确定本次修复由内而外的四大步骤，十二道工序层层推进。

第一步　楺椽（木质胎骨）修复

1. 合缝

雕版与边框木条拼合的地方，底板凹陷处及拼合缝隙处，要用底漆拌入木屑、斫絮，嵌于缝隙。这道工序为"合缝"。对于裂缝比较大的地方，则先将木材填入缝隙，再用稀漆水调拌木屑或断絮嵌入周边缝隙处，漆工称此道工序为"点生漆"。

2. 补缺

对联"赞无量寿宝轮拥护吉祥云"侧面有一雕有云纹的胎骨处缺失，首先，考察金龙匾对完好部分的纹样以及相同形制和同年代的金漆木雕的云龙纹，设计并制作参考小样。其次，在雕刻前先修平断裂处以便于粘接，然后选用金丝楠木参照小样进行雕刻，用鱼鳔胶将雕好的补件与修平后的原件粘接，放置一天以上，待鱼鳔胶干透后进行随形打磨处理，使补配的部分与原件衔接既严密又自然。

3. 捎当

"当"指器物之底，捎当，指在修补的木胎上用生漆打底，使之钻入木胎。北京、扬州漆工称此道工序叫"钻生漆"。

第二步　布漆①与垸漆层修复

1. 布漆

木胎打底以后,用稀漆水裱糊麻布于胎骨,使漆面不会露出木胎,棱角合缝的地方不至于松脱。也有用麻丝代布的,裱糊麻丝,扬州漆工称之为"麻麻"②。本件文物在布漆工序使用了麻、布、纸三种材料,背面底板使用的是麻,边框木条及木刻御书使用的是布,雕刻云龙纹木胎的接缝处使用的是纸。

图11-1　(修中)糊纸　　图11-2　麻麻　　图11-3　揭下的断纹漆皮

2. 垸漆或刮鳗

布漆完毕再做灰漆。云龙纹雕版使用的是鳗水灰,灰糙的作用是"以之实垸,賸滑灰面"。

第一次粗灰。要薄而密,以钻入布纹,使布漆牢固,灰漆面与布纹、麻纹相平。漆工称粗灰漆为"压布灰""压麻灰"。

第二次中灰。粗灰漆做毕,再做中灰漆,中灰要厚而均匀。

第三次作起棱角,补平窳缺。中灰做毕,再用中灰起出胎骨棱角,补平灰面缺陷。这次补灰主要起正形的作用。

第四次细灰。细灰漆要不厚不薄,使其渗入灰面微孔,加固中灰。

---

① 本次修复在制作断纹时,把十二道工序分为前三道和后九道两个部分,即前三道工序完成之后,不再继续进行第四道工序,出于制作断纹的需要,把第四道工序至第十二道工序单独制作,最后再把两部分粘结为一个整体。
② 前一个"麻"为动词,后一个"麻"为名词。

扬州漆工称细灰为"浆灰",称作细灰为"刮浆"。(图12)

图12 (修中)补灰

第三步 糙漆层修复

生漆糙和煎糙在䐛滑灰面的基础上养益面漆,使面漆平整厚实。

第一次灰糙。灰漆面上糙漆,其作用是使漆液钻入灰层,封闭灰地毛孔,加大灰层的黏结力。

第二次生漆糙。灰糙后,再刷一道生漆,灰面被彻底封固,从而使漆面平整坚实,经打磨后更加密实。

第三次煎糙。生漆糙后,用黑漆做最后一遍糙漆,称煎糙,熟漆比生漆丰厚。对于匾额正面的云龙纹雕刻部位的修复而言,第三次煎糙使用的漆为金胶漆。

第四步 面(黑)漆与贴金层修复

黑髹,就是黑漆作面漆。黑髹要用黑漆作糙漆,以养益面漆,面漆下黑色深厚,漆面才能达到正黑。贴金层修复参见上文彩金相和下文金箔做旧。

(四)去

去即去新气,留旧气,俗称"做旧"。漆器文物仿古做旧古来有之,明代名匠黄成漆艺专著《髹饰录》坤集尚古第十八专门论述古漆器的特征、修复以及仿造旧漆器等内容[1]。其中仿效条:然后考历岁月之远近,而设

---

[1] 王世襄:《髹饰录解说》,页175,文物出版社,1998年。

骨剥、断纹及去油漆之气也。① 这句话表明，去"油漆新气"的有效办法为根据所历年代的远近故意做出的"骨剥"和"断纹"，除"骨剥"不利于文物的长久保存，颜色的新旧统一以及断纹的制作对当今的文物做旧仍具有重要的现实意义。

1. 随色

"补缀条"所述"漆之新古、色之明暗相当，为妙"②，对仿旧漆色的程度做出了明确的规定，这一过程也称为随色。

其一，黑漆随色。色漆的髹涂有一个缓慢"吐"出颜色的过程，要做到"漆之新古、色之明暗相当"，难度很大，全在于修复师丰富的实践经验和对材料性能的精到把握。髹涂黑漆之前，宜先试漆，髹补的漆色要比匾额原有的黑色更黑一点，漆色"吐"出以后，方能新旧衔接宛若天成。

其二，金箔做旧。高锰酸钾是一种强氧化剂，是修复明清老家具常用的仿古做旧材料，其做旧原理一是氧化作用，二是利用其本身的棕色。金箔老化变黄、光泽变暗的原因为氧化，还可以使用普洱茶层层渲染。在此过程中可以适当添加百年老灰以去除浮光。

2. 断纹

髹器历年愈久，而断纹愈生，是出于人工而成于天工者也。古琴有梅花断，有则宝之；有蛇腹断，次之；有牛毛断，又次之。③ 梅花形的断纹最为珍贵，蛇腹断仅次于梅花断，是年代感和历史感的标志物之一。

蛇腹纹，即断裂如蛇腹上的横断纹。古漆器上这种断纹较多，且无论年代远近，都或多或少有此断纹。本次修复文物的黑漆御书、边框及背面黑漆处呈典型蛇腹断断纹。因此蛇腹断的仿制是本次匾额修复仿古做旧的必修课。

在文物新修的漆面上制作断纹具有不可控性，制作起来也很困难，

---

① 【明】黄成著，【明】杨明注，长北校勘译注：《髹饰录图说》，页242，山东画报出版社，2007年。
② 【明】黄成著，【明】杨明注，长北校勘译注：《髹饰录图说》，页241，山东画报出版社，2007年。
③ 【明】黄成著，【明】杨明注，长北校勘译注：《髹饰录图说》，页239，山东画报出版社，2007年。

而且可能会对文物造成不可逆的二次伤害。本着修旧如旧和最小干预的原则,本次文物的修复采取针对性方案制作断纹——不在文物上直接制作,而是预先制作好,最后根据需要粘贴,并做到与文物原有的断纹衔接自然,天衣无缝。从工艺上划分有晒断、烤断、撅断、颤断之别;晒断、烤断是利用温差,撅断、颤断依靠外力。本次断纹制作采用颤断的工艺,具体操作如下:

选取一块柔韧性好的薄木板,然后在木板上刷一层隔离剂,按照八个步骤依次完成:(1)布漆;(2)粗灰漆;(3)中灰漆;(4)细灰漆;(5)第一次灰糙;(6)第二次生漆糙;(7)第三次煎糙;(8)黑漆。待漆干透后,晃动木板制造相对的受力不均匀,这样漆面会出现均匀的断纹,从木板上揭取带断纹的漆皮备用。最后,计算文物需修补的断纹具体尺寸,确定位置,裁剪粘贴。

制作断纹的要求是:漆纹裂而不糠,仿古旧而不脏,给人以饱经沧桑后自然形成之感。

第四节　结语

"研究型修复"是本案的核心关键词,也是本案修复的主要特色,具体表现为三个方面:第一,本组文物是鳗水、断纹、彩金相等典型材料和典型工艺按照科学论证的步骤有序推进的典型性修复;第二,立足于整体性的修复理念,打通了文物修复技艺传承、科学还原、文献考据三要素之间的界限,对修复师提出了更高的要求;第三,在修复实践中明确了过去、现在和未来的三个时空维度——回溯过去,还原文物的前世故事,立足现在,讲述文物获得重生的今生故事,面向未来,不断应用最新的科技成果,以科学的理念和方法来研究、保护、修复文物,将完整、原真的文化遗产留给我们的后代。

第四章 文物医院保护理念下的修复研究
——以故宫博物院院藏清代旃檀佛像的"治疗"为例

"古法"和"今术"的日渐融合是文化遗产保护技术的新趋势,已经在当今文物修复实践中发挥着越来越重要的作用。对旃檀佛像的修复工作是一次在文物医院保护理念下的古代传统工艺和现代科技相结合的实践。本次遗产保护以"样本工艺"的"独特性"的分析为切入口,对选取样本的成分进行定量和定性分析以及微观结构观察,通过实验数据和实践经验的相互验证,将胎骨、灰地和金漆工艺三个方面确定为"新发现"的工艺特征,并以此为依据开展对文物"疑难杂症"的精准治疗。

第一节 文物医院理念概述

文物医院的理念是从文物保护走向文化遗产保护的综合性概念。是将文物本体保护修复以及非物质文化遗产保护的工作,类比于医学学科,从而创建一个以文物保护修复处理(临床医学)为基础,在"医治"病害的过程中将传统的文物修复技术与现代科学技术有机地融合起来,包含文物分析检测(医学检验)、文物预防性保护(保健医学)、文化遗产保护档案及数字化(医学档案管理)、文化遗产保护管理与展示(医务管理)

等核心功能的文化遗产保护工作流程,并参考医院的架构,将这一流程运用到文化遗产保护机构的功能单元设置与实现过程中①。

在文物医院理念的视野下,中国漆器文物修复无论从材料、手工技艺、方法论都与传统中医学"天人合一"的哲学观念有着天然的联系。其中方法论是解决一切漆器制作和修复相关问题的核心,也是遗产保护的关键要素。明代漆工黄成在《髹饰录》一书中阐述了漆器制作的方法论——巧法造化、质则人身、文象阴阳,这段话把漆器制作与人体、自然有机联系在一起。用一句话加以概括三者之间的关系为:一阴一阳谓之道,道法自然。文为阳,质为阴,文质者②,髹工之要道也。文质之道归根结底在于造化,即自然。具体而言,分为三个方面进一步阐释③。

第一,材料即媒介,媒介即信息。顺应自然在某种意义上就是顺应自然材料的天然习性,材料习性的不同决定了漆器表面装饰工艺的不同,进而产生了不同的漆器品类。《髹饰录》相关的描述为:

【黄文】文象阴阳。

【杨注】定位自然成凹凸,生成天地见玄黄。

这句话讲的是:凹即阴,凸即阳,阴阳的变化和转换决定了器物表面形式的凹凸,为漆器确立了变化的法则和分类标准。师法玄黄④,才能生成天质,生成天质,其依据正是天地阴阳。

阴阳凹凸的成因在于材料性能的不同。大漆和桐油来自自然,是制造漆器最重要的原材料,了解和熟练掌握大漆和桐油的"自然之性"是漆

---

① 宋纪蓉:《文物医院与文物保护修复档案》,《故宫学刊》第五辑,郑欣淼主编,紫禁城出版社。
② 文指漆器的表面装饰工艺,质指漆器的骨、肉、筋、皮、骨。
③ 《髹饰录》中"法"是按照巧法造化、质则人身、文象阴阳的顺序排列的。为了便于理解,本文结合油漆比的分析,按照文象阴阳、质则人身、巧法造化的顺序加以阐释。
④ 玄黄:《易·坤·文言》"天玄而地黄",后人以玄黄作为天地的代称。

器制造的前提,借用黄成阴阳说的内涵,可以将大漆比作阴,桐油为阳①,大漆与熟桐油调配比例的变化是构成材料不同性能及"文象"种类的核心。在大漆中加入桐油,可以说是漆工艺的一个里程碑,它使工匠能够通过改变漆/油比例控制漆膜的机械性能和色彩,从而达到形式各异、色彩缤纷的效果。

第二,将文物比作人体,建立了文物医院医治话语和漆器文物修复之间的桥梁。《髹饰录》记载:

【黄文】质则人身。

【杨注】骨肉皮筋巧作神,廋肥美丑文为眼。

这句话的意思是:漆器的组织结构,是对人体组织结构的模仿。木胎好比人的骨骼,木胎上用布糊漆或麻筋,好比人体于骨上着筋,做漆灰好比筋上长肉,髹漆好比肉上附皮。骨、肉、筋、皮关系着漆器内在的质量,造型和装饰则关系着漆器外在的仪表,"质则人身"正是"巧法造化"的具体表现之一②。

第三,工匠和文物医生共同之处在于以自然造化为师。《髹饰录》记载:

【黄文】巧法造化。

【杨注】天地和同万物生,手心应得百工就③。

意思是:工匠要善于师法自然,在制造漆器的过程中体味和顺应自然之性、自然之理、自然的变化。天地和谐才能万物生长,手心相应才能造成器物。

---

① 阴和阳是一个相对的概念,在漆器纹样中凸起的称为阳,相对凹陷的称为阴。大漆和熟桐油相比较,熟桐油相对稠厚,易于塑造凸起,大漆更倾向于流平性,所以可以称大漆为阴,熟桐油为阳。
② 【明】黄成著,【明】杨明注,长北校勘译注:《髹饰录图说》,山东画报出版社2007年,第47页。
③ 【明】黄成著,【明】杨明注,长北校勘译注:《髹饰录图说》,山东画报出版社2007年,第46页。

文物保护修复学科与医学相似性在于人(有机体)和文物(有机体和无机体)都是有寿命的,都是会"生病"的。《髹饰录》中就用"六十四过"介绍了文物制作过程中的六十四种病症,"病症"的"治愈"离不开艺术与科学完美结合,就漆器文物而言,所有的修复技艺都是自古以来修复师与油和漆这一"有生命"的"有机物"不断对话为基础而生发的,并得到科学验证。鉴于此,文物修复的过程,就是文物医生通过望闻问切,了解"生命体——漆文物"的生命体征,获知其状况,借助于科学取样,对其进行结构以及成分的定量和定性分析,妙手回春,以传统技艺为主,科学检测为辅,明确文物修复实施方案的具体步骤,达到中西结合,标本兼治的目的。因此,一件"带病"文物在文物医院"医治"的流程为:挂号建档——科技检测——专家组会诊——综合科技分析结果的文物修复——预防性保存建议——验收——出院。(如图1所示)

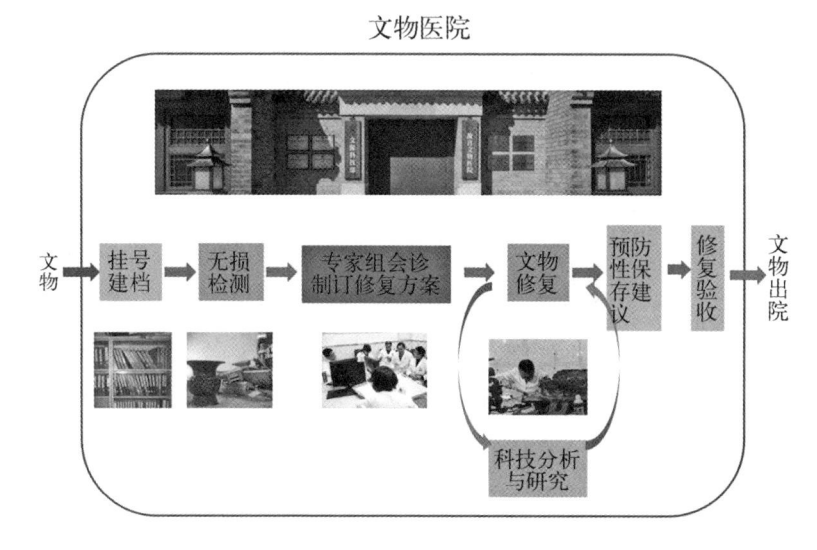

图1 文物修复流程

文物出院后撰写修复报告存档是文化遗产保护的重要内容。文物修复报告的内容包括:保护修复师信息、文物的基本信息、历史来源与艺术价值评估、文物的保存现状评估、材料与工艺研究、病害调查与病害机理研究、科学分析检测、修复材料及工艺筛选、制订保护修复方案、记录保护修复过程、预防性保护、修复效果评估、定期巡查等。

第二节 文物溯源、信息及伤况概述

一 溯源

在修复一件文物之前首先要考证文物的来源,即它在进入收藏序列之前的"前世"故事,这是我们科技检测方向的设定以及文物修复方案拟订必不可少的步骤。从文物编号可以看出藏品从哪里来,经过怎样的变迁。故宫"故"字号文物是对清宫旧藏和中华人民共和国成立前新收部分文物所编的号,"新"字号是对1949年中华人民共和国成立后收购、接收和接收捐赠的文物的统一编号。本案木雕金漆旃檀佛像的文物号为:新00112213号,三级文物。(图2-1、图2-2)首先从文物号我们可以判断,这件文物是中华人民共和国成立后收的,非典型的传承有序的清宫旧藏。

图2-1 修后照正面 图2-2 修后照侧面

根据《故宫物品点查报告》记载,这件文物调拨自北京市文化局倪玉书文物,账册编号【册页:新 22-4267 行号 11】。1952 年 6 月 23 日,中共北京市委关于处理古玩商店的意见向中央华北局的报告中,点名批评古玩商倪玉书倒卖走私珍贵历史文物,对其非法手段获取的所藏文物予以没收,合法手段获取且有较高文物价值的文物予以收购[①]。据此判断,这件文物应该是北京市文化局早年没收或征购的倪玉书文物,并于 20 世纪 50 年代后期划拨至故宫。

倪玉书何许人？倪玉书(1903—1967),天津市武清区人。1918 年在北京同益恒古玩铺学徒,1939 年同师弟陈鉴堂合作开设鉴宝古玩店,20 世纪 40 年代初两人分手,自己在苏州胡同三元庵处独立经营鉴宝古玩店。对鉴别青铜器有独到见解,时人称之为鉴定铜器的"三杰"之一。但其师父曾在同行中揭徒弟的底,说他经营铜器常以赝品充当真品,珍品自藏[②]。

鉴于本件文物有明显的修复痕迹,且使用材料未明,考虑到曾经的持有者古玩商背景以及"作伪"的经历,这件文物的"古玩圈修复"现象纳入本次文物方案修订的考虑范围。中国传统修复方法惯常从满足收藏者美学价值出发,对缺失部位进行"补全",在整体上"完形",将修补的部分施以高超的技艺和精湛的做旧技术处理,达到修旧如旧的效果。深挖这一修复理念的技法来源和美学背景非常有必要。

（一）作伪与去伪

作伪与文物的历史相伴而生,可以说自从有了文物,作伪就如影随形。作伪在某种意义上可分为局部作伪和整体作伪两种,残缺部分完形不加以提示说明,或以赝品冒充真迹,以欺骗为手段以营利为目的皆为作伪。作伪不代表艺术水准低,艺术史上就存在名家作伪高手作伪的现

[①]《中共北京市委关于处理古玩商店的意见向中央华北局的报告》,《北京党史》,2014 年第 2 期,页 44。
[②] 陈重远:《鉴赏述往事》,页 436,北京出版社,1999 年。

象,并且达到相当高的艺术水准,以至于能模糊真实与虚假界限,误导业内专业人士和收藏家。随着时间的推移,这一类流入文物市场的"伪作"本身也已经成为文物,有的已经进入了博物馆,我们在进行文物修复时会碰到这一类文物,搞清楚藏品的来历、使用材料和制造手法的作伪信息对去伪非常重要。

(二)临摹与复制

从临摹到复制,是从古代一直延续到今天修复文物的重要技艺积累手段,临摹是指按照原作仿制文物的过程。临,是照着原作写或画;摹,是用薄纸(绢)蒙在原作上面写或画。著名的"天下第一行书"兰亭序五大摹本,件件都是国宝,故宫博物院文物修复师冯忠莲从1962年开始,断断续续,历时18年临摹《清明上河图》。这件临摹品被定为国家一级文物。在文物修复中,临摹的目的是为修复真迹做技术储备,以无限接近真迹的技术水平为目标,以便在修复实践中使用原材料、原工艺和原水平的"三原"原则。摹本与原作总是有差距的,但当这种差距无限小的时候,就完成了所谓的从临摹到复制的转变,即原作与摹本在某种意义上的"同一"。摹本还用于代替真迹展示,使真迹在更安全的恒温恒湿的环境中长久保存。

临摹更深层次的文化背景是贯穿千年的仿古传统,仿古在本质上是一种学习传统、继承传统的方式和方法。

(三)求真与存真

1. 科技求真

一件曾经流通于文物市场有明显修复痕迹疑似作伪的佛像,其材料和工艺手法我们仅凭肉眼难以识别,凭经验难以判断,因此必须借助于样品取样、微观结构观察、定量和定性分析,用现代科技手段还原求证这件文物使用了何种工艺和何种材料。

2. 传统工艺存真

除了科技还原外还有手工技术的求真,类似于考古学中的实验考古,通过模拟还原当时的技术,来研究当时的制作工艺。当我们通过科技检测的方法对文物原有的材料、原有工艺和原有的技术和艺术水准做出较为准确的判断后,还要在此基础上用原材料、原工艺、不相上下的工艺水准进行文物的修复,在材料、工艺流程和手工技术水平上无限接近文物的真实形态。不在求真原则意义下的仿古补全,在某种意义上也是一种作伪。

二 文物信息、实验方法与仪器

(一)文物基本信息

此佛像为楠木雕刻,通高 42 厘米,具有典型的旃檀佛像形制:身着通肩式袈裟,袈裟像经水湿了一般贴在身上,衣纹在胸前整齐地排列呈"U"字形,具有装饰感。佛像直立于圆形莲花座上,面着金漆,目光向上。佛像右手在胸前施无畏印,左手下垂施与愿印。

旃檀佛来源于公元前 6 世纪的古印度。据记载,释迦牟尼佛成道后,到忉利天宫为母亲摩耶夫人说法,当时人间的优填王思念佛陀,就命工匠用牛头旃檀木雕刻了一尊释迦牟尼佛像。佛从天而降,雕像立而迎,佛便为雕像开光,因此这种样式的旃檀像也被称为接引佛。后来,不管用何种材质,凡是雕塑成这种样式的释迦牟尼佛像被统称为旃檀佛像。

(三)研究概述、实验方法与仪器

1. 同类文物研究概述

在文物修复保护实际工作中充分利用现代科技和分析手段,有利于更加直观量化地了解和评估残损或病害的基本情况,以此为基础来指导修复保护实践,将传统的修复保护经验和现代的实证结果有机结合起来,完整地揭示和还原器物上的文化信息,最大程度地恢复残损金漆木雕的原貌,使其以历史的真实状态完整地、安全地展示在世人面前。

国内金漆木雕类文章已发表的只有一篇,2016 年卢艳玲针对一件馆藏清代金漆木雕观音菩萨坐像的病害,采集胎木、彩漆层、白灰层、纺织纤维等 5 个样本,其中漆层样品 3 个(其中红色漆层样品带金色层、白灰层、漆灰层和纺织纤维),木胎样品 2 个。利用超景深显微镜、拉曼光谱分析、红外光谱分析、X 射线荧光能谱分析、切片分析、纺织纤维鉴别等办法进行了分析研究。漆层的分析结果显示,漆膜成分为添加了桐油的熟漆结膜而成大漆,黑色漆膜的呈色物为 Fe_3O_4,红色呈色物为硫化汞,漆灰层推测为黏土类矿物,白灰层成分为碳酸钙。漆层下的纺织纤维为麻纤维。髹漆工艺为先于木胎施白灰层,而后铺纺织纤维布,再于纤维布上刮漆灰层,漆灰层上再髹涂色漆,色漆之上再施金粉层。根据此研究成果采取了相应的保护修复措施,恢复了雕塑原貌。

木胎和漆膜的分析研究是金漆木雕修复保护的关键环节之一,研究涉及多学科理论和方法的综合运用,依托现代分析仪器获得的较为客观的数据,有利于我们更有针对性地开展研究工作。特别是在漆膜表征、成分构成以及内部结构的微观认识和定量分析等方面,仪器分析具有以往经验型方法所无法具备的优势,成果直观、数据可靠、操作简便,是目前漆器髹饰科研实践行之有效的方法。大约 20 世纪 80 年代起,我国科研人员开始探索、总结和完善古代漆器漆膜研究的理论框架和技术手段,逐步建立了与工作实际相适应的理论体系和方法体系,并取得了较为可喜的成果。

金漆修复为本章的研究提供了参考,该佛像属于金漆石雕,2016 年,张予南认为文物的科学分析应为保护工程的重要基础。在潼南大佛的前期工艺研究中,通过金相显微观察、扫描电镜、XRF、XRD、红外仪器分析可知,表面漆膜的主要成分为桐油、大漆和朱砂,金箔层的主要成分为 Au(约 87.9%—100%)、Ag(0—12.1%),金箔层厚度约 1.5 μm,贴金存在多层叠压现象,最多可达 5 层。而在千手观音保护工程中,不但偏光显微镜、扫描电镜、XRD、XRF、IR 等仪器的分析结果被大量用于贴金层工艺、病害等方面的描述之中,老化实验、吸水膨胀实验等实验方法更是在病害调查、修复材料选择、修复效果检验中发挥了重要作用。

2. 仪器及方法

(1) 傅立叶变换红外光谱仪

傅立叶变换红外光谱仪(Fourier Transform Infrared Spectroscopy, FTIR Spectrometer)。傅立叶变换红外光谱法是通过测量干涉图和对干涉图进行傅立叶变化的方法来测量红外光谱。傅立叶变换测定红外光谱用于精确控制两相干光光程度差的干涉,将包含各种光谱信息的干涉图进行傅立叶变换获得实际的吸收光。FTIR 具有高检测灵敏度、高测量精度、高分辨率、测量速度快、散光低以及波段宽等特点。随着计算机技术的不断进步,FTIR 也在不断发展。在实际应用中,常用 FTIR 来进行漆器胎层、漆膜层、彩绘层以及漆灰层的成分分析,漆膜的成膜物质分析,以及漆灰层纤维分析等。

(2) 体式显微镜

在漆膜分析研究中,光学显微镜是一类较为常用的表征观察设备。在通常研究案例的试验中多采用体式显微镜(OM)对漆膜切片截面部位的形貌进行初步观察。体式显微镜利用双通道光路,形成具有立体感的三维空间视觉图像,视场直径大、焦深大、工作距离长,且形成的像是正立的,因此成像清晰宽阔,可以清晰地观察被检测物体的全部层面。采用体视显微镜对文物样品剖面结构进行观察,制作过程简单,操作方便,可以直接观察到样品漆膜的分层结构、色泽、各层的厚度、漆膜中填料的外观特性,以及可能存在于漆膜上的微痕迹等方面的特征,从而初步判断漆膜髹制的工序、添加物情况、胎体材料以及是否存在打磨加工等工艺。但体式显微镜以光为介质,所用的光源基本是在可见光范围内,放大倍率最高能达到 2000 倍。分辨率大于 0.2 μm 的细小结构光学显微镜就分不清了,在实际应用中有一定的局限性,而电子显微镜有效克服了光学显微镜的不足,在研究工作中得到广泛应用。

(3) 扫描电镜和能谱仪

电子显微镜是利用电子光学原理,用电子束和电子透镜代替光束和光学透镜,使物质的细微结构在非常高的倍数下成像的仪器。它使我们在原子的尺度上观察研究物质的结构。电子显微镜主要分为透视电镜(TEM)、扫描电镜(SEM)、超高压电子显微镜(UVEM)和分析电镜(AEM),但就其基本类型来说,有透视电镜和扫描电镜两型,其他各型不过是在这两型的基础上的改进或两型的结合运用。在古代漆膜的分析研究实验中,大量采用扫描电子显微镜对漆膜切片断面形态进行显微观察和分析,并串联能谱仪(EDS),对漆膜断面、漆灰层元素分布进行Mapping分析,实现漆膜、漆灰层元素含量的初步测定。扫描电子显微镜是介于透视电镜和光学显微镜之间的微观样貌观察手段,主要用于观察样品的表面形貌及断面上的一些结构。目前的扫描电镜都配有X射线能谱仪装置,这样可以进行显微组织性貌观察和微区成分分析。扫描电镜的优点可概括为:一是景深长,图像富于立体感;二是图像的放大倍数可有10倍、20倍至20万倍连续调节,而且对样品的分辨率也较高;三是样品室体积大,可容纳较大尺寸的样本,样品可动范围大,而且制样要求简单;四是电子照射引起的样品损伤和污染程度很小;五是在观察形貌的同时还可做其他多种分析。

EDS能谱仪,又名显微电子探针,是一种分析物质元素的仪器,常与扫描电镜或者透视电镜联用,在真空室下用电子束轰击样品表面,激发物质发射出特征X射线,根据特征X射线的波长,定性与半定量分析元素周期表中Be以上的物质元素。检测流程包括电镜样品制备,上机操作分析,最后提供成分分析谱图与半定量成分组成比等数据。能谱仪除了分析速度快,可做定量计算外,还可以选择不同的方式进行分析,既可选点、线及区域进行分析,还可做不同元素的面分布图(Mapping)。在漆膜检测分析中可以用于漆膜外观形貌观察,放大1000倍到30万倍,并可进行尺寸测量等,也可在漆膜上选择微小位置区域,探测元素成分与含量。

通过红外光谱(FTIR)对待测样品进行组分定性分析,通过光学显微镜(OM)观测残片样品剖面层次结构,通过扫描电镜能谱(SEM-EDS)

对样品进行微观形貌观测及元素分析,通过近红外光谱+化学计量学无损检测技术对金胶漆的油漆比进行定量分析。

三 取样信息及伤况概述

佛像修复前表面附着大量灰尘,文物底部榫卯结合不紧密。

佛像曾被修复,有两层金,面部、手部和足部的表层金为修复层,其中,面部、足部金漆有断纹,局部有剥落,目前保存状况完好。佛像左手五指,右手中指、无名指残缺不全,双手背部表层金剥落露出底层金及白色灰地层。为了在修复中探明、验证和应用两层金的地仗、金胶漆、罩金漆的工艺信息,本着最小干预的原则,分别在佛像不同部位精准取样,以取到不同层次的样品。(具体取样信息如图3、表1所示)

图3 样品2(左)取于左手食指、样品3(中)取于左手手背、样品1(右)取于右手小指

表1 佛手部位采样样本信息

样品信息			
样品编号	2	样品位置	左手食指,表金层,修复层
样品描述	左手食指漆残片,粉末状样品		
样品编号	3	样品位置	左手手背,表金层,修复层
样品描述	左手手背漆残片,块状样品		
样品编号	1-1	样品位置	右手小指-1,下层金
样品描述	下层金+罩金层,粉末状样品		
样品编号	1-2	样品名称	右手小指-2,下层金
样品描述	下层金+金胶层,粉末状样品		

从样本3①剖面显微图可以看出,断指部位没有出现两层金的情况,即没有下层金,只有修复层金层。较为合理的推断是在文物"古代修复"时,佛手等部位已经残缺,残缺部位的胎骨、灰地为补配。然后,再统一进行金漆髹涂,髹涂金层涵盖了未缺失手掌部位的金层。因此补配的部位为一层金,没有补配的部位因为又髹了一层金,所以出现了两层金的情况。随着岁月的流逝,因为各种各样的原因,原先残缺部位再次残缺,这就是我们这次修复时看到的"较为复杂"的文物伤况。

第三节 "疑难杂症"的材料和工艺分析

一 胎体的独特材料及运用

本件文物的名称是木雕金漆旃檀佛像,顾名思义,这件文物的材质是金漆和木,木为胎骨,金漆为表皮装饰工艺。然而在清理修平佛像七处断指残面的时候,非常意外地发现,断指截面没有木材纹理及木材残留,左手手背一处露出灰地残破处(图4)也不见木质胎骨,可见白色的灰层和深色灰层,八处破损处都呈现有灰无骨的状况,这在我们以往修复的同类文物中较为罕见,一般的修复方法已经无法胜任本案的修复。因此,我们拟定了从历史典籍和科技检测两个方向寻求突破的修复方案。

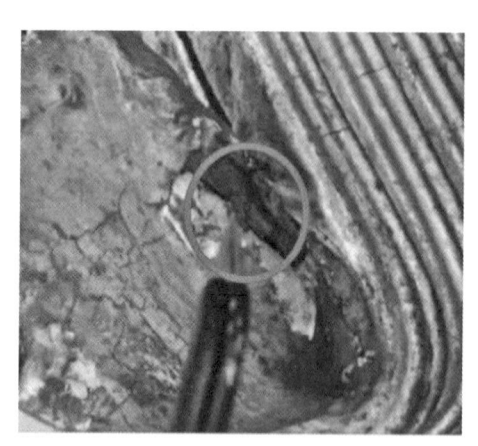

图4 佛手背部残缺部位

---

① 同为表层金,仅取样的部位不同,样品2金层的检测结果适用于样品3。

《髹饰录》坤集"质法第十七"棬榡条介绍了漆器的胎骨,杨明在注解中又补充了一些民间使用的胎骨"又有从篾胎、藤胎、冻子胎、布心胎、重布胎,各随其法也"。这是历史文献中第一次出现"冻子胎",张燕注解为:

> 冻子胎,即灰胎。其上刷中涂漆、上涂漆而成器。据考证,清代民用漆器也有用灰胎的记载(见【清】谢坤《金玉琐碎》),福州漆器有冻子胎,台湾漆器艺术家杨丰诚用漆灰堆作漆器胎骨[1]。

可见无论是古代还是现代,中国民间确实存在灰胎漆器。但一般漆器表面比较平顺,形体结构变化较小,本件雕塑佛手部位空间关系复杂,和一般的漆器制作工艺迥然不同,却符合这一罕见的冻子胎工艺,推测因为佛手部位的雕刻费时费力,对工艺要求也比较高,考虑到民间佛像的用量比较大,出于批量生产的需要,用模具填入漆灰翻铸而成佛手则省料省工,且在技术上可靠可控[2]。显然,这一应用成果是冻子胎工艺从简单的结构形体向结构空间复杂的雕塑形体的创造性转化。

就材料而言,样品3取样部位正是灰胎层(图5)。图5为样品的剖面结构显微图,从图中可看出,样品共有三层,第一层即灰胎层,经扫描

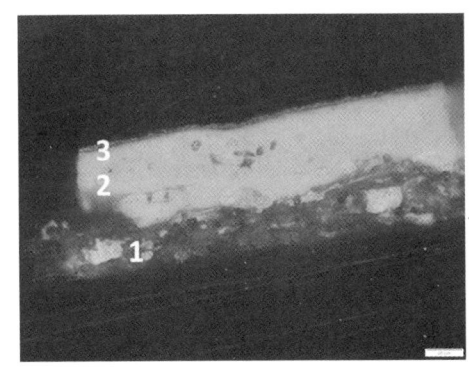

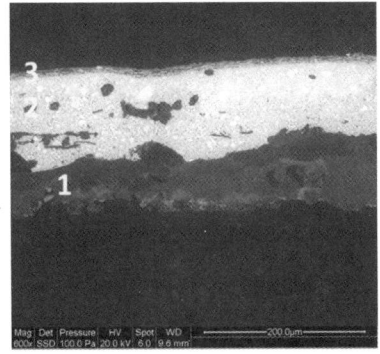

图5 样品3剖面显微图(左)及扫描电镜图谱(右)

---

[1]【明】黄成著,【明】杨明注,长北校勘译注:《髹饰录图说》,山东画报出版社,2007年,第221页。
[2] 翻模工艺在漆器制作中比较常见,常见的脱胎漆器都有翻模的工艺流程。

83

电镜能谱(SEM-EDS)分析,发现最底层(第一层)主要含有碳、镁、硅、钙等元素,推测为黏土、方解石一类的物质混合有机黏结材料而成,实验结果与灰胎层材料及工艺相匹配。

二 灰地"疑难"材料、工艺及成因分析

《髹饰录》记载:

> 垸漆,一名漆灰。用角灰、磁灰为上,骨灰、蛤灰次之,砖灰、坯屑、砥灰为下。皆筛过,分粗、中、细,而次第布之如左①。

这段话说明明代在制作漆灰层时会依次上三道由粗及细的漆灰层,今天漆灰层的三层制作步骤与明代一致。然而,根据样品3剖面结构显微图所示(图5),漆器灰层位于第二层,很显然样品的"漆灰层"与胎骨层一样几乎颠覆了我们日常的认知,从结构上我们看不出传统意义上的粗、中、细三层结构,本案灰层有且只有一层,而且呈白色。灰层的直观感受是没有漆,那到底是什么材质呢?

同样,我们需要对这一白色层取样定性分析。样品2为白色粉末取自灰地层(图3),红外光谱(FTIR)与谱库中铅白的红外光谱匹配度最高,第二层主要元素是碳和铅,结合红外分析结果,可确定其组分为铅白,即佛像表层金的白色地仗层所用白色粉末为铅白(图6);此外,样品在1649厘米$^{-1}$处有一吸收峰,可能来源于动物胶,动物胶是中国古代广泛应用于铅白等无机颜料的粘接剂。由此判断白色地仗层(灰层)为铅白混合动物胶调制而成。

漆器中使用铅白极为罕见,但铅白的使用自古有之,中国民间泥塑多以白为底色,传统白颜料被俗称为"大白粉"。在款彩工艺中,也常用大白粉调胶刮入刻后的凹陷以封闭灰地,作用和本案使用的铅白灰地类

---

① 王世襄:《髹饰录解说》,文物出版社,1998年,第171页。

似。在这尊金漆佛像中大面积使用铅白，一方面可以说是漆塑向民间泥塑或款彩工艺借鉴的结果，另一方面，雕塑的结构复杂，灰地要薄，如果用传统的三层漆灰工艺，雕塑的表面看上去就会很累赘，影响了雕塑的立体呈现。可以说，在形体复杂的雕刻表面用薄薄的铅白灰体现了中国古代工匠的民间智慧。在某种意义上，也可以说是古董商和民间工匠为简化工艺流程、节约材料、时间成本和降低技术难度的权宜之策。

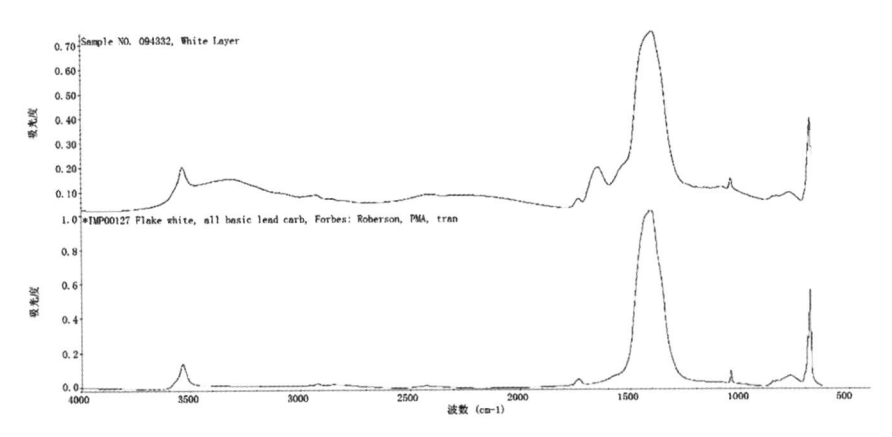

图6　样品2白色层的红外光谱与铅白的标准红外光谱（红色线条）

三　具有浓厚地域特征的金漆工艺考证

金漆工艺因材料的贵重和工艺难度高在漆艺史上占有重要地位，也是本件文物修复的重点和难点。根据以往的修复经验，一般意义上的金漆工艺包括上金、贴金和泥金等，从文物的现状看，该文物运用了两种金漆工艺，在结构上分为两层，底层金为原金层，表层金为修复层。具体使用了何种工艺，仅凭经验判断往往是不够的，科技检测可能会颠覆我们早已习惯的认知，让我们更接近文物的本来面貌。

1. 底层金层成分分析

从图7可看出，1-1红色罩金层、1-2红色金胶层的红外光谱与谱库中中国大漆与桐油混合物的红外光谱的匹配度最高，证明佛像底层金层所用金胶漆和罩金漆为中国大漆与桐油的混合物。两个样本代表了两种金漆工艺,区别在于:1-1金上罩漆,可使金色变得沉着,还有保护金层的作用,使用的桐油为广油,桐油占比约38%,广油的添加是为了提高罩金漆的透明性;1-2为金下的金胶漆,使用的干性油为明油,桐油占比29%[①],明油因具有黏性,常作为金胶漆的重要材料;出于保护文物的目的,本着最小干预的原则,没有对该样本金胶漆下的灰层进行取样,结合手背残缺处灰层结构的直观观察,综合判断金胶漆下为白灰层,金胶油对下层白灰层稍有渗透。综上分析,由于金胶层的存在,以及金层呈线状连续分布的微观形貌,推测底层金的金漆工艺可能是贴金、上金或泥金,根据经验判断为贴金工艺。

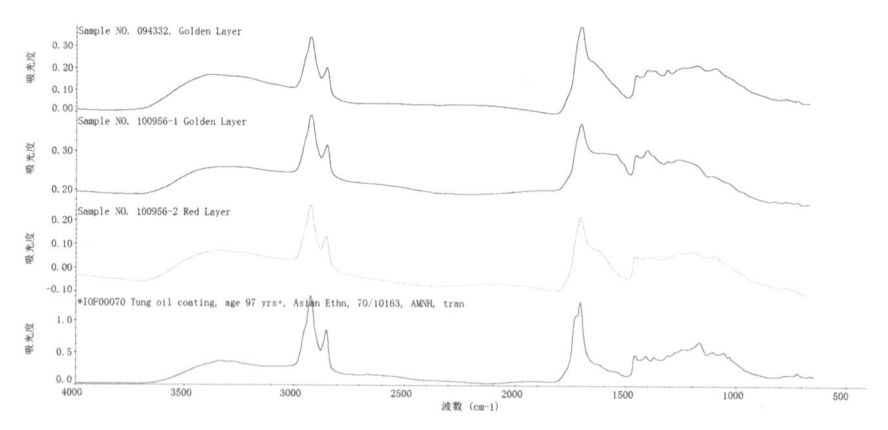

图7 样品2金层(表层金)、1-1金层(底层金)、1-2(底层金)红色层的红外光谱与中国大漆与桐油混合物的标准红外光谱

2. 表层金层分析

通过扫描电镜观测样品3微观形貌。首先,从剖面和平面观察表层的金呈多层次堆积状(图8、图9),而非一般贴金所呈现的线性连续状,这和我们以往修复的清宫金漆类文物完全不同。图10是典型的金漆贴

---

① 本文所有的油漆比中的桐油占比数据皆来自近红外光谱+化学计量学无损检测技术定量分析的结果。

金工艺样本剖面结构图,红色部分为金胶层,金层附着在金胶层上方,呈线状分布,两层可谓泾渭分明,并且没有发现独立存在的金胶层。因此,我们可以排除贴金、上金和泥金这三种典型的金漆工艺,而把其定位为一种"新"的"地方性"的金漆工艺。

图8 样品3表层扫描电镜图谱
（层次编号与图4一致）

图9 样品3表面金层扫描电镜平面形貌显微图

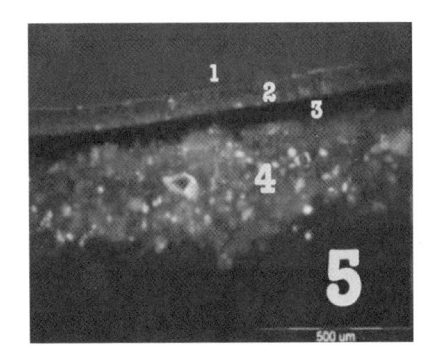

图10 咸若馆金漆龙匾金漆工艺剖面图

金、桐油、大漆混合在一起的金漆工艺在现有清宫旧藏或原装陈设的文物中尚没有发现,翻阅漆艺典籍《髹饰录》也未见提及。如何还原和解密这一工艺?答案在民间。根据以往和民间工艺美术大师交流的经验并通过田野考察验证,这一工艺与我国东南福州民间创造的新型金漆髹漆工艺——薄料相吻合,为清代福州漆工沈绍安及其后代所发明,采用金箔、大漆和桐油①融合,手掌和手指敷拍的手法做出金髹的效果。

透明漆的颜色呈半透明性,单独与金调和,颜色比较暗淡,影响显色

---

① 生桐油加热至110℃—140℃时成为广油,加热至280℃时成为明油。生桐油熬制成广油才能使用,薄料漆一般只用广油。

和金色的光泽,不能突出贵重金属的优点,加入桐油(一般是广油)可提高漆液的透明性,最大程度提高金的色度。由于被研磨的细小的金箔片在漆膜内部均匀分布,当光源照射漆膜时,一片片均匀分布的细小金箔片就像一面面反射镜把金色折射出去并为肉眼所捕捉。这一工艺的优点是:一方面,金箔粉末的加入改变了原有透明漆明度低、色彩暗沉的状况;另一方面也使金的光泽变得柔和和含蓄(图11)。薄料工艺充分发扬漆、油、金三种材料的特色,在材料上相较于其他金髹工艺节俭。薄料使用的干性油为广油,桐油占比52%,广油稀,明油稠,使用广油可使漆层更薄。

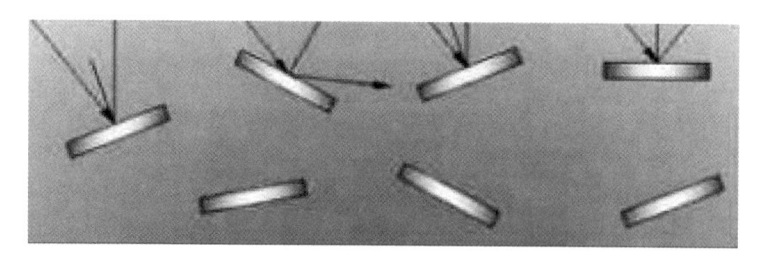

图11 样品3表层薄料剖面及光反射示意图

3. 历史修复分析

从剖面显微图可以看出,本件文物没有出现两层金的情况,即没有下层金,只有修复层金层,较为合理的推断是在文物商或在文物商之前的所有者"第一次修复"时,佛手等部位已经残缺,残缺部位的胎骨、灰地为补配。修复步骤是:(1)采用冻子胎技术复制残缺断指;(2)粘连断指;(3)髹铅白胶灰,铅白胶灰层为手部、脸部、足部统一髹涂,因此,没有残缺部位金层之上出现的铅白胶灰,就是这次整体髹涂的产物,整体髹涂是为了视觉上的统一;(4)在白色灰地上统一进行薄料髹涂,这一层也就是本文所提及的金层修复层。第一次修复时,采用简易工艺没有从根本上解决问题,所以原先残缺部位再次残缺,这就是我们这次修复时看到的文物伤况。

4. 金漆油漆比分析

漆器文物是一种独特的亚洲品种,曾经在欧洲非常流行,在大漆中加入干性油,可以说是漆工艺的里程碑,它使工匠能够通过改变漆/油比例控制漆膜的机械性能和色彩,从而达到形式各异、色彩缤纷的效果。但目前常用的技术还无法做到无损检测,对定量配比更是无能为力,以至于干性油作为漆器中最主要的添加剂,其配比规律仍缺乏明确的科学证据。这不仅限制了我们对古代漆器工艺的认知,同时也无法为漆器修复提供足够的原始工艺信息,加大了此类文物的保护难度,制约了预防性保护和文物修复工作。有机质文物分子结构复杂,有效分析技术比较欠缺,特别是缺乏无损定量分析技术,进一步增加了漆器文物材料工艺认知的难度。为了解决这一难题,近年来故宫博物院文保科技部的科研团队利用近红外光谱+化学计量学无损检测技术有效解决了漆器(有机质)文物定量分析的难题,对完善其工艺及价值认知的研究具有重要意义。

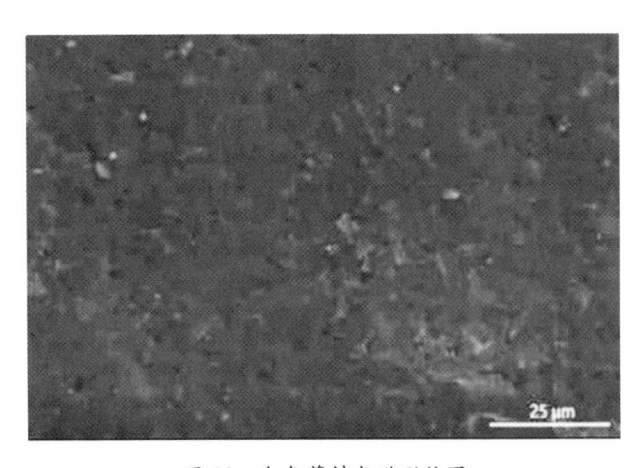

图 12　金色薄料成膜形貌图

近红外光的波长范围为 780 纳米至 2500 纳米之间,有机信息丰富,光纤传输效率高,能够利用光纤探头对文物的各个部位进行光谱检测。

近红外光谱比较复杂,一般需要结合化学计量学进行分析。化学计量学是一种统计学方法,能够从大量标准样品的近红外光谱中提取光谱特征,并与样品的化学特征建立相关的关系模型,用于检测未知样品。

该研究使用特定的软件实现化学计量学计算。

为了使标准样品具有较好的代表性,该研究收集了来自我国四个主要产地(重庆城口、贵州毕节、湖北毛坝、陕西岚皋)的大漆,而熟桐油则使用三种不同来源的市售产品。

将四种大漆和三种桐油排列组合配对成12组,每组桐油含量0%—80%之间配置不同比例的样本10个,共得到120个标准样品,其中80个作为训练样品,40个作为验证样品。

故宫博物院院藏的14件文物的检测数据表明:

1. 桐油的含量与漆器的工艺种类有明显的相关性。黑漆含油最少,彩漆含油略高,雕漆、晕金金胶漆含油最多。

2. 在经济成本和时间成本的考量中,根据艺术作品的不同需求要求不同的成本核算,等级较低的雕漆文物桐油含量较低,目的可能是增加干燥速度,减少时间成本。

3. 成对文物的桐油含量并不完全相同,存在一定差异,这表明一方面古代工匠仅凭个人感觉确定漆液配比,并没有使用度量工具,另一方面只要在一定的区间内,配比的不同对漆艺作品的制作不会产生决定性的影响。

通过检测,本件文物使用了三种油漆比,分别对应三种金漆工艺。三组样品的检测分析结果为:100956-2金胶层,位于金层之下,桐油占比29%,使用的干性油为明油,明油因具有黏性,常作为金胶漆的重要材料;样品100956-1罩金层,位于金层之上,桐油占比38%,使用的干性油为广油,广油的添加是为了提高罩金漆的透明性;094756薄料层,与金层混合在一起,桐油占比52%,使用的干性油为广油,广油稀,明油稠,使用广油可使漆层更薄。

四 薄料工艺与金漆工艺体系

金漆文物的修复离不开对金漆工艺体系的整体认知,金漆工艺体系是以油漆配比为核心,围绕金的物理形态、油漆的物理性能、多层次的结构形貌三个方面相互交织互为关系,进而不同的金漆种类自然生发的结构系统,薄料工艺是这一体系的其中一环。

1. 物理形态

《髹饰录》中对金是这样描述的:"日辉,即金。有泥、屑、麸、薄片、线之等。人君有和,魑魅无犯。"杨明注道:"太阳明于天,人君德于地,则魑魅不干,邪诡不害。诸器施之,则生辉光,鬼魅不敢干也。"[①]金因成色华美、富丽堂皇、永不褪色而被赋予了财富、奢华、神圣、荣誉等内涵,常被应用于皇家望族、宗教仪式的场所及物品之中,又因硬度不高、延展性好常被制成金箔、金丸、金片、金线四类成品;其中,又可以进行细分,比如

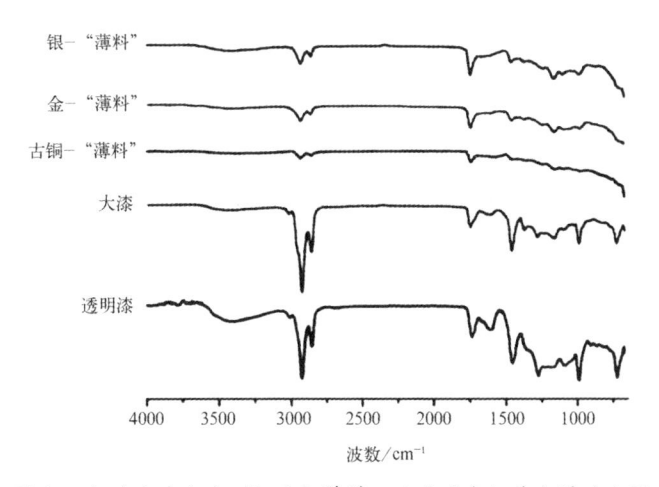

图 13 标准大漆与金、银、古铜薄料以及透明漆红外光谱对比图

[①] 王世襄:《髹饰录解说》,页 26,文物出版社,1998 年。

金箔可以加工成碎箔、金粉、金泥[1];金丸粉在日本莳绘中分得很细,可以借鉴纳入金漆工艺体系中;金片和金线也可以用金箔、金粉或丸粉仿制,质感有所不同。

2. 物理性能

(1) 半透明性。半透明性是大漆非常独特的性能,金上罩漆就是利用漆的半透明的特性营造出若隐若现、沉着含蓄、内蕴光泽的视觉效果,使器物表面更富层次感。《髹饰录》有一节专门论述罩明,杨明认为罩透明漆能够取得如水一般清澈透明的效果,通过罩明,将其下漆地的颜色透于漆面[2]。

(2) 硬度和软度。我国在三国以前有油光漆髹涂而没有推光漆髹涂[3],因此三国时代是漆艺制造技术的分水岭。早期的漆器没有硬度的要求,基本上一髹而就也不需要打磨。科技的进步是出现转变的原因,一方面大漆精炼技术越来越成熟,另一方面,三国时期陶瓷正在兴起,尤其在江南一带,漆器已经受到了某种程度的挑战,为了体现自身优势,遂向精致化高档化方向发展,于是硬度成为大漆结膜后的重要指标。自此漆艺分为硬漆技法及相关美学系列和软漆技法及相关美学系列,并在两个向度上由古拙风格渐向细腻精致过渡,漆器造型转向精致多样,髹饰越发精湛多变,装饰更加精彩多姿,色彩尤显深厚纯正。

油漆比中桐油占比 20% 是软硬漆的界限,桐油占比少于 20% 的属于研磨髹涂,髹涂后需要打磨、退光和推光等工序;桐油占比大于 20% 的属于厚料髹涂,不需要打磨,桐油加得越多,漆膜就越软,可以厚涂,增强了漆液的可塑性和可雕刻性。

3. 结构形貌

金可以施于漆膜的表面,在漆膜之上,也可以在漆膜之下,还可以与

---

[1] 金泥是经用胶水再次研磨得到的比金粉更细的粉末。
[2] 【明】黄成著,【明】杨明注,长北校勘译注:《髹饰录说》,山东画报出版社,2007年,第102页。
[3] 【明】黄成著,【明】杨明注,长北校勘译注:《髹饰录图说》,山东画报出版社,2007年,第85页。

漆膜齐平。假如以剖面结构图加以说明,我们可以看到四层金的依次排列:第一层金为透明漆下金,金箔粉丸块线含在漆层之下若隐若现,打磨时不磨露,比如日本莳绘中的梨子地可归属于这一层。第二层,用彩漆设纹贴箔、上金、泥金,或用金丸粉、金片、金线设纹,漆像干后,全面覆盖色推光漆,待干透,全面研磨,推光,显出漆下纹样,金银与漆面文质齐平,金银平脱、日本工艺研出莳绘等属于这一层工艺。第三层,可分为磨绘、描绘、高漆描绘磨绘三类。描绘是在完成推光上涂漆面上,依纹样描金、泥金、晕金、薄料髹涂,干后不研磨,纹样略高于漆面;磨绘是在完成推光上涂漆面上,根据纹样洒金粉,依纹样罩漆,只研磨花纹,推光而成,日本称同类工艺为平莳绘;第三类,高漆描绘磨绘,它和前两类的区别在于增加了堆漆工艺,比前两类更凸起于漆面,具体做法是在中途漆面上,用漆冻或用湿漆上撒碳粉的方法堆起图像,待达到一定厚度时整体髹涂上涂漆,研磨后推光,再在凸起的纹样上施以前两类的描绘或磨绘工艺。第四层,这一层是在第三层金漆纹样上再描绘和再磨绘。四层金漆工艺同施于一器,是一种综合性的高难度漆艺,日本相似工艺为"肉合莳绘"[1]。当然,四层金漆工艺在具体的文物中往往是两两组合或三三组合,四层金的结构可以基本囊括相关的金漆工艺,我们在文物修复实践中应灵活运用。

综上,本件文物薄料所用金的形态介于碎箔和金粉之间,所用油漆属于软漆一类,干后不打磨,在结构层次上属于第三层。

第四节　非遗技艺在文物修复与保养中的应用

一　除尘及加固

先用羊毛刷扫去佛像浮灰,一边清扫一边用吸尘器把浮灰收集起

---

[1] 长北:《漆艺》,页178,大象出版社,2010年。

来。再用微微湿润的毛笔清扫文物表面,清扫中要经常清理毛笔上的尘土,防止把笔上的尘土再带回到文物上,然后用医用棉签蘸纯净水对木雕的雕刻缝隙和直榫接口处进行擦拭,直至擦不出污渍为止。对于漆皮起翘部位用针管注入膘胶压实,清除溢出表面的膘胶,候干。

二 采用优化方案修补残缺部分

由于文物受损部位所用材料轻薄易断,为了保证文物安全,同时考虑到文物修复中的最小干预原则,在修补复原文物时,尽量减少补配的量。如果完全采用手部残缺处原材料原工艺的修复方案,有两个弊端:一是灰胎没有布胎和木胎坚固耐用,二是断指部位突出在文物的最外面,属于易损部位,在搬运或陈列时如果没有做好充分防护措施,很容易再次受到磕碰。因此本次修复采取优选方案,即修补部位放弃使用冻子胎采用木胎,基于三点考虑:

第一,这种方案虽然与局部的胎骨材料不符却与佛像整体的木质胎骨相一致,在某种意义上,既去伪存真又更有助于文物的长久保存,而且优化后的方案在整体上符合原材料和原工艺的原则。

第二,明代漆工黄成在《髹饰录》一书"补缀"条中对修复古代文物有专门的记载。杨明认为,补缀古器,可巧手以继拙作,不可庸工以当精致[1]。这句话的意思是:修补缺损古漆器,只可以让巧手修补不好的作品,不可以让庸工修补精致的古物。我们也可以这样理解,除了技术上的考虑,修补文物时可以选用更好的材料。

第三,这尊佛像的胎骨整体上是木胎,只是在手部为了节约时间成本和材料成本批量化生产,创新性地采用了模制的冻子胎工艺,简化了流程和制作工艺。我们在修复时没有必要再来节约时间成本、技术成本和经济成本,完全可以用更多的时间精雕细琢,用手工的"唯一性"替代

---

[1] 王世襄:《髹饰录解说》,文物出版社,1998年,第177页。

模制的"可复制性"。

根据文物伤况,文物手指多处残缺不全,在修补前首先要确定残缺处的造型。本件文物修复参照了同时期清朝宫廷中的其他旃檀佛像,现藏于中正殿的紫檀旃檀佛和这尊佛像同属一个时期,造型上也十分相似,因此参照紫檀旃檀佛的手势结合修复佛像手指的实际走向,用楠木制作一个参考小样,不断比对修正参考小样使之与整体雕像造型和手势和谐匹配,再根据小样雕刻缺失的部分。复制时为后期补灰留出一定的富余量,在粘接前先对残缺处进行处理,修平断裂处以便于粘接,用漆糊将雕好的补件与修平后的原件粘接,使补配的部分与原件衔接既严密又自然,放置阴房一天以上等漆糊干透,粘接牢固后进行随形打磨处理。(图 14-1—图 14-3)

图 14-1　断指粘连中　　图 14-2　粘连木雕断指（左手）　　图 14-3　粘连木雕断指（右手）

在补配的手指上刷(吃)生漆一道,这道工序有防潮和封护的作用,待生漆阴干后稍稍打磨,然后根据取样分析的实验结果,用铅白和动物胶调和成胶灰进行层层补灰,达到一定的厚度,待干燥后用细砂纸打磨。(图 15-1、图 15-2)

图15-1 左手五指髹涂铅白胶灰　图15-2 右手涂铅白胶灰　图15-3 敷拍薄料金漆

三　表层金修复

1. 研磨金泥。用牛角刮刀蘸取少量广油在细密的石板上,依次加入金箔,用牛角刮刀将金箔搅碎,再将搅拌好的金箔平摊开,以经纬线的方式,先竖向再横向来回缓慢精研,确保每一个部分的金箔都能均匀地被研磨,研磨的时候不要太用力,并不时用牛角刮刀上下翻动,速度不能过快,以免温度过高,影响金泥的色泽。开始研磨时,金泥会相对干涩,随着被碾磨细化,金泥会逐渐变得细润。

2. 调入漆料。用广油研磨的金泥,不易干,不能单独使用,必须加入适当比例的快干漆,一般漆的比例不少于50%,金泥加入漆料后再分批精研,制成的金箔料,用灯棉纸过滤,成金薄料漆。

3. 测试材料性能。修复成功的关键是对材料性能的掌握,材料性能的掌握关键在于试漆。薄料工艺中透明漆和红紧推光漆都可以使用,漆工多用红紧推光,因为红紧漆较透明漆快干,可以节约时间成本。透明漆在炼制的时候里面加了很多油,油多了,颜色透了,漆就软了,干得也慢一些。薄料漆的制作还需要加入熟桐油,漆工多用广油,广油的特点是稀,薄料漆的特点之一就是薄,因此不能用明油,明油太稠,使用广油是一般规律。

福州漆工漆和油的比例一般为1∶1,即半斤油,半斤漆,或者是四两油、六两漆先配好放在那里,油少了后面根据实际情况还可以加油,留点余地。比例的确定主要由三个方面决定:用途、燥性和温湿度。一般而言,漆燥性好可多加油,燥性差要少加油;便于雕刻要多加油,需要硬度高便于打磨要少加油;一年四季,气温湿度不一样,都需要调整油漆比,温度高,湿度高的时候可以多加油,如果湿度低温度低那么就要少加油。了解漆的习性的过程就好比中医通过试药来看药效,试漆对于薄料工艺特别重要。

图 16-1 修前照　　图 16-2 修中照　　图 16-3 拆开的佛身和莲花底座

4. 补全薄料层。与以往的漆艺装饰技法不同,薄料技法不直接用笔刷涂,而先用手拍染装饰,然后用薄刃发刷过光。制成金薄料漆以后,将薄料漆反复精滤到没有灰尘与杂质,在无尘的环境中,用十分洁净的手掌、拇指球部位蘸取金薄料漆薄薄地拍敷到绝对光滑、绝无灰尘和指纹的修补后的断指和手掌上,拍满和拍均匀,最后再用发刷收顺到没有掌纹,入阴干燥。(图 15-3)

四　科技介入文化遗产保护的重要意义

如何在文物修复中最大限度地发挥原材料和原工艺的特色,主要依赖两个方面:一是经验,二是科技。科技介入文物修复至少有四个方面的作用。

(一) 经验的验证与完善

经验是工匠们代代相传并在实践中总结出来的,实践中,不同的工匠对材料使用和理解都有差异,同一种技法的材料配比存在差异,同一个工匠同一种技法在不同时间材料配比也存在差异。不能仅凭经验和肉眼的观察,经验受个人经历和知识范围约束带有局限性,科技的应用会为文物修复提供传统工匠所不具备的视野。

(二) 科技解密

在《髹饰录》一书中著名漆工黄成把"独巧不传"作为漆艺三病之首,杨明的注解为"国工守累世,俗匠擅一时"。长岛的译文是"守着一技之长秘不传人,是工匠易犯的毛病。享誉全国的名工,看中的是一代一代技艺的积累,庸俗的匠人,看中的是自己技善一时"[1]。历代工匠们的保守,尤其是对独有配方的保密,阻碍了这门技艺的发展。在这种情况下,科技的介入,为破解配方的秘密提供了可能。

(三) 失传还原

除了工匠的保守,在进行文物修复时,我们有时还会碰到技艺失传的情况,比如故宫符望阁的金漆漆纱技术就被认为已经失传,导致修复工作一度停滞。目前,相关的科技检测已经有序开展,修复的技术准备已经成熟。

(四) 油漆艺术树形体系的建构

油和漆相当于漆器类文物的 DNA 的双螺旋结构,通过对油漆比的深入研究,我们发现,配比的不同带来材料性能的改变,从而衍生出不同的文物品类及油漆工艺,以及一整套这一工艺和品类的专有工具及使用方法。可以说,不同的文物品类及相关油漆工艺都是基于油漆配比而发展出来的。

---

[1] 【明】黄成著,【明】杨明注,长北校勘译注:《髹饰录图说》,山东画报出版社,2007年,第51页。

在某种意义上,这是一个基于油漆比的树形技法体系,所有的树枝都是由油漆这一主干基于不同的配比而生发的。在这一树形结构上包含通过无损或微损检测建立油漆比的数据库,大漆和桐油不同产地和性能的数据库,不同金漆种类微观形貌的数据库等等。树形结构分析的方法有助于建立技法与技法之间的内在逻辑关系,通过数据分析比对确立材料性能的极限值,有助于一般规律的总结,揭示一个有机构成的漆艺整体关系。

第五节　结语

漆器文物修复古来有之,明代名匠黄成漆艺专著《髹饰录》坤集尚古篇第十八专门论述古漆器的特征、修复以及仿造旧漆器等内容[1]。中国历代漆器文物修复传统中一直存在着使用原材料原工艺以及修旧如旧的理念,但这一理念主要是依靠修复师眼力和经验,当遇到个人经验无法识别和判断的疑难杂症时,就暴露了其局限性。这时候文物医院的遗产保护理念应运而生,这一理念具有较大的开放性和兼容性,其立足于传统,以中为主,中西结合,标本兼治的理念能够把诸如最小干预、可逆性、可再处理性、可识别性等修复理念作为一个分支纳入其整体中,最终达到鉴别、去伪、完形、存真的效果。我们在文物修复中不能生搬硬套各种已经流行的理念,而应该在具体的实践中结合文物种类、材料、来源等制订切实可行的修复方案,来保护文化遗产的历史价值、艺术价值和科学价值的完整性、科学性、原真性。在形式上,文物保护工作是保护文物的实体,但在实质上,其核心是保护文化遗产的价值不受自然和人为的损害,即长久保存。

---

[1]【明】黄成著,【明】杨明注,长北校勘译注:《髹饰录图说》,山东画报出版社,2007年,第175页。

第五章 一件紫檀嵌粉彩瓷片椅的修复研究

第一节 文物概况与工艺风格

一 文物概况(类属、尺寸、所存地)

紫檀嵌瓷片椅,又称坤椅,通常为女子所坐之椅。故宫博物院现存此种椅子共计12把。椅子通体高885毫米,椅面长555毫米,宽445毫米。宫廷部典章组库房存。

二 工艺风格(形制样式、制作工艺、装饰手法、材质)

(一) 形制样式(图文形式)

此椅外形为七屏式扶手椅,但制作上却是三屏制式,两面扶手各为一屏,中间靠背为一屏。扶手与靠背板用直榫连接在一起。椅围子为深紫色边框,橙黄色面心,面心中间嵌有八块形状不同的花鸟纹瓷片。左边扶手外饰喜鹊荔枝图,内饰鹌鹑菊花图;右边扶手外饰白鹭荷花图,内

喜鹊荔枝　　　　　　　　白鹭荷花

鹌鹑菊花　　　　　　　　白鹊海棠

仙鹤古松　　　　孔雀牡丹　　　　锦鸡芙蓉

饰喜鹊荔枝图。椅背中间为卷头搭脑,上面为白鹊海棠图,下面为锦鸡芙蓉图,左侧为孔雀牡丹图,右侧为仙鹤古松图,寓意喜鹊登枝、安居乐业、一路连科、荣华富贵、吉祥如意。

椅围子结构　　　　　　　　瓷片装饰

(二) 制作工艺(图文形式)

椅围由三面构成,格角暗榫攒框装板。装板为两层,扶手内外两侧均剔槽,将瓷板嵌入,并用金属丝从内侧固定。背板内侧剔槽嵌装瓷板,外侧不装。瓷板依据椅围形制专门烧制。椅面攒框,椅子的面心采用的是藤编软屉与硬屉相结合的做法,上用木条压装藤屉,藤屉以棕藤编织,下剔槽装板。束腰格角平粘。椅腿做长榫头,并剔出牙板搭合榫口。榫头插入椅子边抹,束腰贴于其上,牙板斜肩,均以鱼鳔胶固定。托腮与牙板一木连坐。四条横枨,直榫平插腿部。直榫与椅腿间装套形楔子,形成相交处的交圈,结构特殊。

椅围结构　　　　　　　　瓷片背后的固定孔

横枨的结构

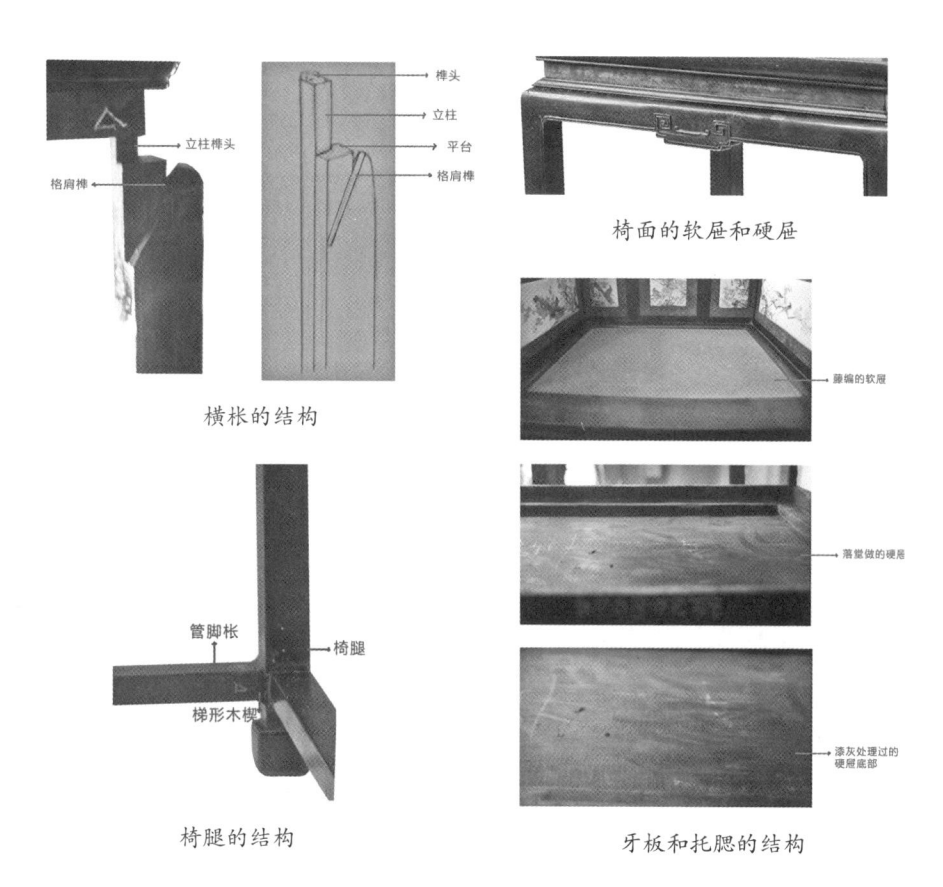

椅面的软屉和硬屉

椅腿的结构

牙板和托腮的结构

（三）装饰（图文形式）

椅子四条腿足部装饰回纹马蹄、四面牙板饰回纹阳线。椅面下边、牙板及腿子内侧、托腮均装饰灯草线。

牙板

束腰

马蹄

103

(四) 材质（图文形式）

椅子由多种材料制成。四条腿、椅围边框、四面素牙板为紫檀木。围子中间嵌板为黄花梨瘿木。束腰外围为山丁子木，内衬松木，四条足端横枨为红酸枝木。椅围嵌瓷板为粉彩瓷。椅面为棕藤。下衬木板不详，穿带不详，设黑色大漆。黏结剂为鱼鳔胶。

红酸枝的管脚枨

山丁子木束腰

棕藤椅屉和紫檀椅边抹

棕藤椅屉和紫檀椅边抹

第二节　历史背景、修前调研与分析

一　历史背景

此椅为坤椅，供皇室女眷所用，之前置于养心殿。朱家溍先生主编的故宫藏品大系之《明清家具（下）》断为清雍正时期的产物。依据瓷片上的绘制风格也可定于雍正时期。但是否是雍正时置于养心殿供女眷用,还是后来移至养心殿不得而知。

二 修前调研与分析(基本伤况、科技检测、伤况归类与成因分析)

(一) 基本伤况(图文形式)

整个椅子伤缺多处:右前腿插入束腰处的榫头斜向劈裂,裂口深入到整个椅面的卯口里,约长 40 毫米;左前腿的榫头自托腮以下斜向劈裂,裂口约长 70 毫米;右后腿劈裂的位置与右前腿相近,只是方向不同,裂口为一条约 140 毫米长的不规则裂缝,最宽处约 6 毫米,有的 80 毫米长的裂缝已完全裂透,直通管脚枨卯口,且卯口周边缺损。右前腿足底粘合的凸起回纹马蹄缺失两面,右后腿足底马蹄有一面残缺约半。此外,有一面牙板劈裂,裂缝长约 280 毫米,最大裂口约 7 毫米,裂透的部

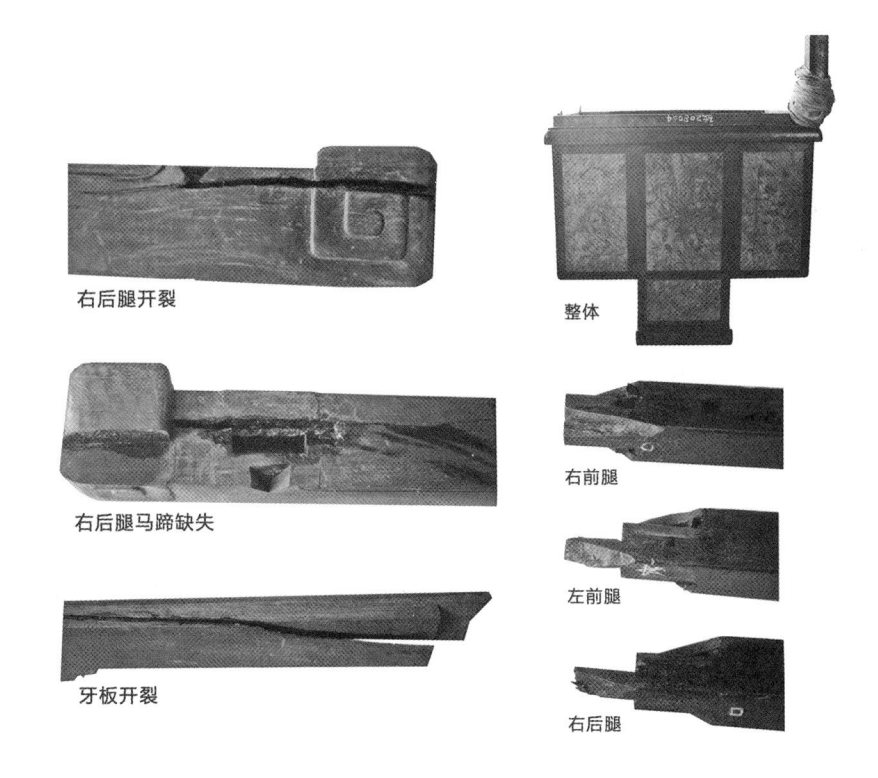

右后腿开裂

右后腿马蹄缺失

牙板开裂

整体

右前腿

左前腿

右后腿

残留在椅面里的腿子榫头和卯口

分约长100毫米。椅围橙黄色木板多块具有不规则裂纹。背板右侧仙鹤古松图粉彩瓷片松动。搭脑下方小瓷片由上至下形成了一条裂缝,缝隙基本呈直线,宽约0.2毫米。左边扶手鹌鹑菊花图瓷片从外形拐弯处向右下角出现了约110毫米的裂缝,缝隙与搭脑下方瓷片裂缝特点相同。

(二)伤况分类与成因分析(图文形式)

通过对文物伤况的调研可以发现,这件椅子的主要伤况可以归为两大类:一类是木质材料的开裂和劈裂,主要有椅子腿部的劈裂、牙板的开裂、束腰的断裂、椅围面心的龟裂等;另一类是配件的松动和脱离,主要有牙板的脱离、瓷片的松动、足部回纹马蹄的缺失及管脚枨的脱落等。

这两类伤况的产生有着各自的原因,可以归为三大类:

1. 材料自身特性造成

分为两种情况:一种是材料组织结构特性与所处的环境关系造成的。比如,紫檀牙板的开裂,是顺着木材纹理的方向形成与纹理走势一致的裂伤,裂伤开口处缝隙较大,逐渐延伸缩小。这种开裂主要是由于木材受到温湿度的变化形成缩胀力量,同时材料组织的不规则和不平衡使得力量的运动不均匀

牙板开裂

而造成的;另一种是由于材料已超过了自身生命周期的时限。比如这把椅子上所有部件的脱落和松动,都主要是因为所使用的鱼鳔胶过了生命周期的期限。

2. 外力作用造成的物质形态和性质的改变

也可归纳为两种情况:一是外力干预不当的破坏,如椅子的三条腿与椅面结合榫卯的劈裂,就是由于外力的使用要么超出了材料结构的承受力,要么力量使用的方向出现错误;二是外在物质的侵袭引起的材料损伤。如灰尘侵蚀椅子的粘结部位,加速鱼鳔胶的老化,造成破坏。

3. 文物原结构设计或材料选择不当

主要体现在椅子腿部与椅面结合处的榫卯设计及材料选择上。由于腿部插入椅面的榫头较长且较细(14 mm×14 mm×140 mm),对于外力的

椅腿的劈裂

承受力较弱。同时,在榫头选材上忽略了木纹纹理的斜向生长,这种生长会使得外力斜向传递,导致劈裂。

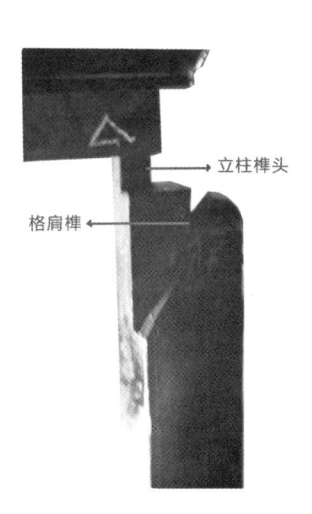

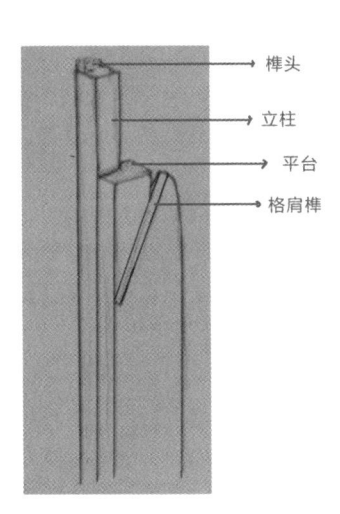

以上这些成因体现在具体的文物伤况上并不是单一存在的，任何一种伤况都可能综合好几种原因。比如这件椅子黏结剂的老化既有材料生命周期的原因，又有外来灰尘等因素的干扰。

第三节 修复与保养

一 修复方案

这件紫檀嵌花鸟纹粉彩瓷片椅，其伤况主要在于木质材料的开裂、折断和鱼鳔黏结剂的老化变质所致的部件的缺失。所以，对于开裂、断裂的部位应进行有效的回粘，复合其原有的形态；对于丢失的部件应选取原材料，使用原工艺进行修复；而对于那些对椅子的结构和保存不构成威胁，且不再发展的伤况，如椅围的黄花梨樱木面心的裂纹等不予处理，保持原状。这样做既保证了文物能够有效保存又做到了对文物的最小干预。具体为：

1. 清理文物表面污渍和开裂部位老化胶质。
2. 拆解松动的牙板、管脚枨等部件并清理胶质。
3. 整形、粘合、修补牙板、腿足等部件开裂损伤处。
4. 修补束腰缺失，并粘合开粘处。清理开裂瓷片背部老化胶质，并重新粘合。
5. 依据横枨上的楔子形状，补配缺失楔子。
6. 试装各部件并整体粘合椅子各部件，在部件的相互关系中确定各部件的准确位置，特别是断裂的三条腿的位置。
7. 补配腿足上缺失的马蹄，并粘合。
8. 随色、补缝
9. 清除多余胶质，烫蜡保养。

二 修复流程(图文形式)

1. 除尘

此件椅子有木材、瓷板和藤编三类不同类属材料,因此清理的方法不同。对于木材,先用羊毛刷扫去浮灰,再用纯净水浸湿的脱脂棉布(湿度控制在不能挤出水分为佳),对表面进行擦拭。然后用医用棉签蘸纯净水对那些木结构的接口和缝隙进行擦拭,直至擦不出污渍。对于瓷片,用脱脂棉沾上纯度低于40％的稀释酒精进行擦拭,直至没有灰尘。对于藤编则用稍硬的鬃刷和柔软的羊毛刷配合吸尘器进行清理,以避免液体造成编制的缝隙中积攒泥渍。一些长期附着在藤面上的顽固污迹,用稍湿的棉布在藤条表面轻蘸。不能刷出的灰尘,用吹风机沿着缝隙吹扫。

2. 拆解结构

椅子牙板、管脚枨亦有松动,需进行拆解并重新粘合。拆解前做好认向标识,其次是找到结合的榫卯关系:牙板是插挂榫,管脚枨是直榫。然后,用小锤顺着结合方向的反方向轻轻震动,榫卯打开,拆解工作完成。

3. 清理老化鱼鳔胶

这些脱落的和拆解的椅子腿、管脚枨、牙板等部件以及缺失部件的位置,都附着老化的鱼鳔胶。用脱脂棉布蘸热水将这些胶质软化,然后用竹签刮去。

清理完灰尘和胶质后的椅子部件

4. 粘合开裂部位并修补残缺处

椅子的一块牙板和右后腿均有一条大裂缝,裂开的两边在温湿度变化形成的拉力作用下已经变形,先用钢卡将裂开的部位逐渐合并,然后将熬化的鱼鳔胶均匀涂于裂缝处,再用钢卡加夹合裂开的两面。腿部裂

109

缝处糟朽的部分剔除残渣，整合不规则的小伤口，使其归纳成几部分规则的伤口。接着拷贝伤口的外形，测量不同部位的深度，用紫檀木依据图纸加工出可嵌入糟朽部位的补丁。涂上鱼鳔胶进行粘合。胶干后，用木锉等随形，打磨光滑。

　　腿部马蹄足一只缺失两面，一只一面缺失一半。先在完好的原件上拓样，依据缺失部位对拓样进行调整，再选取纹理相近的红酸枝木进行加工。残缺一半的，整合完残缺伤口，进行拓样，然后切割外形，雕刻回纹，最后打磨光滑，用鱼鳔胶和卡子粘合。

→粘合腿部裂缝

→粘合牙板裂缝

→修补腿子劈裂处

→补配的马蹄

→补配的半个马蹄

管脚枨榫头上套着的三角形卡子有三个是断裂的,由于断裂处只有 1 mm×1 mm,所以即使粘合,也是很脆弱的,因此决定重新制作。依据原有的部件,进行图样拷贝,然后选料加工。枨内面直榫与椅腿间缺失的空档,用同样的办法补配出两个梯形的楔子。

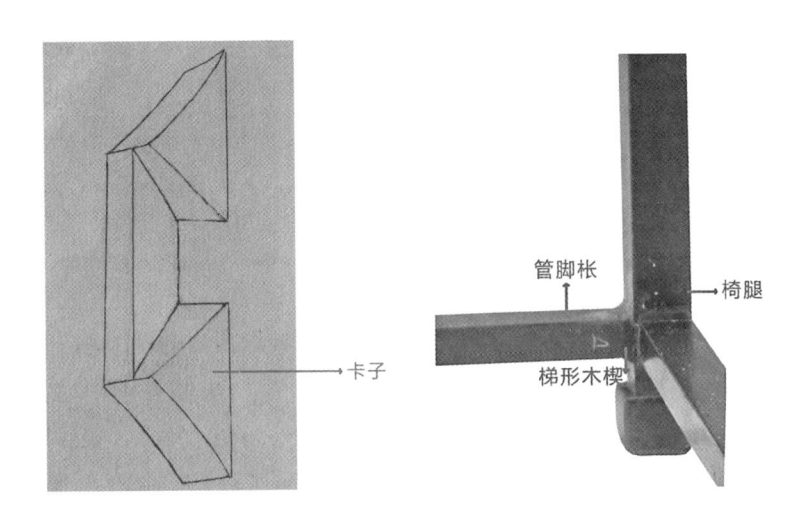

5. 整体组装粘合

由于椅子长时间变形与磨合,各部件必须整体协调同时安装。所有的部件都需依据拆解前的认向符号涂上鱼鳔胶组装。基本装好后,迅速

粘合中的椅子

用麻绳将所有的腿子圈起来,利用麻绳拉力的松紧关系来调整各部件的位置。直至所有的部件结合严密,且椅腿基本垂直,再用卡子夹紧腿子,拧紧麻绳,固定死所有的部件等待胶质晾干。

鱼鳔胶干固,去除麻绳和卡子,清掉残留的鱼鳔胶。

6. 修补束腰、粘合瓷片

束腰上断裂的部位也涂上胶粘合,用卡子固定。椅背上松开的瓷片,不能取下,只能通过可弯曲的长针头将鱼鳔胶从缝隙处注入瓷片背后,然后粘合。

7. 随色,填缝

随色一般先选取植物类无胶质颜料和黑钠粉进行调试,然后一遍遍涂在新配件上,直至颜色与原件基本接近即可。牙板和腿子修补后的细小裂缝,用木条补配很难嵌入。不修补,则会吸入灰尘和水分,加重裂痕。将相同木料锉下来的木粉调和鱼鳔胶制成泥膏,用竹刀擀入缝隙中,从而填补缝隙。

三 保养措施

将蜂蜡块用热风机吹软,再在热风机的吹拂下,用毛刷均匀涂抹在木材表面,冷却后,用厚棉布用力擦拭,使蜡油形成光洁透亮的晶体特质保护层。藤屉不需要烫蜡。黄花黎樱子木靠背板,裂缝不规则,且细密,在裂缝处多次刷蜡,使裂缝被蜡填充。

四 修复日志

实施保护修复的工作环节	日期	实施人
3月19日—3月23日	验伤、伤况统计	屈峰
3月24日—3月29日	清理、统计伤况	屈峰
4月1日—4月3日	材料检测、工艺分析	屈峰

续表

实施保护修复的工作环节	日期	实施人
4月8日—4月15日	修复腿子、牙板和横枨	屈峰
4月16日—4月29日	补配缺失	屈峰
5月4日—5月10日	打磨随色	屈峰
5月12日—5月22日	补配横枨卡子及木楔	屈峰
5月23日—5月26日	试装、确定位置	屈峰、王振英
5月26日—5月30日	整体粘合	屈峰
6月2日—6月5日	烫蜡保养	屈峰

五 修复材料

主要修复材料有：紫檀木200克、红酸枝木250克、鱼鳔胶100克、蜂蜡150克。

六 修复评估

此件椅子经过修复后，解决了腿子的断裂问题、牙板和腿足的劈裂问题、补配了缺失的马蹄和横枨楔子，修补了束腰、重新粘合了结构并进行了烫蜡保养，基本解决了文物的伤况问题。需要进一步解决的是椅子软屉藤编的除尘问题。藤条在编制中相互交错，形成很多叠加的缝隙，聚集了很多灰尘。由于技术条件有限，目前除尘效果不尽人意。此外，温湿度的变化是造成木材开裂和鱼鳔胶老化的主要原因，因此木器文物对环境的温湿度有相应的要求。这件椅子的主要材料为木材，虽然有一些瓷片，但陶瓷受温湿度影响不大。所以建议此件文物修复完成后，最好存放于温度 22 ℃—26 ℃,湿度 50%—60% 的无尘库房中,以便得到更好的保护。

七　修后效果(图文形式)

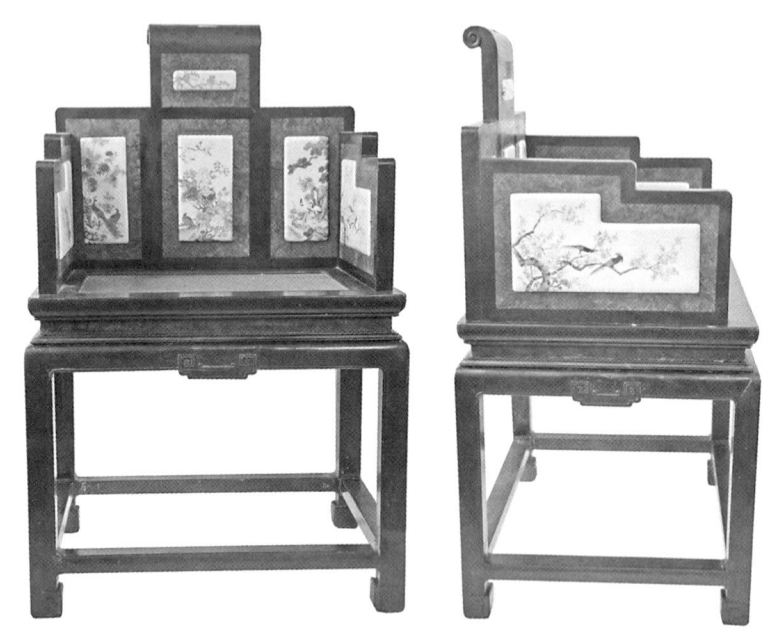

修复后的椅子

第六章 尽缮尽美
——故宫博物院文物修复展览策划研究

第一节 展览目的

文物承载灿烂文明，传承历史文化，维系民族精神，是老祖宗留给我们的宝贵遗产，是加强社会主义精神文明建设的深厚滋养。保护文物功在当代、利在千秋。国务院《关于进一步加强文物工作的指导意见》中指出，加强文物保护，让收藏在博物馆里的文物、陈列在广阔大地上的遗产、书写在古籍里的文字都活起来，对于传承中华优秀传统文化、满足人民群众精神文化需求、提升国民素质、增强民族凝聚力、展示文明大国形象、促进经济社会发展具有十分重要的意义。

故宫博物院作为世界五大博物馆之一，拥有丰富的、绝无仅有的独特藏品，是中华民族的骄傲所在，也是全人类的珍贵文化遗产。这亟待我们更好地完善文物保护工作。故宫博物院的文物保护工作起源于清宫造办处，传承民国古物馆，继承中华人民共和国成立后修整组、修复厂，于改革开放后建立了文保科技部，并在2016年底进一步整合完善成立了故宫文物医院。截至2017年底，故宫文物医院拥有四项国家级非物质文化遗产，数十项传统修复技艺，是目前中国国内面积最大、功能门类最完备、科研设施最齐全、专业人员数量最多的文物科技保护机构,每年保护研究文物数百件,科研课题数十项,为世界文物保护事业做出了重大贡献。

为了能够更好地向社会展示我们的文保工作,文保科技部于2015年9月在神武门展厅举办了"故宫博物院文物保护修复技艺特展",获得了业界及社会的强烈反响及一致好评,将文物修复工作带入观众的视野。不久之后推出的《我在故宫修文物》纪录片,以更为直观、真实的方式向世人揭开文物修复工作的神秘面纱,形成了轰动性的社会效应,大力推动了文保知识的普及,吸引更多青年学子投身到文保事业中来。余温未散,2017年11月,时任美国总统特朗普参观故宫文物医院,对工作人员及文保成果给予高度赞扬和肯定,提升了文物医院在国际舞台的知名度。

与此同时,故宫博物院与香港特区政府康乐及文化事务署一直保持紧密联系,于2017年底签署了文化交流与合作意向书,致力于加强双方文化交流与互动,传播中华传统文化,促进两地和谐健康发展。

故宫博物院承载文物保护历史使命,积极响应中央政策号召,努力突破文物保护实力,逐步提升文保领域影响力,促进文化遗产的保护和展示,弘扬中华传统文化。为此,文保科技部暨故宫文物医院于2019年在香港科学馆举办"故宫博物院文物修护大展"。

第二节 展览主题

为了响应这次展览,我们定了展览主题。

尽缮尽美——2019故宫博物院文物修护大展(香港站)

尽缮尽美体现的是包含工匠精神和中华文物美学和价值精神的中国精神。

"缮":《说文》中对"缮"的阐述为:"修复、修补,本义:修补、修整。缮,补也。"《庄子·缮性》中讲:"缮性于俗。"保养之意,如:缮生(养生)。一个"缮"字很好地说明了一个部门以及这个部门从业者所从事工作的特点,即文物的科技研究、保护修复和日常性保养三大主要任务。还可以进一步引申到文物修复的管理工作。单霁翔院长提出并制定文物修复实行精细化管理的制度,这是文物修复工作的制度化保障。在管理上也要精益求精,追求工匠精神。"缮"也可用作动词,其意为:使美好,办好。工欲善其事,必先利其器,追求卓越是工匠精神的本来之意。

"善":"善"通"缮",修治之意。故有善迹而远至。(《易·略例》)修为恢复完美,修复;治是管理、治理。善还有一层重要的引申意义即义举,功德无量的善事,即我们这代人把文物的修复和保护工作做好,上对得起祖宗,下有利于子孙后代,其本身就是一件有功德的善事。

"尽":尽有穷尽,追求极致的含义。展览标题中两个"尽"以排比铺陈的形式,体现的是精益求精、尽善尽美的工匠精神。

"美":美是本次文物修复成果展的核心价值,这美是600年故宫的岁月之美,宫廷建筑之美,是数千年来流传的国宝之美,是千年修缮文物的技艺之美,也是当今介入文物保护的科学技术之美。我们的文物修复事业本身就是美的事业,我们的文物修复师从事的是发现美、创造美、保护美的职业,我们是美的使者。

工匠精神和中华美学精神最终都表现为中国精神。所谓中国精神是中国人勤劳、朴实的创造精神,中国人自主自强的独立精神,中国人崇德尚礼的文化精神,中国人兼容并包的博大精神,中国人改革创新的时代精神,中国人追梦、逐梦、实现民族复兴的伟大精神。

第三节 展览内容

此次展览向观众呈现的主要内容为以下五个方面:一是系统介绍文保科技部的文物修复史;二是重点呈现文物修复成果;三是突出展示文

物修复技艺;四是创新陈设文物医院体验互动区;五是综合展现文物医院研究及医生风采。二、三方面作为重点展示内容。

一 缮史钩沉——文物修复史展览

文物修复历史悠久,修复之法世代传承。追根溯源,文保科技部的文物修复技术多数源承于清宫造办处的技艺,其前身追溯至民国时期的古物馆。

中华人民共和国成立后,其发展历程大致可以分为四个阶段,即20世纪50年代的修整组时期、20世纪60年代至80年代的修复厂时期、20世纪90年代至2016年底的文保科技部时期和2016年底至今成立的故宫文物医院暨文保科技部时期。故宫博物院文物修复史发展脉络详见下图。

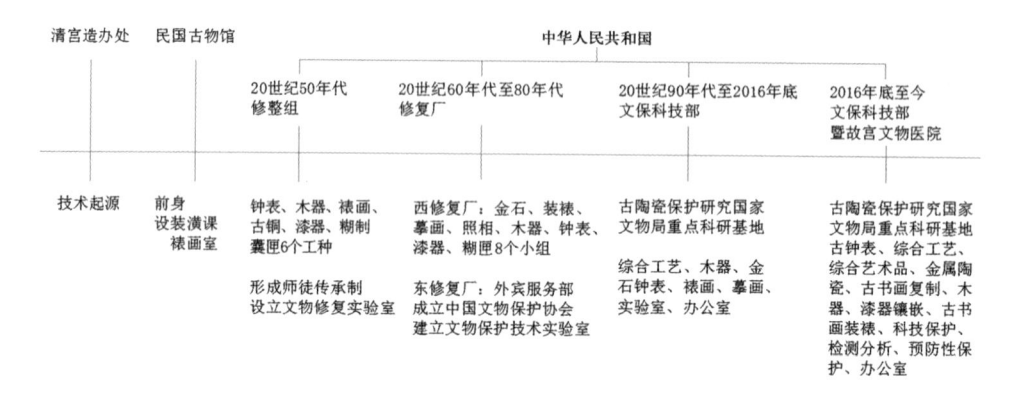

故宫博物院文物修复史就是文保科技部的发展史。整个发展脉络连贯、清晰,有史可查,有据可依。不同时期具有不同时期的时代特性。从管理而言,逐步由数量单一、界定模糊的科室设置到数量激增、精细划分的科室设置发展,人员数量也有明显扩充。从修复角度来看,修复理念的变化与检测方法的介入影响并指导我们的修复工作,在年修复量上稳步增长。

为此,"缮史钩沉——文物修复史展览"部分,将主要以中华人民共和国成立后文保科技部发展的四个阶段为时间轴,以修复理念、人员数量、机构设置、年修复量等方面为内容,在展览开端部分采用图片的呈现方式,向观众叙说故宫博物院文物修复史。

二 臻于至缮——文物修复成果

文物修复成果作为本次展览重点展示内容,主要以时间线和修复品类两条主线向观众呈现修复文物实物。

时间线是指按照文物修复史选取展示相应时期的修复文物。修复品类线是指展示文保科技部12个修复工作室多年来修复和保护的精品文物成果,尤其是具有故宫代表性文物、修复典型性及修复技艺典型性的文物、修复过程或保护研究中具有科学介入的文物、具有视觉吸引力的文物和具有故事性的文物。以文物修前原状照片为参考,陈列文物修后现状,打造极具反差的修前修后视觉冲击。

拟展示修复后文物约100件,每品类文物约10件,每品类典型性文物3件至5件,结合文物修复技艺进行多角度深入展示及互动。

三 匠心缮意——文物修复技艺

截止目前,文保科技部拥有数十项文物保护修复技艺,具体有古书画保护修复技艺、古书画临摹复制技艺、金属修复技艺、古钟表修复技艺、木器修复技艺、漆器修复技艺、宝石镶嵌修复技艺、文物囊匣制作技艺、纺织品修复技艺、陶瓷修复技艺、唐卡壁画修复技艺等。众多传统修复技艺历史悠久,传承有序,技艺精湛,产生了四项国家级非物质文化遗产:装裱修复技艺·古字画装裱修复技艺、青铜器修复及复制技艺、古书画临摹复制技艺、古钟表传统修复技艺。

文物修复技艺作为本次展览重点展示内容,主要依托文物修复实例,以展位互动、视频展示、电子互动和展板展示的方式,展现不同文物修复的传统技艺、非遗传承、修复理念、技术提高和发展,揭示修复难度,点明技术亮点,呈现技术含量。综合考量各项传统修复技艺自身特性,针对其文物修复流程中具有典型性、直观性、操作性的修复步骤进行呈现方式的分类展示,具体划分如下:

1. 展位互动:书画临摹技艺、书画装裱技艺、囊匣制作技艺、纺织品修复技艺。拉近文物修复与观众的距离,向观众现场展示文物修复部分环节,增强带入感和趣味性。

2. 视频展示:古钟表修复技艺、金属修复技艺、宝石镶嵌修复技艺、漆器修复技艺、木器修复技艺。以视频方式呈现某些大型修复场景、精妙修复细节、动态文物美感。

3. 电子互动:陶瓷修复技艺。设计电子APP游戏或现场触屏游戏,体验文物拼接、上色等修复操作,提供AR眼镜体验。

4. 展板展示:书画装裱技艺、唐卡壁画修复技艺。用背景墙、展板的形式,平铺直叙吸引观众眼球。

四 由缮入道——文物医院体验区

为了让观众能够切身体验到文物医院整个专业化、系统化、科学化的文物修复流程,使观众能够更加全面地了解文物保护修复工作,从而提高文物保护意识,热爱文物保护事业,在展厅结束部分设立文物医院体验区。

体验区中设定几类文物(仿)样品的进院出院流程,引导观众参与到文物检测与保护过程中,以体验互动的方式普及文物检测和修复知识,增强观众文物保护意识。

五 缮意互通——文物医院研究及医生风采

文物医院的研究主要包括:新方法新技术在文物科技研究和保护修

复中的应用;故宫承担各级课题成果及进展汇总介绍;故宫与国内外相关科研机构的合作,包括各种合作实验室;国际文物修复学会培训中心成果等。该部分内容主要通过展板进行展示。

宣传修复人员和科技分析人员,可以对案例、个人进行宣传,采取现场和在线等方式进行互动,进行文物修护展示、修复知识普及和科技分析。可以在展览电子屏上展示文保科技部全家福,点击每个文物医生后会弹出个人信息或一句文物修复心得。

第四节　形式设计

一　展览开端

1. 突出展览题目、造出历史感、厚重感、震慑力。(用多年的印章拼贴出背景和主题,主题突出);
2. 突出展览题目、体现出清晰、明快、技艺、科技感;
3. 突出展览主题、体现出辉煌、华丽、博大、厚重感。

二　展览风格

1. 整体统一性(主色调):① 故宫特点的体现(赤、黄基调);
   ② 医院特色的体现(白、浅蓝调)。
2. 分段活跃性:① 不同类型文物特点的基调(比如铜器的厚重青铜色调、木器的温暖黄褐色调、瓷器的淡雅色调等);
   ② 不同展示内容特点的基调(比如纸质文物的雅淡、器物文物的辉煌、科研的理性等)。

三　展览呈现设计

空间:1. 分割形式

① 以文物类属分类分割空间;

② 以展示内容分类分割空间；

③ 以平面和立体特征整体分割。

  2. 路线设置

① 依据展厅空间设置的直线型路线；

② 有意设计迂回型路线,路线与展览节奏挂钩；

③ 散射式路线,以一中心为基点,进行散发式设计。

灯光:1. 内容与灯光的关系；

  2. 空间与灯光的关系；

  3. 聚光灯、散光灯、暖光、冷光等。

四　推广设计

1. 海报、请柬、宣传册、广告牌；

2. 网上推广:微博、微信、APP；

3. 媒体推广；

4. 衍生品。

五　设计方式

1. 分段设计(以每一段的展示内容做相应设计)；

2. 交互设计(将整体与局部进行协调,在整体设计中,做出局部的变化)。

附：展览作品

2019香港展展典型性文物

类别	序号	文物号	文物名称	级别	年代	修前照	修后照	展示方式
纺织品修复	1	故214474	红色缂丝云龙纹男蟒	三级	清代			视频展示修复过程、AR眼镜体验
	2	故201199	缂丝长字挂屏	未定级	清代			展板展示修前修后对比及分析检测结果
	3	故201198	缂丝绢字挂屏	未定级	清代			电子APP互动、展示透光照、文物结构及科学检测结果
古书画复制	4		宫灯穗					展板展示修前修后对比及分析检测结果
	5		人工临摹清明上河图	原件为一级品				电子触屏展示、原件与临摹件对比观赏、现场互动临摹技艺
	6		人工临摹丁观鹏罗汉像	原件为二级品				电子触屏展示、原件与临摹件对比观赏

123

续表

类别	序号	文物号	文物名称	级别	年代	修前照	修后照	展示方式
	7		人工临摹龙宫水府图	原件为一级品				电子触屏展示，原件与临摹件对比观赏
	8		数字复制西岳华山庙碑拓片	原件为一级品				电子触屏展示，原件与临摹件对比观赏，现场互动临摹技艺
	9		数字复制边寿民苇间书屋图	原件为二级品				电子触屏展示，原件与临摹件对比观赏
	10	故198698	周本花卉山石贴落					视频展示修复过程，AR眼镜体验，现场互动装裱技艺
古书画修复	11		道光御笔"并蒂莲芳"隔扇画					视频展示修复过程，AR眼镜体验，现场互动装裱技艺
	12	故202147	长春书屋寿字贴落（包括下层丁香花布、印花裱糊纸展示）					展板展示修前修后对比及分析检测结果
	13		香港东华三院义庄文献					展板展示修前修后对比及分析检测结果

124

续表

类别	序号	文物号	文物名称	级别	年代	修前照	修后照	展示方式
古钟表修复	14	故182790	铜镀金乐箱水法跑人双马驮钟					视频展示钟表动态走时，AR眼镜体验
	15	故183191	铜镀金木楼三角钟					视频展示钟表动态走时，AR眼镜体验
金属修护	16	新118980	洗		春秋			视频展示修复过程，AR眼镜体验
	17	新118975	鎏金壶		汉			视频展示修复过程，AR眼镜体验
	18	故77929	父癸三足鼎		宋			视频展示修复过程，AR眼镜体验
	19	故119782	掐丝珐琅带座凤耳盖炉	二级乙	清			视频展示修复过程，AR眼镜体验
	20	故119611	景泰款掐丝珐琅象耳三足炉	二级乙	明			视频展示修复过程，AR眼镜体验

125

续表

类别	序号	文物号	文物名称	级别	年代	修前照	修后照	展示方式
	21	故116136	掐丝珐琅缠枝莲纹朝冠耳三足炉	二级乙	明			视频展示修复过程，AR眼镜体验
	22	故177729	铜凤凰	二级乙	宋			视频展示修复过程，AR眼镜体验
	23	故221580	人面纹牌饰		辽			展板展示修前修后对比及分析检测结果
	24	新8563	铲(钺)		民国			展板展示修前修后对比及分析检测结果
	25		青铜卣					展板展示修前修后对比及分析检测结果
	26	新186237	兽面纹觚		商			电子APP互动，文物拼接、上色等修复操作

续表

类别	序号	文物号	文物名称	级别	年代	修前照	修后照	展示方式
木器修复	27	新9396	买车旨		商			展板展示修前修后对比及分析检测结果
	28	新5538	莲鹤方壶	一级甲	春秋			展板展示修前修后对比及分析检测结果
	29	故206273	带翘头三联柜橱					视频展示修复过程·AR眼镜体验
	30	资1073	折叠小方桌					视频展示修复过程·AR眼镜体验
	31	故208867	官皮箱					视频展示修复过程·AR眼镜体验
	32	故206196	仿青铜器嵌银丝条桌					视频展示修复过程·AR眼镜体验

续表

类别	序号	文物号	文物名称	级别	年代	修前照	修后照	展示方式
漆器修复	33	故78247	扶手椅					视频展示修复过程；AR眼镜体验
	34	故208235	交椅					视频展示修复过程；AR眼镜体验
	35	故209608	座屏					视频展示修复过程；AR眼镜体验
	36	故169240	"古梅花"琴					视频展示修复过程；电子APP互动，文物除尘、上漆、雕漆等修复操作
	37	故169239	彩绘戗金琴箱					视频展示修复过程；电子APP互动，文物除尘、上漆、雕漆等修复操作
	38	故109329	剔红云龙纹天球瓶					视频展示修复过程；电子APP互动，文物除尘、上漆、雕漆等修复操作

128

续表

类别	序号	文物号	文物名称	级别	年代	修前照	修后照	展示方式
	39	故108887 故108836	壁瓶系列 一套八件					展板展示修前修后对比及分析检测结果
	40	故207994	黑漆描金椅					视频展示修复过程；电子APP互动，文物除尘、上漆、雕漆等修复操作
	41	故206058	饾金彩绘条案					展板展示修前修后对比及分析检测结果
	42	故109584	雕漆文具一套					展板展示修前修后对比及分析检测结果
唐卡修复	43	故202103 1/3	穿珠堆绫大威德金刚					展板展示修前修后对比及分析检测结果
	44	故202103 2/3	穿珠堆绫集密金刚					展板展示修前修后对比及分析检测结果

129

续表

类别	序号	文物号	文物名称	级别	年代	修前照	修后照	展示方式
陶瓷修复	45	故202103 3/3	穿珠堆绫上乐王佛					展板展示修前修后对比及分析检测结果
	46	故202076	智行佛母					视频展示修复过程，AR眼镜体验
	47	故202077	吉祥天母					视频展示修复过程，AR眼镜体验
	48	故202094	威罗瓦金刚					视频展示修复过程，AR眼镜体验
	49	资新8744	官釉贯耳扁方瓶（乾隆）					展板展示修前修后对比及分析检测结果
	50	资料8770	御题诗仿朱漆菊瓣盖碗（乾隆）					展板展示修前修后对比及分析检测结果

续表

类别	序号	文物号	文物名称	级别	年代	修前照	修后照	展示方式
	51	资料8757	铜题诗仿木漆菊瓣盘（乾隆）					展板展示修前修后对比及分析检测结果
	52	资新143674	青花矾红加金瓜棱瓶（康熙）					视频展示修复过程；电子APP互动、文物拼接、上色等修复操作
	53	资料8668	白釉刻古铜纹爵杯（乾隆）					展板展示修前修后对比及分析检测结果
	54	资料8760	白地绿彩龙纹小盘（清）					展板展示修前修后对比及分析检测结果
	55	新62426	三彩骆驼					视频展示修复过程；电子APP互动、文物拼接、上色等修复操作
	56		成化斗彩天字罐					电子APP互动、文物拼接、上色等修复操作
	57	资陶瓷8596	乾隆黄地绿花鸟纹碗					电子APP互动、文物拼接、上色等修复操作

131

续表

类别	序号	文物号	文物名称	级别	年代	修前照	修后照	展示方式
镶嵌修复	63		百宝镶嵌（顶竖柜）					视频展示修复过程；电子APP互动，宝石拼接、上色、嵌补等修复操作
	64		壁瓶系列 一套约八件					展板展示修复前修后对比及分析检测结果
	65	故201511	金嵌宝佛塔					视频展示修复过程，AR眼镜体验
	66	故126572	点翠花卉盆景					视频展示修复过程，AR眼镜体验
	67	故210196 故210197	两件挂屏					展板展示修复前修后对比及分析检测结果
囊匣制作								现场展示囊匣品类，现场互动囊匣制作技艺

132

下篇
十年综述(2007—2016)

第七章 文物修复双年综述（2007—2008）

2007—2008年，在院领导的正确领导下，文保科技部以"科学发展观"为指导，坚持按科学规律办事，紧密围绕我院发展纲要，上下同心，努力开展各项工作；在慈宁宫大修的情况下，深入贯彻院安全工作精神，2年无安全事故，文物保护修复工作有序进行。

第一节 安全与日常保护修复工作

一 安全工作

安全工作一直是我院各项工作中的重要内容，尤其2008年是奥运安全年，文物安全与防火安全更是我院一切工作的重中之重。为确保防火与文物安全，文保科技部始终坚持对职工进行安全教育，增强职工安全防患意识，加强安全隐患排查力度并把安全责任落实到每一个人，切实做好安全工作。安全工作汇报成为每月部务会的重要内容；每逢节假日前召开全体职工安全会，传达院安全保卫工作精神；安排各科组定期进行卫生扫除和安全自查，由部门安全工作领导小组检查验收。严格钥匙管理、来客登记、车辆管理、值班人员安全检查制度、安全员责任制及文物保护修复的安全操作制度等。进一步完善门禁系统,对监控设备进行升级,使科技部院落内无安全死角,消灭安全隐患,为文物保护修复等各项工作的顺利开展提供强有力的保障。

(一) 业务管理

坚持每月召开部务会制度,在管理上加强了层层负责和规范操作的运行机制,按照故宫改革方案严格奖惩制度,建立"一站式"管理模式,对请购单、报销票据、休假单的签批进行规范和明确责任,从建章立制入手,提高规范化管理水平,确保日常工作正常有序,为圆满完成各项工作提供有力的保障。2008年度配合我院完成固定资产核对工作,完成文物出入库、材料请购、年度预算工作,清理文物底座5000件,配合古建大修,清理腾退大佛堂库房。在日常工作中,学习世界大博物馆文物修复管理模式,于年初确立、规范文物修复复制档案制度,通过修复人员对文物伤况、材料与工艺、修复过程等的记录和描述,存留文物上的原始信息和修复内容,为文物的再研究及传统修复技术的传承提供条件。目前已收到上交的各类文物修复档案87件。

(二) 人员管理

2007年度,科技部一如既往地开展提高职工思想素质的工作,组织职工学习"社会主义荣辱观""构建社会主义和谐社会"等重要论述和十七大会议精神。按人事处要求,科技部完成了职工三年聘期考核,完成院新一轮职工聘任工作,完成专业技术人员职称评定工作。2008年度,文保科技部不断提高职工的思想水平,组织职工学习"科学发展观"等重要论述,用科学的思想武装职工的头脑,贯彻落实科学发展观,构建和谐的文保科技部。在日常工作中,创造和谐环境,构建和谐工作氛围,党政工团团结协作,在部门内广泛组织开展各种学习和教育活动,调动了全体职工的积极性,使每位职工都能立足本职、踏实工作、严于律己,争做知荣明耻的模范。在四川汶川地震后积极组织职工捐款捐物,为灾区献爱心。为奥运会期间故宫的展览如期并高质量进行,加强管理,努力工作,为北京奥运贡献文保科技部的一份力量!

二 日常保护修复工作有序进行

2007年,文保科技部修复完成院藏书画文物35件,其中包括"香港回归特别展""赴日本文物展""赴澳门文物展""曲阳拓片展"等展出书画文物的修复;完成了古建部藏敬事房便笺4件的托裱、为"范曾书画展"装裱手卷1件,复制"皇帝大婚展""万寿庆典展"册页5部(替换原件陈列),为"故宫职工书画展"装裱字画54件,小修赴香港展出一级文物《文姬图》1件、图书馆手卷2件册页3部、书画部"陈师曾书画展"绘画4件(揭裱1件),装裱复制品《康熙朝服像》《乾隆朝服像》《嘉庆朝服像》各1件,装裱《吴昌硕书法》复制品5套20件,为大觉寺文管处、青岛博物馆藏部分书画作品进行了修复。完成了宫廷部送修乾隆时期绘图仪器的去锈、整形修复;完成了院藏10件钟表文物的修复工作;为古器物部修复雕塑文物50件;修复宫廷车马轿20件;正在对河南省文物考古研究所9件出土青铜器进行修复。人工临摹复制《顺治朝服像》1件、《康熙朝服像》1件、《嘉庆朝服像》1件、《赵孟𫖯人骑图》1件、寿康宫贴落2件;采用"数字分色水色墨色合成技术"进行的书画复制有同仁堂药方、配方目录、同仁堂药方说明等文物4件、清吴昌硕《石鼓文四条屏》5件;照相复制完成《福》《寿》《凝香室》匾各1件,照相复制张宗苍《山水轴》等书画文物4件,拍摄各种文物及资料照片220件。本年度围绕院藏文物、展览陈列、出国文展等工作制作文物囊匣341件;完成漆器、镶嵌文物修复38件,修复木器家具54件。另外,我部还完成了故宫皇极殿宝座、屏风、地坪的监制工作,配合我院保管陈列工作,对院藏书画、织绣、宫廷文物进行熏蒸消毒,完成宫廷部展室"清代大漆炕桌"的除霉工作。

2008年共保护修复文物247件;制作文物囊匣216件;完成了200平方米(含30平方米复制部分)倦勤斋通景画的拼接和回贴任务、倦勤斋内40余片双面绣加固修复、揭旧换新双面绣100余片;还完成了乾隆花园后续工程符望阁,养和精舍等六处室内172件贴落及隔扇心的揭取工作,并进行了登记造表。文保科技部科研能力不断提高,现承担国家级科研课题4个,故宫博物院科研课题12个;在各专业期刊及论文集上发表了50篇学术文章并申请了一项专利。采用科学的管理理念,贯彻"一站式"的管理模式,构建以人为本的和谐的工作环境。同时文保科技部还获得了国家文物局首批一级可移动文物修复资质,首批甲级文物保护设计资质;"古书画装裱修复技艺"被列为第二批国家级非物质文化遗产;古陶瓷检测研究实验室被批准为"古陶瓷保护研究国家文物局重点科研基地"。2008年度,文保科技部在文物安全、保护与修复,科研课题攻关及业务管理等工作上都取得了一定的成绩。

  2008年,为了配合奥运展、院内陈列专题文物展、出国文物展以及库房文物的保护及修复,文保科技部修复完成院藏书画文物47件,其中包括"赴日本展览""赴美国展览""赴德国展览""英国展览""比利时展览""恭王府展览""中国美术馆明清精品展""首都博物馆书画精品展""中国科技馆'奇迹天工展'""范曾个人书画展""武英殿第二期第三期书画展"等展出书画文物的修复;人工临摹复制完成了14幅倦勤斋通景画补画、丁观鹏罗汉像3幅、倦勤斋天棚接笔全色2件、配合装裱科工作量较大的接笔如华世奎书法等若干件;完成漆器、镶嵌、木器、织绣文物修复51件,其中包括院内保和殿东庑文物展、皇极殿原状展、金银器展、弘义阁专题展、赴首博精品文物展、赴上海豫园印章特展、赴澳门戏曲展、赴德国文物展、赴日本展等展出漆器、镶嵌、木器、织绣文物的修复;全年共修复院内金银器、珐琅器、陶瓷器与钟表等共92件,其中包括九成金錾满达、银鎏金錾刻杯盘等金银器36件,掐丝珐琅甪端2件,保和殿东庑展12件、各种展览和路线陈设6件、青花缠枝莲纹六连瓶1件、雨花阁瓷塔2件、铁索子甲2件,唐空藏菩萨坐像等8件,金佛塔等3件,碧玉寿星骑鹿山子等7件,院内各种钟表13件;完成1件卤簿仪仗类文物羽葆幢故字号168471/1的修复;为图书馆照相复制图书1件;同时文保科技部还积极参与防震工作,特别是对雨花阁的4座佛塔、木塔、瓷塔进行防震保护;对原状陈列的宫灯进行调研,深入研究并对其保护方法进行探讨。按院领导的指示,为了帮助兄弟博物馆,文保科技部全年还完成了院外的书画修复13件,修复完成清代甲胄1套、金石器7件、复制虹刀及金印各1件,照相复制13件。

第二节 科研攻关深入展开

一 2007年度科研攻关

1. 2007年,古陶瓷检测研究实验室承担的国家"十一五"重点科技支撑项目全面展开,目前完成安徽、辽宁、河北、山西、北京、湖北、江苏、广东、福建等地古代建筑琉璃病害调查和相关的样品采集;完成了部分故宫古代建筑琉璃构件元素组成的定量分析、显微结构分析、物相种类的定性分析等工作;开展了古代建筑琉璃构件数据库的软件研发工作;开展了古建筑琉璃构件剥釉机理研究;施釉复烧工作取得阶段性结果。4月19日召开了项目专家咨询会,与会专家和国家文物局领导听取了项目组的工作汇报,10月29日、11月10日,课题组向国家文物局和国家科技部提交了课题进展情况简报和年度执行情况报告,12月8日,向科技支撑项目第三方评估咨询机构汇报课题进展情况。为了配合古器物部陶瓷真伪鉴定工作,成立了古陶瓷真伪鉴定工作小组,开始以无损检测的方式对古陶瓷进行综合性的分析测试研究;编辑完成《十期古陶瓷科技研究动态汇编》。

2. 地库空气质量的监测与治理。文物所处的环境直接影响文物的保存状况,为文物创造一个较为适宜的环境是文物保护的一项重要工作。根据我院的整体规划和部署,2007年,科技部针对地库环境中氨气、氡气、TVOC超标的情况,采取了治理措施和适当的技术,争取全面改善地库空气环境。

3. 文物保存环境及展览环境的研究与控制。配合午门展览，完成展柜温湿度的控制工作，在此基础上，进行展柜微环境的控制的研究及设备的调查，目前正在进行相关试验；对戏衣库、重华宫温湿度环境进行控制；完成环境方面各种记录仪器和检测设备的调研；对自动气象站进行日常维护工作。

4. 白蚁普查和防治工作。故宫发现白蚁疫情后，根据院领导的指示，我院成立了由文保科技部牵头，古建部、图书馆、宫廷部有关人员参加的白蚁防治工作小组。在全面普查的基础上，2007年与全国白蚁防治中心合作开展了有效的监控诱杀工作，对毓庆宫及周边13000平方米的区域进行治理，同时准备扩大白蚁监控范围，并对古建修缮木料进行防蚁处理。白蚁防治工作已被我部列为一项长期的重点工作。

5. 古建科技保护工作。随着故宫古建大修工程的进行，在古建筑科技保护工作中完成故宫干摆墙返碱物质的分析检测和初步研究工作；完成太和门建筑用铅背保存状况的检测与分析，故宫彩画的取样分析工作仍在继续进行。

6. 纺织品的保护处理。故宫收藏有大量的丝绸、棉麻等纺织类文物，有的需要进行保护处理。针对这些情况，我部开展了丝织品霉斑清除工作的研究，对纺织品文物中的搭、串色织物进行了剥色试验，在各项研究工作的基础上，对院藏部分纺织品文物进行了保护和修复，完成了1件8团龙袍的清洗，正在进行"故168471/1——羽保幢"的修复。针对纺织品文物修复补料问题，派专人赴上海、苏州、杭州等地进行实地工艺考察。本年度，完成了几种常用清洗方法和清洗剂对纺织品颜色、强度、酸碱度的影响试验。

7. 利用X射线探伤装置对青铜器进行鉴定和研究。我部开展X探伤装置在文物检测上的应用研究，在查阅国内外相关资料的基础上，利用X射线成像技术检测了河南省考古所送修的青铜器，成功地对青铜器锈蚀层下覆盖的铭文进行了辨识和拍摄。

8. 开展壁画、彩塑的保护研究工作。保和殿西庑元代壁画《七佛说法图》(一级甲)的保护项目正在进行壁画附近环境的研究工作,对壁画所处环境进行监测,进一步分析环境因素及其改变与壁画病害的关系。三件唐代泥塑的保护工作也正在顺利进行。本年度,查找了相关资料、拍摄病害照片、对泥塑脱落物进行了成分与盐分的分析,在咨询国内相关专家与研究机构的基础上,制定了三件泥塑的保护方案,并通过专家论证。修改后的方案已经上报国家文物局。

9. 开展了对墨的保存环境的研究工作。目前完成了墨品库房的文物保存现状调查、墨的分类等前期调整工作。

10. 倦勤斋文物保护工作按计划进行。中美合作项目倦勤斋保护工程按计划进行,倦勤斋通景画的保护工作已基本完成,完成室内190平方米白堂壁子的裱糊工作,基本完成倦勤斋内斑竹彩画的清洗工作。

2007年度完成的课题有:《文物织绣品霉斑消除研究》、故宫博物院课题《唐卡的修复与保护》。正在进行的课题有:故宫博物院课题《羽毛纱纤维材质分析研究》完成查找资料、检测试验工作,正在撰写总结报告;故宫博物院课题《故宫藏英国钟表的保护与研究》资料查阅中;故宫博物院课题《书画装裱织物研究》完成资料查阅、样品搜集、整理、分类工作,目前正在进行初步总结。我部还积极组织专业技术人员申报故宫博物院2007年科研课题,目前,申报并获得批准的院级课题有:《文物保护修复技术档案的科学化构建》《青铜器修复传统拼接技术的科学化研究》《书画装裱浆糊的科学化研究》《石青色龙袍清洗方法实验研究》《故宫建筑彩画中钴蓝颜料的分析与保存状况的研究》《保存环境对墨的影响的研究》《古旧书画装裱用纸的探讨与研究》。

2007年度,完成国家文物局文物修复资质、文物保护设计资质的申报工作;开展非物质文化遗产研究,整理材料,将传统书画装裱技术申报第二批国家级非物质文化遗产。

二 2008 年度科研攻关

2008 年，我部积极开展科研工作，在国家文物局"铁质文物综合保护技术"评估、文物保护修复档案的科学化构建、古陶瓷科技研究、白蚁普查与防治、文物保护环境科学及传统工艺的整理与研究等领域中都取得了一定的成绩。2009 年古陶瓷科学技术国际学术讨论会与 2009 年东亚文化遗产保护技术国际研讨会正在积极地筹备当中。

1. 完整的档案记录是文物保护修复工作的基础。科学构建文物保护修复档案是文保科技部的一项长期的科研工作。自 2007 年开始，文保科技部承担我院科研课题"文物保护修复档案的科学化构建"以来，始终以科学、认真的态度建立和完善"故宫博物院文物保护修复档案"，通过调查、咨询和专项考察了解国内博物馆文物修复档案建设情况，对原有修复档案的内容和形式进行优化，完成了我院 2007 年的 185 份文物保护修复档案的电子化整理、装订、归档；撰写、发表了关于博物馆文物保护修复档案建设的论文 2 篇，在全国文物修复研讨会上做了专题演讲。

2. 2008 年，古陶瓷检测研究实验室全面展开国家"十一五"重点科技支撑项目，完成了对十几个省市约 500 个古代建筑构件的分析检测工作，古代建筑琉璃构件科学分析数据库已初步建成，剥釉古代琉璃构件施釉重烧的技术方法已基本形成，琉璃构件质量评价标准的相关研究工作已取得初步结果；反映课题研究成果的研究论文已发表 2 篇，另有 4 篇正待发表；发明专利"一种仿古琉璃熔块釉的制备方法"正处申报过程中。该课题于 6 月 15 日通过了第三方专家咨询机构的咨询，获得好评；并于 10 月 25 日向国家科技部专家组进行了汇报，同样获得了好评。

国家文物局指南针计划试点项目开始实施，该项目的研究任务是揭示黄瓦窑琉璃制作工艺中的科学技术内涵，建立多媒体数字化的展示平台。该项课题的实施周期为一年，课题自年初启动以来，经过近一年的工作,至此已对约40个黄瓦窑的琉璃构件进行了分析检测研究,揭示了黄瓦窑琉璃构件传统制作工艺的先进科学技术因素,对展示相关研究成果的多媒体数字化系统进行了研发。8月12日召开了国家文物局科技信息处罗静处长及相关专家参加的专家咨询会,相关的研究工作在会上获得了好评。反映相关研究成果的学术论文正在撰写之中。

科研基地申报成功,年初古陶瓷检测研究实验室已被批准为"古陶瓷保护研究国家文物局重点科研基地"。基地运行管理计划书已获国家文物局批准,基地学术委员会组建工作已经完成。根据国家文物局的要求,科研基地于6月14日第三个中国文化遗产日全天定向开放,通过展板和实验室参观向中学生、大学生和清华大学的教师介绍处在科技保护与研究中的故宫文化遗产。国家文物局已批准康葆强、丁银忠等以基地名义申报的题为《古陶瓷物相的X射线衍射全谱拟合定量分析研究》的科研课题并资助25万元。

古陶瓷检测研究实验室向国家文物局标准化办公室提交了建立古代建筑所用琉璃构件质量标准的建议并获得通过。随后与古建部合作,向国家文物局提交了题为"复制清代官式建筑琉璃构件质量标准"的项目申报书。

3. 积极开展国家文物局"铁质文物综合保护技术"评估咨询工作。我部承担国家文物局"十一五"国家科技支撑计划课题"铁质文物综合保护技术研究"的第三方评估咨询工作,组织文物保护、金属材料、结构力学、科研管理及财务管理等各方面专家对中国文化遗产研究院承担的"铁质文物综合保护技术研究"课题进行多方面评估咨询,在完成第一阶段和第二阶段评估咨询报告后提交国家文物局课题办,并就课题的进展情况做了专题汇报,推动了课题的开展,受到文物局的好评。

4. 白蚁普查与治理工作。6月与中国白蚁防治中心专家对前年以毓庆宫为中心,总面积约13000平方米范围内埋设的170多个监测诱杀装置逐一进行检查,未发现白蚁,达到了预期效果。并正式与中国白蚁防治中心签订了对我院重点区域监测的技术服务合同,完成了对重点区域部分监测点布点和埋置诱杀装置共326套。10月中旬,与中国白蚁防治中心专家一起对以毓庆宫为中心总面积约13000平方米范围内埋设的170多个监测诱杀装置再次进行检查,同时中国白蚁防治中心的专家对6月重点区域部分埋置的诱杀装置逐一进行检查并召开专家咨询会,专家们一致认为此项工作取得了显著的效果。

5. 纺织品的保护与修复。完成了2件龙袍的清洗工作,正在撰写修复报告。针对纺织品文物保护与修复中的补料和制作、染色工艺等问题,赴湖南、贵州、广西等地考察调研。对倦勤斋70余件隔扇进行除尘。隔扇上的双面绣,出现了不同程度的灰尘污染,情况严重的不仅遮盖了刺绣图案,也使绢面出现了糟朽、脆化现象,使用可调吸尘器、超细纤维等物理除尘方法,圆满地完成了此项工作。对广州市博物馆1套(12件)清代甲胄进行修复保护,清代甲胄绒边已糟朽、炭化,修复过程中最大程度地保留已炭化的绒边,采用进口纱包裹法,全手工缝制,对不能保留的和缺损的部分使用新绒更换。

6. 利用X射线装置对文物进行无损检测的研究项目。对大量文物检测与试验的X光片和设定参数的数据进行了整理和对比,找出规律、总结经验。对铜器室课题研究提取的几件青铜器进行检测分析,通过对器物的检测和对X光片的分析,器物和X光片的对比,每件器物都给出准确的结论;对木工组的两件紫檀木底座进行检测;为今后的工作打下基础。基本完成更换《放射卫生许可证》为《辐射安全许可证》的上报材料。10月参加东城区疾控中心放射工作人员培训班并合格。

7. 文物保存环境及展览环境的研究与控制。进行展柜微环境控制的研究及设备的调查,撰写实验评价报告;对地库环境进行调查、监测和综合治理工作,包括放射性元素氡的监测、氡的来源及影响因素分析以及控制和防护措施;对文物环境方面有关检测仪器的调研,包括自动温湿度记录仪、照度计、紫外辐照仪、材料水分测试仪等;自动气象站的维护和数据采集工作；已经采集了近两年壁画馆的温湿度数据，为壁画馆室内环境控制方案的设计提供了重要的监测数据；对午门天朝衣冠展室进行了灯光强度及服装色差变化的检测工作。

8. 东北角楼西南侧烟熏汉白玉石雕的保护修复。首先在实验室中对各种清洗剂的不同浓度、配方进行清洗效果比较，筛选出效果最好、副作用最小的配方，确保能将脱落碎片上的各种烟熏痕迹和附着物清洗干净，再运用到石材的实际清洗中。主要修复过程包括：(1) 清除表面浮尘；(2) 清洗被烟熏黑的汉白玉构件；(3) 粘接并加固脱落的碎片。

9. 古建科技保护与壁画保护。对倦勤斋内原始和重做的斑竹彩画进行封护与虫胶漆上光处理并总结斑竹彩画保护处理方法；配合古建修缮中心课题研究，对建福宫石子路进行传统工艺的研究，目前已完成了方案制订并开始具体的实验工作，同时对建福宫石质文物进行保护研究，结合现场评价与保护试验的资料数据，整理并补充了部分试验数据，撰写了2篇相关的文章；对太和殿石质围栏构件进行了本体数据采集、环境参数采集、病害分析和保护材料的实验室加速老化试验，修改并重新完成了太和殿石质文物保护方案并于10月上交国家文物局；对干摆外墙修缮砖材返霜进行试验室模拟和评价研究，撰写了一篇关于返霜成因的初步研究文章，并开始进行故宫墙体用砖返霜的实验室模拟试验与相关性能的变化对比试验。对建福宫、西藏夏鲁寺、呼和浩特大召寺及七佛说法图的彩画颜料样品进行采集与分析：已采集建福宫近40个样品，西藏夏鲁寺20个样品，大昭寺5个样品，七佛说法图20个样品，部分正在进行分析。

10. 水晶宫金属构件材料及其保护研究。对金属材料进行了取样，与北京科技大学合作对金属材料本体和锈蚀产物进行了分析，对铸铁柱外层漆进行了取样分析，对钢结构进行了材料保护试验，并对石质构件的病害进行了调查，对污染物进行了取样。

11. 文物熏蒸消毒。对倦勤斋通景画进行了消毒处理；对重华宫、翠云馆、太和殿、漱芳斋等古建筑及其内文物进行熏蒸杀虫。

12. 卤簿仪仗类文物的保护、修复项目。完成了羽葆幢故字号168471/1的修复工作。此件文物的修复涉及丝织品、柳编、金属的保护，三种丝织品损坏情况各不相同，通过大量实验采用了三种不同的除尘清洗方法，刺绣图案破损处采用传统的染、补、缝的工艺技术；借用了竹、木、漆器脱水的方法对柳编进行消毒处理；金属的保护采用了传统的虫蜡封护法。

13. 非物质文化遗产的保护与传承。我部根据自身优势，对现有传统工艺进行总结，对"古书画装裱修复"技术进行整理，目前此项技术已经被国家正式认定为"第二批国家级非物质文化遗产"。为了弘扬故宫保存的传统文物修复技术，在主管副院长的直接领导下，文保科技部与宣教部合作筹划拍摄反映纪录传统文物修复技术的电视资料片《故宫绝活》，目前完成了脚本大纲的撰写。这是我院对非物质文化遗产进行的抢救性保护和系统整理。

为了追思一代艺术大家、绘画大师冯忠莲先生的艺术成就与道德风范，在文保科技部和离退休人员服务处的积极筹备下，于2008年10月31日在兆祥所举办了纪念冯忠莲先生90周年诞辰座谈会。此次座谈会的召开不仅解读了冯忠莲先生的成长历程，同时也弘扬了老一辈故宫人的敬业精神，特别是在如今实践科学发展观的伟大进程中，对文物保护事业的发展和传统技艺的传承有着强有力的教育意义和推动作用。

2008年度完成的课题有：故宫博物院课题《羽毛纱纤维材质分析研究》。正在进行的课题有：故宫博物院课题《石青色龙袍清洗方法实验研究》正在进行调研、查阅资料、实验的准备工作；《书画装裱浆糊的科学化研究》完成了不同添加材料对霉菌抑制效果的实验，各种浆糊对纸张耐折度影响的实验；故宫博物院课题《保存环境对墨的影响的研究》目前主要进行资料检索、库房情况的初步调查和部分试验工作；《书画装裱织物材料的研究》的资料整理基本完成，下一阶段进行文字说明；《青铜器修复传统拼接技术的科学化研究》《故宫建筑彩画中钴蓝颜料的分析与保存状况的研究》等课题正在进行中;《书画复制技术的改进》正在进行前期调研;电视资料片《故宫绝活——书画装裱与修复》的脚本编写工作正在进行当中;《文物保护修复档案的科学化构建》按计划进行。本年度,申报并获得批准的国家文物局的课题有:《古陶瓷物相 X 射线衍射全谱拟合定量分析研究》;院级课题有:《数字喷绘与人工临摹结合复制书画》《丁观鹏〈画佛及罗汉像十七轴〉的摹制与研究》《古书画修复、临摹、复制当中"矾"的替代材料研究》。

第三节　学术成果与对外交流

一　2007 年学术研究与对外交流

2007 年,科技部专业技术人员在完成日常文物保护修复工作的同时,不断开展学术研究,出版专著一部《日本书画装潢研究》(刘舜强)、论文集一部《故宫博物院文物修复实录》(于子勇);根据自己的研究方向,撰写多篇专业学术文章,发表在"Journal of the Chinese Chemical Society""Study On Conservation"《故宫博物院院刊》《文物保护与考古科学》《中国文物科学研究》《科学世界》《艺术市场》《紫禁城》及《中国文物保护技术协会第四次学术年会论文集》《文物修复研究(第四卷)》等专业期刊及有关论文集中。

在做好文物保护修复工作的同时,我部不断加强对外交流,全年多次接待国内外各大博物馆、文保中心专业技术人员及大专院校师生的参观访问,接待了来自英国、法国、韩国、希腊、葡萄牙、日本、蒙古等国及中国台湾等地区的参观、学习人员,我部还派遣专业技术人员赴中国台湾、新疆等地帮助解决文物保护修复技术难题。为了解世界先进国家的文物保护经验,我部还派遣专业人员赴意大利、俄罗斯、日本、韩国、美国等国进行业务交流、考察和学习,增长了知识,开阔了眼界。

二 2008年学术研究与对外交流

2008年,科技部专业技术人员在完成日常文物保护修复工作的同时,不断开展学术研究,编辑出版了一部论文集《中国文物保护技术协会第五次学术年会论文集》;申请了一项专利:一种仿古琉璃熔块釉的制备方法,专利申请号为2008101828470;根据各自的研究方向,撰写了50篇专业学术文章,分别发表在"Chinese J. Struct. Chem.""Chinese Journal of Chemistry""Chemical Physics""Journal of Molecular Structure""Journal of Analytical and Applied Pyrolysis""X-Ray Spectrometry"《化学学报》《中国文物报》《第一届东亚纸张保护学术研讨会论文集》《中国文物保护技术协会第五次学术年会论文集》《紫禁城》《文物保护与考古科学》《艺术市场》《中国民族报》《中国历史文物》《故宫博物院院刊》《中国收藏》《中国文物科学研究》《中国宝石》《文物保护研究新论》和《文物科技研究》等专业期刊和论文集中。

在做好文物保护修复工作的同时,我部不断加强对外交流,全年多次接待国内外各大博物馆、文保中心专业技术人员及大专院校师生的参观访问,接待了来自荷兰、美国、法国、韩国、日本、菲律宾等国及中国香港、台湾等地区的参观、学习人员。同时,我部积极派遣职工参加培训,赴西安接受颜料的显微镜分析培训;赴服装学院学习各种面料的规范染色工艺和理论知识。各个科室根据自己工作的需要深入到苏州、杭州、西藏、广西、沈阳、长春、湖南、贵州等地进行相关工作的调研。为了解国际先进的文物保护经验,我部还派遣专业人员赴日本、韩国、荷兰、意大利、新加坡等国进行业务交流、考察和学习,增长了知识,开阔了眼界。通过广泛的交流与合作,不断更新文物保护修复理念,使传统的技艺与现代科技更加紧密的结合,推进我部工作的进一步开展,促进文保事业的发展。

第四节　跨年度工作计划

一　2008年工作计划

2008年,文保科技部将一如既往地以故宫总体规划为指导,进一步开展文物修复、保护和科学研究的各项工作。

1. 配合院展览陈列和出国展览工作修复院藏青铜器、陶瓷、雕塑等文物,继续修复院藏钟表和钟表馆展览钟表,继续完成河南省文物考古研究所送修的9件出土青铜器的修复工作。

2. 继续展开院内各业务部门收藏的纸张、书画类文物的修复工作,修复原装陈列中的贴落、匾额、隔扇心等文物。

3. 继续修复文物库房收藏的各种漆器、木器、镶嵌类文物,为文物制作囊匣。

4. 开始对丁观鹏罗汉像、雍正十二妃像等文物进行人工临摹;印刷复制毓庆宫贴落匾联、皇朝礼器图册(22件)、宦迹图册(4件)及其他相关文物。

5. 继续进行纺织品保护处理项目、卤簿仪仗修复、白蚁的防治和治理工作、地库环境的调查、监测和综合治理工作;继续开展利用X射线探伤技术对文物进行无损检测的研究、保和殿西庑元代壁画的环境监测;配合故宫古建大修进行建筑彩画取样与分析,开展获得批准课题的研究工作。

6. 继续开展古陶瓷检测国家"十一五"重点科技支撑项目的研究工作;开展古陶瓷真伪鉴定研究工作;申报国家文物局古陶瓷科研基地。

7. 进一步加强防火安全教育和文物安全教育,加强业务科研管理和人员管理工作,进一步完善文物保护修复档案制度,力争在2008年后半年把故宫的文物保护工作做得更好。

二 2009 年工作计划

2009年,是中华人民共和国成立60周年,文保科技部将一如既往地以故宫总体规划为指导,进一步开展文物修复、保护和科学研究的各项工作。

1. 配合院展览陈列和出国展览同时也为了配合院里筹建青铜馆的工作,修复院藏青铜器、陶瓷等文物;修复赴大英博物馆钟表展的钟表;继续修复院藏钟表和钟表馆展览钟表,继续完成河南省文物考古研究所送修的9件出土青铜器的修复工作。继续《青铜器修复传统拼接技术的科学化研究》课题的研究。

2. 落实路线里和宫廷部对原状损伤文物处理的调研;继续进行乾隆花园修复工程的工作;继续开展院内各业务部门收藏的纸张、书画类文物的修复工作,修复原状陈列中的贴落、匾额、隔扇心等文物;完成养和精舍等室内大型贴落的揭裱工作;完成外单位文物修复和书画装裱任务。

3. 配合院各项陈列任务;漆器、木器继续修复文渊阁12扇屏风;各工作室继续修复文物库房的各类文物。

4. 继续完成院藏丁观鹏罗汉像的临摹工作;准备开始"妙法莲花经"的复制工作;为保和殿东庑"宫阙溯往"展,照相复制绘画及古籍善本诗、书、册(16件);照相复制毓庆宫贴落、匾联(10件)。

5. 继续进行白蚁的普查与治理工作、纺织品保护处理项目、卤簿仪仗修复、地库环境的调查、监测和综合治理工作;继续开展利用X射线探伤技术对文物进行无损检测的研究、英华殿彩画的分析与工艺研究、彩画钴颜料的分析与研究、配合古建筑保护工程进行的彩画分析和研究、继续进行故宫博物院课题《石青色龙袍清洗方法实验研究》与故宫博物院课题《保存环境对墨的影响的研究》,并申请新的课题。

6. 国家"十一五"科技支撑项目结题;国家文物局指南针计划试点项

目结题;启动与开展新申报的国家文物局科研课题;古陶瓷保护研究国家文物局重点科研基地正式挂牌;制订基地各项管理办法、科研规划与科研计划;开展古陶瓷科技研究工作。

7. 积极筹备并组织于2009年3月24日召开的古陶瓷科学技术国际学术讨论会。

8. 积极筹备并组织于2009年9月18日召开的东亚文化遗产保护技术国际研讨会。

9. 积极配合基建办进行西河沿文保科技部新址规划工作。

10. 加强非物质文化遗产保护工作,对传统文物修复技术进行系统整理。在主管副院长的直接领导下,与宣教部合作筹划拍摄反映我院传统文物修复技术的资料片《故宫绝活》。

11. 进一步加强防火安全和文物安全教育,加强业务科研管理和人员管理工作,进一步完善文物保护修复档案制度,力争在2009年把故宫的文物保护工作做得更好!

第八章 文物修复双年综述（2009—2010）

2009年是不平凡的一年，它不仅是中华人民共和国成立60周年，也是保持经济平稳较快增长的一年。2009年对于故宫博物院来说是非比寻常的一年，与台北故宫博物院一个甲子的团聚，60年来首度携手合作，不断加强各方面的交流，共同发展。2009年对于文保科技部来说也是特殊的一年，在保证日常文物与中华人民共和国成立60周年大庆展览文物的保护修复工作顺利进行的同时，文保科技部荣获了"文化部非物质文化遗产保护工作先进集体"的荣誉称号；在主管副院长的直接领导下，依托自身优势，积极地对传统工艺进行总结，对古书画人工临摹复制技术、古代钟表传统修复技术与中国青铜器传统修复、复制技术三项传统文物保护修复技艺进行整理，现已申报国家级第三批非物质文化遗产；与宣教部合作拍摄反映纪录传统文物修复技术的电视资料片《故宫绝活》已完成第一部分纸本书画修复；前三季度公开发表论文30篇。2010年继续积极开展非物质文化遗产的申报、传承与保护工作，积极开展科研课题的立项和实施，积极开展学术交流与合作，注重文物科技人才的培养与学术建设，在部门全体人员的共同努力下，较好地完成了各项工作任务，在一些方面有所进步并取得了一定的成绩。在院党委的领导下,文保科技部深入贯彻"科学发展观",紧密围绕故宫博物院的发展纲要,齐心协力,积极推动各项工作的顺利开展,认真落实院安全工作精神,2年无安全事故。

第一节 安全工作高于一切

安全工作一直是我院各项工作中的重要内容,尤其2009年是中华人民共和国成立60周年,文物安全与防火安全更是文保科技部一切工作的重中之重。

为确保防火与文物安全,文保科技部始终坚持把安全工作切实地摆在各项工作的首位,使安全责任制度化,认真制订具有文保科技部自身特色的、既加强消防安全又能确保文物安全的《文保科技部安全责任书》和《安全责任管理办法》,在全体人员与故宫博物院签订《防火安全责任书》的基础上,根据部门工作特点与全体人员又签订了《文保科技部安全责任书》和《安全责任管理办法》,对文物柜钥匙的管理、日常开门和封门的管理,对工作时间行为规范等方面的问题做了明确、具体的规定,并制订了相应的管理办法。安全责任层层落实,实行科长向主任签订责任书,职工跟科长签订责任书制度,把安全工作落实到每个人。

完善与规范安全管理体系:安全工作是每月部务会的重要内容之一;安排各科组定期进行卫生大扫除和安全自查,由部门安全工作领导小组检查验收;完善门禁系统、监控设备进行升级、严格钥匙管理、来客登记、车辆管理、值班人员安全检查制度、安全员责任制及文物保护修复的安全操作等制度。

注重安全教育:认真学习院里有关安全的规章制度及《北京市文物局火灾隐患排查整治"雷霆行动"的通知》,并汲取央视新址附属文化中心火灾的教训,严格自查,及时清理院落内的废弃物,消除安全隐患;每逢节假日前召开全体职工安全会,传达院安全保卫工作精神,使科技部院落内无安全死角,消除安全隐患,为文物保护修复等各项工作的顺利开展提供强有力的保障。进入冬季以来,部门组织安全隐患排查小组对全部范围内的各工作室、实验室和库房进行认真的检查,各个科室清理了堆积的杂物,对易燃物品进行了较为彻底的清理。

第二节 认真做好文物保护修复工作

一 2009年文物保护修复工作

2009年文保科技部根据院内各部处展览、原状陈列、专题文物展、出国文物展、庆祝中华人民共和国成立60周年的各种展览及库房文物保护修复工作的需要开展文物保护修复工作,内容如下:修复漆器与镶嵌文物12件,其中包括库房文物9件、皇城风情展2件、养性斋1件;完成木器文物修复10件;修复院内书画(卷、册、轴)共78件;修复完成25件窗门画心和贴落、2对联匾及1对宫扇,其中包括12平方米的大型贴落2件,6—9米长的贴落2件;完成170余件乾隆花园工程室内贴落、窗心和门心拍摄存档工作并托裱拓片105张;全年修复金银器、陶瓷、钟表共45件,其中包括骑马俑、金镶玉把果叉、铜观音菩萨(附银龛)、磁州窑白地人物花卉纹罐、铜镀金转花广钟等。数字喷绘复制书画,如:《沈全行书诗轴》《董诰书御制勤政论册》《纪昀书御制喇嘛说册》等22件,古书画人工临摹共完成《丁观鹏罗汉像》8件、《佛光大乘法螺经》1件;书画修复接笔6件;复制品盖章20件、复制印章10方、复制古书15本。与此同时,装裱新书画194件,其中包括为庆祝中华人民共和国成立60周年故宫职工书画展装裱的新画等;为职工书画艺术展出图录拍照76件作品;囊匣184件。按院领导的指示,为了帮助兄弟博物馆,文保科技部全年还完成了院外的书画修复18件、瓷器修复5件、复制印押文物91件、数字喷绘复制13件。

认真做好白蚁防治工作,已有效灭治发生在惇本殿西配房内外的蚁害并委托全国白蚁防治中心对惇本殿及周边区域进行了2次例行检查,未发现白蚁活动迹象,在检查过程中对缺失的装置进行补设处理,对部分霉变的装置饵料进行更换;同时开展故宫白蚁扩大监控(二期)的准备工作,合同现已签订;保护与修复了院藏3件唐代泥塑,对泥塑进行了科学的保护修复并通过专家验收,10月撰写完成了保护修复报告,上报国家文物局;积极开展院藏元代壁画"七佛说法图"的保护与修复工作,首先调查整理国内外同类壁画的修复记录与"七佛说法图"的相关档案,对保存"七佛说法图"的环境进行温湿度的连续监测,并对监测数据进行了分析,最高达82%的相对湿度会使霉菌滋生进而损害壁画的画面,温度过高也会导致壁画包括黏合剂粘合力下降,促使颜料脱落,因此玻璃隔档并不利于壁画的保护,今年已完成隔档拆除与照相记录工作;科学地进行文物熏蒸杀虫与去霉工作:本年度消毒处理文物、资料1500余件,熏蒸处理一批皮袍类文物,对九龙壁、寿安宫(东南、东北、西北)、三角楼等古建筑及其内部文物、图书与赴台展览文物(马鞍、服装)等进行熏蒸杀虫,并对地库看画桌和乾隆花园的古画进行霉菌采样鉴定及除霉;积极利用X射线装置对文物进行无损检测:扫描130余张青铜器的X光片存入电脑,并对这些X光片进行图像处理、分类与整理存档,同时对嵌金松石铜"带钩"改成如意(汉代)、青铜爵、青铜簋、青铜钟4件文物进行X射线检测研究;研究与监测文物保存环境及展览环境:对调湿剂与展柜密封度的关系展开调研,配合延禧宫书画展览,在布展前对展柜内的温湿度情况进行监测,根据监测结果进行整理和分析,提出评价意见和改进建议,同时开展翠云馆(原状陈列)温湿度的调查工作。今年还完成了3件龙袍的清洗工作,现已退库;同时积极参与雨花阁紫檀木塔与瓷塔的防震工作,全方位探讨文物防震的各种问题,提升故宫博物院的文物防震水平。

二 2010年文物保护修复研究工作

1. 日常文物保护修复工作

一年来,我部各文物保护修复工作室为配合相关业务部门的文物保管、陈列和修缮,在书画修复装裱、书画复制工作以及纺织品文物、镶嵌类文物、漆器文物、木器文物、文物囊匣制作、金属文物、钟表文物等方面完成了大量的保护修复工作及任务。其中,完成院内 20 余件大型书画揭裱,小修书画 34 件(其中包括武英殿画展、清宫藏善本碑帖展、永宣展等用展品);完成"唐代伏羲女娲像"等 10 件书画文物的复制,完成"丁观鹏尊者像"及其他共 4 件书画的临摹、过稿;完成展览用拓片、复制品书画装裱及紫禁城书画协会书画装裱近 200 件;完成"龙纹大绣片"等 5 件纺织品文物的修复、保护、复制工作。修复完成文渊阁屏风 2 扇、国家大剧院借展"蕉林听雨""涂氏""辽天风""残雷"琴 4 张、古器物部库房漆器文物 5 件、赴美展览金漆嵌玉罗汉屏风 1 扇、金累丝嵌珠凤妃冬朝冠 1 件、赴美展览雕天然木框嵌玉花鸟挂屏 1 件、端石瓶纹方砚 1 件;修复完成文渊阁十二围屏中上年所剩的 4 扇、木质万佛塔 1 座、紫檀嵌牙宝座 1 尊、紫檀珐琅凤纹九围屏中的 3 扇、红木花几 1 件、红木花篮椅 4 把、红木茶几 3 件、雨花阁木塔 3 座、木楼嵌银花动人乐钟外壳 1 件、雕漆茶几 1 件、紫檀嵌玉如意 4 把、紫檀圆盒 3 个;补配木质文物配件 44 件。完成菱式玻璃灯、乾隆款青花贯耳瓶、红彩描金云龙纹釉座壁瓶、万历款青花葫芦式壁瓶、青铜鼎、虎头匜、铜熏炉、八瓣莲花大威德金刚像等 35 件金属、陶瓷类文物的修复复制与安装工作;完成铜镀金老人变戏法钟、铜镀金自开门人打钟等 4 件钟表文物的修复。制作各类文物囊匣 140 个。

在完成院内日常文物保护修复工作的同时,为即墨博物馆、烟台市博物馆、外交部等单位修复各类文物 43 件、复制文物 98 件。由于我们认真的工作,受到了院外相关单位的一致好评。

2. 文物保护科技工作

白蚁治理与预防工作在有计划地进行。本年度 3 月保和殿东庑发现白蚁疫情。3 月至 6 月我部会同古建部和全国白蚁防治中心,对保和殿东庑蚁害进行了调查和防治。在保和殿东西庑、三大殿及其周边绿化区域在内的72000平方米范围内,埋设白蚁监测诱杀装置524套。5月,在寿安宫、西三所、慈宁花园、北五所东夹道等约22032平方米区域埋设白蚁监控诱杀装置314套。10月对该区域埋设的监控装置进行检查,发现保和殿东庑的白蚁危害已经得到有效的控制,保和殿西庑及三大殿区域没有发现白蚁活体或活动迹象。检查过程中,对引诱到足够数量白蚁活体的装置进行了药物处理,同时对湿度不足的装置进行了加湿处理。

另外,文保科技部分别于5月和10月对毓庆宫区域和故宫白蚁重点监测(一期)区域近500套已埋设的白蚁监测诱杀装置进行了检查,并对霉变糟朽的饵料进行了更换和检查,未发现白蚁活动迹象。

2010年度,我部继续开展文物熏蒸消毒工作。4月对漱芳斋地毯、科技部织绣修复室丝织品和竹篮等文物进行熏蒸杀虫处理。

继续开展织绣类文物保护研究工作,从库房中提取了2件生霉严重的石青色龙袍,现正在进行清洗工作;开展了卤簿仪仗类文物"金节"的保护与修复研究,本年度进行了病况调查以及不同除尘、清洗方法对金节的色差和质地影响的研究。

受齐国故城博物馆的委托,保护处理一件严重生锈的汉代铁戟,经过湿润室观察、除锈、脱盐和表面处理及封护,保护工作已经完成,效果良好。经过除锈,原疑为铜材质的构件实为银合金材质,通过处理该件铁戟,积累了保护馆藏铁器的经验,建立了保护方法和流程,并撰写了完整的保护修复报告。

配合灵沼轩工程的进展,实验室人员对瓷砖污染物进行了分析,并进行了物理和化学清洗的试验和评价;对灵沼轩的石质构件的污染物进行了分析;对病害原因进行了分析。

古陶瓷检测研究实验室与古器物部合作,利用大样品室X射线荧光能谱仪、激光拉曼光谱仪、光学显微镜、色度仪等无损分析设备对40件院藏宋代官窑瓷器、18件明清仿宋代官窑瓷器进行了分析检测,在此基础上与古器物部的专家合作对院藏宋代官窑瓷器的产地及年代等问题开展了综合研究。2010年9月,延禧宫举办"宋代官窑瓷器展",展览吸取了实验室对宋代官窑的最新科技研究结果,通过社科方面的文字介绍和科技研究的数据及显微结构图形结果,反映了我院对古陶瓷开展综合研究的最新研究成果,使宋代官窑瓷器展形成了科技与人文相结合的展览特色。

2010年度,文保科技部继续开展文物保护修复档案的建设工作。目前已基本完成2009年档案的归档工作,根据文物修复复制工作的完成情况,各科室人员正在撰写2010年的文物修复档案。

3. 中美合作项目

乾隆花园修缮工程是我院与世界建筑遗产基金会联合开展的国际合作项目。今年以来,乾隆花园二期修复工程中室内贴落的修复工作已经展开,目前修复完成8件;对倦勤斋室内环境控制系统运行情况的监测进行数据的整理和分析,发现问题及时处理,对符望阁、竹湘馆和玉粹轩三处古建筑做全年的温湿度监测,结合现场调查,建筑内部的环境控制情况监测和温湿度监测已经展开;彩绘类文物材质分析、相关文物病害记录和工艺研究已经展开;各项修复计划已经制定并已着手进行。

第三节 扎实推进科研攻关

一 2009年科研工作

2009年,我部积极开展科研工作,在文物保护修复档案的科学化构建、古陶瓷科技研究、国家文物局"铁质文物综合保护技术"评估、纺织品与古建保护等领域都取得了一定的成绩。

1. 文物档案的科学化构建是文物保护修复工作的基础,是文保科技部一项长期的研究工作。文保科技部认真、科学地建立与完善故宫博物院文物保护修复档案,进一步优化修复档案的内容与形式。建好文物保护修复档案为以后的文物保护修复工作积累丰富的资料,有利于文物保护修复工艺的传承与发展。

2. 古陶瓷检测研究实验室被国家文物局列为古陶瓷保护研究国家文物局重点科研基地（故宫博物院），成为12个国家文物局重点科研基地之一。基地实行国家文物局宏观管理，北京市文物局组织管理，故宫博物院运行管理的管理制度。基地于2009年12月8日挂牌成立，已完成了《基地运行管理办法》《开放课题管理办法》《经费管理办法》等6个管理办法，等待学术委员会审议。

3. 国家文物局"铁质文物综合保护技术"评估咨询工作顺利完成。我部承担了国家文物局"十一五"国家科技支撑计划课题"铁质文物综合保护技术研究"的第三方评估咨询工作，经文物保护、金属材料、结构力学、科研管理及财务管理等各方面专家对中国文化遗产研究院承担的"铁质文物综合保护技术研究"课题进行多方面评估咨询后，通过了国家文物局的审核。

4. 纺织品与卤簿仪仗类文物的保护与修复：对现有的带丝绒装饰破损成衣进行病害调查，对不同清洗方法的试验样品进行阶段性检测获得了初步检测数据并对数据进行分析；正在进行"金节"的保护修复研究，使用不同的清洗除尘方法对"金节"的色差影响进行了试验。

5. 采用科学的方法对故宫建筑彩画颜料、古建筑石质构件与建福宫石子路传统工艺进行研究，已基本完成用X衍射、红外、气质联用、X荧光等方法对样品进行分析实验。对慈宁宫、建福宫、英华殿等处的古建筑彩画的颜料进行科学分析；完成灵沼轩的取样和分析工作。

6. 2009年，文保科技部已完成的科研课题有：国家"十一五"重点科技支撑项目《古代建筑琉璃构件保护技术与传统工艺科学化研究》于7月下旬结题；国家文物局指南针计划试点项目《黄瓦窑琉璃制作工艺科学揭示与建立多媒体数字化展示平台的研究》于10月下旬结题。正在进行的课题有：《文物害虫物理防治方法》《故宫文物建筑彩画中钴蓝颜料的分析与保存状况的研究》《书画装裱浆糊的科学化研究》《书画装裱织物材料的研究》《文物保护修复档案的科学化构建》《丁观鹏〈画佛及罗汉像十七轴〉的摹制与研究》《数字喷绘与人工临摹结合复制书画》《青铜器修复传统拼接技术的科学化研究》《古书画修复、临摹、复制当中"矾"的替代材料研究》《石青色龙袍清洗方法实验研究》《保存环境对墨的影响的研究》《古陶瓷物相的 X 射线衍射全谱拟合定量分析研究》等继续按计划进行。本年度,申报并获得批准故宫博物院项目 1 个和故宫博物院课题 3 个:《清代宫式建筑琉璃构件复制品质量标准》《灵沼轩钢铁质构件的保护研究》《院藏毛皮类成衣的材质分析研究》《中国书画装裱辅助材料研究——以轴头为中心》。

7. 学术成果

文保科技部的全体人员在保证日常工作顺利开展的前提下,积极进取,结合工作开展科学研究,申请了发明专利 2 项,研发了我国首个古代建筑琉璃构件科学分析数据库,研发多媒体数字化展示系统 1 个,完成古代建筑琉璃制品质量标准征求意见稿 1 项,前三季度公开发表论文 30 篇,见下表:

文保科技部 2009 年前三季度学术成果一览表

作　者	论文、专业文章、书籍	刊物(名称、期号)/出版社(名称、年月)
1. 宋纪蓉	DNAZ 酰基衍生物的分子结构及量子化学研究	高等学校化学学报,2009,30(2):377－381
2. 宋纪蓉	Synthesis, molecular structure Non-isothermal decomposition kinetics and adiabatic time to explosion of 3,3-dinitroazetidinium 3,5-dinitrosalicylate	Journal of Thermal Analysis and Calorimetry,2009,95(2):437－444
3. 于子勇、王津	图说宫藏钟表修复	《艺术市场》2009 年 2 期

续 表

作　者	论文、专业文章、书籍	刊物(名称、期号)/出版社(名称、年月)
4. 刘舜强等	添加中药对书画修裱胶粘剂防霉性能的影响	《兰台世界》2009 年 3 期
5. 李媛等	紫禁城清代建筑琉璃构件显微结构研究	《2009 年古陶瓷科学技术国际讨论会论文集》上海科学技术文献出版社 2009 年 2 月
6. 段鸿莺等	WDXRF 对古代建筑琉璃构件胎体主次量元素定量分析方法	《2009 年古陶瓷科学技术国际讨论会论文集》上海科学技术文献出版社 2009 年 2 月
7. 康葆强等	XRD 对明清琉璃构件中脱水叶蜡石的判定研究	《2009 年古陶瓷科学技术国际讨论会论文集》上海科学技术文献出版社 2009 年 2 月
8. 苗建民等	清晚期粉彩瓷中红、黄、白色颜料的 Raman 光谱研究	《2009 年古陶瓷科学技术国际讨论会论文集》上海科学技术文献出版社 2009 年 2 月
9. 李合等	青花瓷器中色料元素分布的无损分析研究	《2009 年古陶瓷科学技术国际讨论会论文集》上海科学技术文献出版社 2009 年 2 月
10. 赵兰等	无损分析方法对康熙、雍正珐琅彩瓷的研究	《2009 年古陶瓷科学技术国际讨论会论文集》上海科学技术文献出版社 2009 年 2 月
11. 宋纪蓉	TDNAZ·HNO3 和 DNAZ·HCl 的结构及性能	《高等学校化学学报》2009，30(3)：577-582
12. 宋纪蓉	Non-isothermal Decomposition Kinetics, Specific Heat Capacity and Adiabatic Time-to-explosion of 1-A mino-1-hydrazino-2,2-dinitroethylene（AHDNE）	Chinese Journal of Chemistry, 2009, 27(4)：665-671
13. 于子勇	浊流涤荡衍乡宝——台湾螺溪砚	《艺术市场》2009 年 6 期
14. 刘舜强等	添加中药对书画修裱胶粘剂黏度影响的研究	《粘接》2009 年 3 期

续 表

作　者	论文、专业文章、书籍	刊物(名称、期号)/出版社(名称、年月)
15. 王允丽、王旭、陈杨、王春蕾、田金英	馆藏清代甲胄的保护修复	《广州博物馆建馆八十周年文集》文物出版社 2009 年 5 月
16. 宋纪蓉	Molecular structure, Theoretical calculation and Thermodynamic Properties of Tebuconazaole	Chinese Journal of Chemistry, 2009,27(6):1035－1040
17. 宋纪蓉	Non-isothermal Decomposition Kinetics, Specific Heat Capacity and Adiabatic Time-to-explosion of a Novel High Energy Material: 1-A mino-1-methyla mino-2,2-dinitroethylene(AMFOX-7)	Journal of Chinese Chemical Society, 2009,56(3):524－531
18. 刘舜强	张懋镕主编:《青铜器论文索引(2002—2006)》日文部分	线装书局 2009 年 5 月
19. 刘舜强	紫禁城的非物质文化遗产——书画修裱技艺	中国紫禁城学会会刊(总二十四期)2009 年 5 月
20. 孔艳菊	金银器的錾刻与花丝——以故宫文物修复为例	《紫禁城》2009 年 9 期
21. 王允丽、房宏俊、殷安妮、陈杨	故宫藏"孔雀吉服袍"的制作工艺——三维视频显微系统的应用	《故宫博物院院刊》2009 年 4 期
22. 李寅	浅谈绢本重彩绘画在修复中的保护技术	《故宫博物院院刊》2009 年 4 期
23. 康葆强、段鸿莺、丁银忠、李合、苗建民、赵长明、富品莹	黄瓦窑琉璃构件胎釉原料及烧制工艺研究	《南方文物》2009 年第 3 期
24. 苗建民,B. YANG, D. MU	Identification And Differentiation Of Opaque Chinese Overglaze Yellow Enamels By Raman Spectroscopy And Supporting Techniques	Archaeometry, 2009
25. 李合、段鸿莺、丁银忠、窦一村、侯佳钰、苗建民	京辽两地清代建筑琉璃构件的比较研究	《文物保护与考古科学》

续 表

作 者	论文、专业文章、书籍	刊物(名称、期号)/出版社(名称、年月)
26. 王有亮、高飞、王五胜	清代"甲胄"铜扣的去锈和保护	《广州博物馆建馆八十周年文集》文物出版社 2009年5月
27. 王津、秦世明	铜镀金象驮转花钟的修复	《台北故宫博物院院刊》2009年317期
28. 王有亮	唐代白陶加彩天王俑的修复	《台北故宫博物院院刊》2009年317期
29. 高飞	清雍正天蓝釉瓶的修复	《台北故宫博物院院刊》2009年317期
30. 吕团结	商代兽面纹马饰的修复	《台北故宫博物院院刊》2009年317期

二 2010年科研工作

1. 科研课题。本年度，文保科技部围绕文物保护与修复工作中的问题，开展科学研究。科研人员承担了国家文物局课题1项，院内课题15项。其中，国家文物局课题《文物建筑修缮材料标准》是我院工程管理处向国家文物局申请的关于古建筑主要修缮材料的入库检验标准，实验室工作人员作为该课题组成员，主要负责砖石类材料的机械性能试验及相关检测方法筛选的研究。本年度，参加了课题组每周组织的例会讨论标准的草案，完成了部分实验研究工作。故宫博物院课题《保存环境对墨的影响的研究》完成了库房中古墨的主要病害及保存状况的初步调查，选取一部分有代表性的藏品进行跟踪，定期观察其外观、受损情况是否变化，库房温湿度的检测等内容。通过实验方法了解、研究、验证墨的特性，墨以及主要制墨原料的物理化学性质，在环境中吸湿变化，表面微观结构的研究以及墨的组成材料中各物质的配比等。目前课题已经接近尾声，正在进行资料和数据的整理，撰写总结报告。故宫博物院课题《石青色龙袍清洗方法实验研究》今年完成了不同清洗剂对文物材质强度及颜色的影响试验,目前已进行了第2次数据检测,根据数据检测结果,选择了对文物影响较小的清洗剂对文物实物样品进行清洗试验。目前,已逐步解决各项问题,课题总结报告正在撰写中。2007年,课题《书画装裱浆糊的科学化研究》完成了不同添加成分对浆糊的影响,研制出性能相对较好的书画装裱浆糊添加材料和添加方法,科研成果"书画装裱浆糊添加剂"正在申报国家专利,目前已经开始印制结题报告,即将结题。《文物保护修复档案的科学化构建》按计划进行,年内发表论文2篇;《中国古代装裱织物研究》已完成图版编排和文字撰写,等待出版专著,其他如《青铜器修复传统拼接技术的科学化研究》《丁观鹏〈画佛及罗汉像十七轴〉的摹制与研究》《数字喷绘与人工临摹结合复制书画》《古书画修复、临摹、复制当中"矾"的替代材料研究》《灵沼轩钢铁质构件的保护研究》《院藏毛皮类成衣的材质分析研究》《清代官式建筑琉璃构件复制品质量标准》《中国书画装裱辅助材料研究——以轴头为中心》等各项课题也在有计划地进行。

2. 论文发表。在做好日常文物保护修复工作的同时,文保科技部科研人员先后在《故宫学刊》《故宫博物院院刊》《文物保护新论(二)》《艺术市场》《中国文物报》等各类学术刊物、论文集中发表论文近30篇。

3. 学术交流。今年以来我部以多种形式与国内外的相关机构、学者开展学术交流活动。我部组成科技考察团赴美国和加拿大对壁画科技保护工作进行考察,古陶瓷重点科研基地赴美国的相关机构进行学术交流和考察,两个赴外考察团均取得了很好的结果。科研人员雷勇赴美国芝加哥美术馆开展中国古代颜料的合作研究;科研人员赵兰赴美国参加美国材料协会古陶瓷分会的学术讨论会做大会发言,会后在特拉华大学做短期学术交流。同时,我部有计划地安排科技人员参加国内不同机构组织的文物保护学术讨论会、古琴保护与研究学术讨论会、宋代官窑国际学术讨论会等学术交流活动。有计划、有目的的学术交流活动,宣传了故宫的文物科技工作,学习借鉴了他人的新的技术、新的思想以及新的技术方法,促进了部门科技研究工作的开展。

第四节 其他重要工作事项

一 管理工作不断加强

坚持从文物保护与修复的实际出发,提高规范化管理水平,确保日常工作正常有序进行,为圆满完成各项工作提供强有力的保障。不断规范、完善文物保护修复档案制度,为文物保护的科学化研究及传统修复技术的传承提供条件。坚持每月召开部务会制度,加强层层负责、规范操作的运行机制,严格奖惩制度,贯彻"一站式"管理模式,对请购单、报销票据、休假单的签批进行规范并明确责任。

不断加强职工政治思想理论教育,组织开展"加强讲党性修养、坚持廉洁从政,推动科学发展"主题教育活动。深刻检查党员干部党性修养方面存在的突出问题,用科学的思想武装职工的头脑,贯彻落实科学发展观,构建和谐的文保科技部。在日常工作中,创造和谐环境,构建和谐工作氛围,党政工团团结协作,在部门内广泛组织开展各种学习和教育活动,调动了全体职工的积极性,使每位职工都能立足本职、踏实工作、严于律己,争做知荣明耻的模范。为60周年大庆故宫的展览如期并高质量地进行,努力工作,贡献文保科技部的一份力量!

二 国内外学术交流与人才培养

在做好文物保护修复工作的同时,我部不断加强国内外的学术交流,全年多次接待国内外各大博物馆、文保中心专业技术人员及大专院校师生的参观访问,接待了来自荷兰、韩国、美国、英国、日本等国,香港、台湾、广东、河北等地的参观、学习人员。加强了与台北故宫博物院的访问与交流,台北故宫博物院一位博士于7月至9月来我部古钟表修复室与拉曼光谱实验室进行交流,与我部科研人员就相关问题进行了探讨,共同开展研究工作。11月24日至25日台北故宫博物院一位副处长来我部参观访问。与此同时,各个科室根据自己工作的需要深入青海、广西、黑龙江、湖北、江苏、浙江、贵州等地进行相关工作的调研。为了加强国际间的合作,我部还派遣专业人员赴荷兰、法国、英国、意大利等国进行业务交流、考察学习,增长了知识,开阔了眼界。通过广泛的交流与合作,不断更新文物保护修复理念,使传统的技艺与现代科技更加紧密结合,推动了我部工作的进一步开展。

我部还鼓励职工参加国际会议与学术交流,积极参与2009古陶瓷国际讨论会、2009东亚文化遗产保护技术国际研讨会、第七届全国文物修复技术研讨会及中国文物保护技术协会第六次学术年会等研讨会,并与其他文物保护修复界的同仁共同探讨文物保护修复领域的各种问题。2009年3月24日至28日,故宫博物院与中科院上海硅酸盐研究所联合主办了第九届"古陶瓷科学技术国际讨论会",出席会议的代表来自澳大利亚、印度、日本、俄罗斯、英国、美国等13个国家,总共收到论文113篇,出版会议论文集1本。由故宫博物院主办,文保科技部承办的"2009东亚文化遗产保护技术国际研讨会"于2009年10月17日至19日在故宫博物院隆重召开。来自日本、韩国、美国、英国、德国、荷兰以及全国各省市的专家、学者和嘉宾200余人齐聚一堂,就文化遗产保护领域的理念、技术及存在的问题进行了深入的探讨。此次大会共收到论文摘要117篇,我部共提交论文摘要16篇。会议期间,各国与会代表坦诚交流,深入探讨,促进了相互了解,更为今后长期的国际交流合作奠定了基础。我部还参加了2009年10月29日在西安曲江国际会展中心开幕的首届"中国国际文物保护博览会",对故宫的文物保护工作进行展示与宣传。在展览期间,科技部工作人员利用展板,双语介绍了故宫传统文物修复技术与现代科技在文物保护修复领域的应用等内容,并通过发放宣传材料,展示文物复制品、播放视频等方式对故宫的相关工作进行了介绍;同时耐心接待参观故宫展位的观众,详细地介绍了故宫的文物修复理念与传统手工技艺及现代科学研究,使观众对故宫的藏品保护有了全面的了解与认识,受到很多观众的关注并获得好评。

为提高整个部门的综合素质及业务水平,人才培养也是我部的工作重点之一。我部派遣专业人员赴杭州学习织绣工艺和理论知识;参加图像分析处理软件的培训与国家文物局举办的文物保护行业标准推广实施培训班,并邀请国内外著名的专家学者到我部讲学,调动了广大专业人员的积极性与主动性,营造了一种宽松和谐、学术气氛浓厚的工作环境,推动了专业技术的进一步发展。

三 非物质文化遗产保护

2010年文保科技部的"传统青铜器修复复制技术""古书画临摹复制技术"两项传统手工技艺被国务院列为"第三批国家级非物质文化遗产"。文保科技部拥有多项传统文物修复技艺,今年以来部门组织专门的会议对非物质文化遗产的继承、发展和有效保护等方面的问题进行讨论,并对申报第四批国家级非物质文化遗产的工作做了相应的安排,对拟申报项目档案和相关资料进行查阅和整理。

为进一步做好非物质文化遗产的保护工作,我部配合中央电视台制作相关专题片,并继续与我院宣教部联合开展资料片《故宫绝活》的摄制工作。

四 文保科技部新址规划

文保科技部西河沿新址建设工作已被列入我院"十二五"发展规划,前期论证工作已经完成。新址室内相关方案的设计工作即将开始,为配合院基建办的西河沿文保科技部新址规划与建设工作,我部安排各业务科室开展了相关的调研考察,为新址内部设置的方案制定进行准备工作。

五 跨年工作计划

（一）2010年工作计划

1. 加强防火安全和文物安全教育，进一步搞好规范化管理。完善文物保护修复档案制度，及时进行文物保护修复档案的撰写、整理与归档。

2. 重视非物质文化遗产保护工作，对传统文物修复技术进行系统整理，为申报国家非物质文化遗产做好准备。积极与宣教部合作拍摄反映我院传统文物修复技术的资料片《故宫绝活》第二部分。

3. 配合院内原状陈列、院里的各项展览和出国文物展览等开展保护修复工作，认真参与乾隆花园保护修复工程。

4. 开展故宫白蚁扩大监控（二期）工作，施工范围包括寿安宫、西三所、慈宁花园、北五所东夹道等区域，总面积为22032平方米。

5. 进一步展开古陶瓷的科技研究工作，按照课题安排进行《古陶瓷物相的X射线衍射全谱拟合定量分析研究》与《清代宫式建筑琉璃构件复制品质量标准》的课题研究。

6. 积极开展文物保护修复的科学研究工作，认真做好各项课题的研究。

7. 促进国内外学术交流、加大人才培养力度，力争在2010年把故宫的文物保护修复工作做得更好！

（二）2011年工作计划

2011年文保科技部计划主要开展和完成以下几方面的工作：

1. 配合相关业务部门完成好日常的文物保护修复与研究工作；

2. 积极开展科研课题申报工作，继续推进现有各项科研课题的研究与结项工作；

3. 继续开展文物保护修复理念的讨论，不断提高文物保护与修复水平；

4. 继续做好非物质文化遗产的保护与传承工作；

5. 继续做好文保科技部新址规划设计工作；

6. 继续做好国家文物局古陶瓷重点科研基地(故宫博物院)学术建设与发展方面的工作。

第九章　年度文物修复综述（2011）

2011年我国文保事业取得了长足的进步，故宫博物院文保科技部紧跟国际国内形势，围绕故宫博物院发展总体规划纲要和科技部的工作职责，在认真抓好安全工作的基础上，完成了日常的各项文物保护修复研究任务，积极开展科研与学术工作、非物质文化遗产的保护与申报、传统文物修复技艺传承保护与发展，积极开展学术交流与合作，注重文物科技队伍的建设与人才的培养，加强部门内部的制度建设。根据故宫博物院文物保护修复需求，加强科技部自身的基础硬件建设。一年来，在文保科技修复人员的共同努力下，取得了可喜的成绩。

第一节　自查安全隐患、制定落实整改措施

根据今年安全工作的特殊情况和文保科技部的工作特点，部门多次召开全部门人员的安全工作会，在自查安全隐患的基础上，制定了相关的整改措施。在此基础上，部门把安全工作的重点放在了各项措施的落实上，分别在防火、防水、防鼠、防盗、安全用电和电器设备管理、恢复会客制度、建立部主任安全值班周制度等方面开展了工作。以期全方位地做好各项安全工作，力争做到安全工作万无一失。

(一)组织召开防火工作报告会

为了加强全部门人员的防火工作意识和防火知识,把防火工作落到实处,7月下旬部门邀请院防火专家、防火科唐国新科长来我部做了关于防火工作的报告。根据我部以古建筑作为文物修复工作室的特点,唐科长特别强调下班后逐级断电的问题、用电设备的定期维护与报废的问题以及在工作室禁止使用私人电器的问题。会后,部门对各个办公室、工作室的用电设备情况进行了检查,对发现的问题提出了处理意见。

(二)重新审核用电设备

自8月始,部门对已在保卫处登记备案的98件用电设备及未备案的用电设备进行了重新审查登记,对废旧设备做了报废处理。

(三)对工作室、实验室的水阀门进行改造

为了防止因水管事故对文物造成损坏,办公室组织人力对部门各工作室、实验室的水阀门进行了改造,做到每个工作室、实验室均设置一个水阀门,使下班后各工作室断水的措施得以落实。

(四)防鼠工作

鉴于科技部文物修复室、实验室存有古书画、木器、漆器、纺织品等易受老鼠咬损的文物,8月初,部门办公室组织人力在部门院落、各工作室及库房内放置了鼠药。

(五)建立健全安全制度

1. 建立部主任安全工作值班周制度。为了加强部门安全工作的力度,部门建立了部主任安全工作值班周制度。三位主任和办公室秘书轮流值班,负责当周各工作日全部门的各项安全工作。

2. 会客制度。针对文保科技部的特殊工作状况,确立了不会客的基本原则和特殊情况下的外来人员接待制度。

3. 开门与钥匙管理制度。建立工作室钥匙管理制度,做到最后一个离开工作室的人,无论离开时间长短,均锁好工作室的门,妥善保管好钥匙。

4. 实验室安全工作。在严格把控新购化学药品的同时,报废了陈积多年的过期化学药品。新建和完善了仪器操作规则。

(六)安全工作明确职责、明确责任人

重新明确部门各区域安全负责人、各工作室安全员和相关职责,并通过部门内部的《工作简报》通报部门全体人员,使安全工作责任到人、职责明确。

第二节　文物保护修复研究工作

年初,部门组织科技部全体人员自上而下、自下而上地对部门职责进行认真的讨论,进一步明确完成好我院的各项文物保护修复研究任务是部门的最主要工作。部门的各项工作要围绕部门职责开展,同时要围绕这一主要任务搞好部门的建设与发展,把不断提高业务工作水平与业务工作质量作为部门的工作方向。

部主任科组长到宫廷部、古器物部、古书画部、古建部等相关业务部门调研,到文物库房实际查看文物的保存状况,了解文物保护修复的任务需求,进一步明确了部门全年的工作任务。

在此基础上,部门调整了各科室的业务工作安排,压缩了外协工作在整个业务工作中的比例,把相关业务部门早些时候送修的文物及时安排到今年的工作中。

(一)完成了院内各筹展组交给的文物修复工作

1. 完成本年度赴国外各项展览的文物修复任务

(1)为赴法国卢浮宫"重扉轻启——明清宫廷生活文物展"除尘、修复书画、漆器、青铜器文物及囊匣画套制作28件。

(2)为赴美国"夏威夷展"修复书画文物6件。

(3)为赴意大利"清代宫廷文物展"除尘、修复书画、漆器、青铜器等文物22件。

(4) 为赴日本"宇野雪村之美展"修复书画文物5件。

(5) 为赴日本"地上的天宫展"修复书画、漆器、木器文物41件。

(6) 为赴日本"国宝观澜——故宫文物精华展"除尘、修复书画、铜器、漆器文物21件。

为上述各项赴国外展览除尘、修复不同质地文物及囊匣制作123件。

2. 完成本年度赴外地展览的文物修复任务

(1) 为赴澳门"山水正宗书画展"修复书画文物6件。

(2) 为赴澳门"故宫珍藏二宋瓷器展"瓷器制作囊匣11个。

(3) 为赴台湾"富春山居展"修复书画文物3件。

(4) 为赴宁夏"清宫藏金银器展"金银器除尘5件,制作囊匣2件。

(5) 为赴福建"明清瓷器精品展"除尘、修复瓷器12件,制作囊匣8个。

(6) 为赴新疆"与祖国永远在一起展"修复书画4件。

(7) 为赴海南"故宫文物展"修复木器文物5件。

为上述各项赴外地展览除尘、修复不同质地文物及囊匣制作56件。

3. 完成院内展览的文物修复任务

(1) 为2011年度大展"兰亭特展"修复书画、木器、漆器文物15件。

(2) 为"2011年第二期历代书画展"修复书画文物8件。

(3) 为"2011年第三期历代书画展"修复书画文物6件。

(4) 为院雕塑展的筹建修复铜鎏金武士像1件。

(5) 为珍宝馆陈列修复金属文物3件。

(6) 为翠云馆、崇敬殿、建福宫、延春阁原状陈列修复木器6件。

(7) 为中正殿藏学中心文物展修复漆器1件。

为上述各项院内展览修复不同质地文物及囊匣制作40件。

在2011年故宫博物院国内外、院内外各项展览中,科技部全年共完成筹展组送不同质地文物除尘、修复及囊匣和画套制作等任务共计217件。

(二)抢救性地修复院藏文物及其他文物

(1)修复毓庆宫贴落17幅。

(2)修复中美合作项目乾隆花园二期贴落8件。

(3)为古书画部大修书画4幅。

(4)为古器物部装裱拓片47张。

(5)修复院藏青铜器9件。

(6)修复院藏钟表文物8件。

(7)修复院藏木器13件。

(8)修复院藏漆器13件。

(9)为院藏文物制作囊匣71个。

此项文物修复及囊匣制作共计190件。

(三)文物保护科技工作

1. 白蚁防治工作。保和殿东庑的白蚁治理工作在正常进行,惇本殿及一期、二期和三期监控区域均未发现新的蚁情。

2. 文物防震工作。已完成库藏文物防震的缓冲和包装材料的调研、筛选和分析检测工作,研究报告已提交文物管理处。

3. 熏蒸与杀虫工作。完成了倦勤斋地毯和木器材料的熏蒸杀虫工作,完成了神武门外文化服务中心办公室的熏蒸杀虫工作。

4. 《七佛说法图》展室环境整治与科研工作。我部与展览部、古书画部相互配合,由我部牵头完成了《七佛说法图》内部展室的环境整治工作。在实现防尘、防紫外线、监控温湿度的情况下,达到了有利于壁画保护、内部观摩与研究的环境要求。立项于2009年的"故宫藏《七佛说法图》保存现状的研究与相关元代揭取壁画的调查"院内科研课题,经过一年多研究已取得阶段性成果。完成了展室内全年温湿度变化规律的观察和整理工作、完成了对整个壁画的拍照记录工作和壁画病害类别的分析鉴定工作。

5. 世界文化遗产地的检测与保护项目。在考察与论证的基础上,完成了环境和气象自动监测站的建立。

6. X射线无损检测。完成了古器物部送测8件佛像的工艺结构检测分析。

7. 纺织品保护。完成了院藏纺织品青色妆花缎龙褂的修复。完成了院图书馆《武英殿聚珍版丛书》近200册书衣修复中的配料染色工作。

8. 中美乾隆花园保护合作项目。完成了倦勤斋、符望阁、竹香馆、玉翠轩等环境监测和镶嵌材料的分析工作。

9. 材料的科技分析。完成了文物保护与修复工作中蜡、软玉、寿山石、象牙、古陶瓷标本、胶粘剂、钟表构件等材料的红外光谱分析。

10. 古陶瓷科研基地科研工作。古陶瓷重点科研基地计划2013年召开宋代五大名窑国际学术讨论会,围绕这一阶段性目标,实验室科研人员分别与基地主任签订了《汝窑窑址标本的科技研究》《院藏宋代官窑瓷器产地的综合研究》《故宫院藏传世哥窑的科技研究》《钧瓷窑变流纹机理分析与研究》《拉曼技术对故宫院藏高温窑瓷釉烧温度的无损分析研究》《河北曲阳定窑遗址考古发掘出土白瓷的工艺技术研究》6个项目合同书。此项研究工作已全面展开。

第三节 科研与学术工作

为了解决文物保护修复与研究工作遇到的难点和瓶颈问题,文保科技部在国家自然科学基金、国家文物局和本院等不同层面申报科研课题,同时为课题的完成提供支持,并督促做好各在研项目的实施。科研课题的申报、实施和完成,锻炼了队伍,提高了科技人员的素质与业务工作水平,科研成果的取得与应用促进了业务工作的深入开展。

(一)科研课题的立项与实施

1. 2011年申报并立项的科研课题

(1) 孔艳菊申报的院内课题《清代铊玉机、铊具的复制及其琢磨技术研究——以两件明清时期玉件的复制为例》。

(2) 李合申报的国家文物局课题《南宋官窑青瓷的科学分析》。

(3) 曲亮申报的国家文物局课题《表面硅烷化处理在铁质文物保护中的应用研究》。

(4) 段鸿莺申报的国家自然科学基金青年基金项目《故宫博物院藏传世哥窑及相关窑址标本的关联研究》。

(5) 雷勇申报的国家自然科学基金面上项目《故宫彩画颜料及绘制工艺的同步辐射无损分析研究》。

(6) 苗建民申报的国家自然科学基金面上项目《拉曼技术对中国古代高温瓷釉烧温度的无损分析研究》。

2. 2011年在研科研课题

(1) 王方承担的院内课题《保存环境对墨的影响研究》。

(2) 雷勇承担的院内课题《故宫藏〈七佛说法图〉保存状况的研究与相关元代揭取壁画的调查》。

(3) 曲亮承担的院内课题《灵沼轩钢铁质构件的保护研究》。

(5) 王允丽承担的院内课题《院藏毛皮类成衣的材质分析研究》。

(6) 王春蕾承担的院内课题《石青色龙袍清洗方法实验研究》。

(7) 侯雁承担的院内课题《中国书画装裱的辅助材料的研究——以轴头为中心》。

(8) 王有亮承担的院内课题《青铜器修复传统拼接技术的科学化研究》。

(9) 郭文林承担的院内课题《数字喷绘和人工临摹结合复制书画》。

(10) 徐建华承担的院内课题《中国古代书画装裱织物研究》。

(11) 刘舜强承担的院内课题《书画装裱浆糊的科学化研究》。

（12）张蕊承担的院内课题《丁观鹏〈画佛及罗汉像十七轴〉的研究与摹制》。

（13）宋纪蓉承担的院内课题《文物保护修复档案的科学化构建》。

（14）康葆强承担的国家文物局课题《古陶瓷物相的 X 射线衍射全谱拟合定量分析研究》。

上述 14 项课题，有的即将结题，有的通过了中期专家验收，还有的课题正处在按计划实施过程中。

（二）学术论文的发表与学术专著的编辑

1. 组织编辑出版三部学术专著

根据部门学术建设规划，分别由于子勇副主任和史宁昌副主任牵头组织相关科室的有关人员撰写"文物底座研究""古书画装裱修复研究""古书画临摹复制研究"等三本学术专著，计划在今后两年内出版。

2. 发表学术论文 16 篇

（1）丁银忠、段鸿莺、康葆强、吴军明、苗建民，《南京报恩寺塔琉璃构件胎体原料来源的科技研究》，《中国陶瓷》，2011 年 1 月，第 47 卷，第 1 期。

（2）周海宽，《明人仿李龙眠绢本人物卷修复工艺探索》，《文物保护与考古科学》，2011 年 2 月，第 1 期。

（3）张晓梅、雷勇、刘思然、刘薇、韩婧，《一种新型聚合物——Carbopol®树脂作为清洗材料的应用研究》，《文物保护与考古科学》，2011 年 2 月，第 1 期。

（4）沈伟，《沈伟印迹》，长江文艺出版社，2011 年 2 月。

（5）段鸿莺、丁银忠、梁国立、窦一村、苗建民，《我国古代建筑琉璃构件胎体化学组成及工艺研究》，《中国陶瓷》，2011 年 4 月，第 47 卷，第 4 期。

（6）田金英、王春蕾，《故宫不同文物环境对部分有机质材料影响的试验研究》，《故宫博物院院刊》，2011 年 5 期。

（7）王允丽、陈扬、殷安妮、房宏俊，《清代羽毛纱材质研究》，《故宫学刊》，2011年总第七辑，2011年6月。

（8）段鸿莺、梁国立、苗建民，《波长色散X射线荧光光谱法测定古陶瓷胎釉中37个主次痕量元素》，《岩矿测试》，2011年6月，第30卷，第3期。

（9）吕团结，《明仿官窑三足鼎的修复》，《文物修复研究》，2011年。

（10）郭文林，《中国古书画修复如何借鉴"最小干预原则"》，《故宫博物院院刊》，2011年7月，第4期。

（11）周海宽，《清方熏〈岁朝百事如意图〉修复工艺探索》，《中国国家博物馆馆刊》，2011年，第4期。

（12）沈伟，《书画作品钤印要略》，《艺术市场》，2011年8月，第8期。

（13）常洁，《清代护法神将图抢救性修复》，《北京文博》，2011年9月。

（14）亓昊楠，《古代钟表的擒纵机构》，《艺术市场》，2011年，第10期。

（15）恽小刚，《故宫文物修复与保护谈略》，《故宫学的范畴体系与方法学术研讨会论文集》，2011年11月。

（16）王允丽，《简述清代宫廷传世纺织品文物的修护方法》，《故宫文物月刊》，345期，2011年12月。

（三）文物保护修复理念的讨论

作为部门学术建设的一项长期工作，继2010年邀请中国文化遗产研究院、中意文物保护修复培训中心主任詹长法研究员做了题为《中西方文物保护修复理念异同比较》的报告之后，今年我们请陆寿麟研究员做了题为《文物保护修复的实践与思考》的专题报告。

（四）学术交流

1. 赴外交流与考察

（1）3月13日—4月8日，古陶瓷重点科研基地实验室侯佳钰，作为参加陕西科技大学承担的科研基地开放课题的成员，随课题负责人王芬教授赴河南禹县考察钧窑遗址，随后赴陕西科技大学参加课题的合作研究。

（2）6月13日—17日，古陶瓷重点科研基地实验室李媛、丁银忠、侯佳钰，赴河南考察汝窑和钧窑，并根据与河南省文物考古研究所签订的合作协议，完成了选取古陶瓷标本的工作。

（3）6月21日—24日，应古陶瓷重点科研基地学术委员会主任朱清时院士的邀请，苗建民主任和侯佳钰赴南方科技大学进行学术交流。

（4）7月1日—8日，古陶瓷重点科研基地实验室丁银忠，作为参加浙江大学承担的科研基地开放课题的成员，赴浙江大学与周少华教授讨论课题研究事宜，并与课题组成员共同考察南宋官窑遗址。

（5）7月26日—29日，雷勇受邀参加在美国西雅图举行的中国博物馆论坛，做了"根据古文献分析结果总结氯铜矿在中国的使用"的大会发言。

（6）7月18日—25日，史宁昌副主任、刘瞬强为西河沿新址规划赴四川省博物馆、陕西省考古所等科研机构考察。

（7）8月31日—9月9日，史宁昌副主任、郝寅栋为西河沿新址规划赴上海博物馆、苏州博物馆、南京博物院、山东省博物馆等科研机构考察。

（8）10月10日—13日，史宁昌副主任、王春蕾、段鸿莺为西河沿新址建设赴甘肃省敦煌研究院考察。

（9）10月24日—31日，修复工作室张克学、王晓军赴苏州、扬州考察漆雕工艺和螺钿加工工艺。

2. 相关机构来院交流与考察

(1) 1月6日—4月30日,河南博物院李耀华到我部古书画装裱修复科学习古书画装裱修复技艺。

(2) 3月1日,国家文物局青铜器保护重点科研基地主任潘路研究员等一行5人,到古陶瓷重点科研基地进行学术交流。

(3) 3月8日,科技基地学术委员会主任朱清时院士访问科研基地,就古陶瓷的真伪鉴定问题提出了指导性意见。

(4) 3月16日,法国卢浮宫拍摄组到我部古钟表修复工作室和古书画装裱修复工作室进行拍摄。

(5) 3月18日,西安碑林博物馆馆长一行4人参观我部古书画装裱修复工作室。

(6) 3月21日,美国特拉华大学Chandra Reedy教授等一行3人访问古陶瓷重点科研基地,并与我部就未来的合作问题进行了讨论。

(7) 3月23日,浙江省龙泉青瓷博物馆副馆长杨冠富研究员到古陶瓷重点科研基地参观交流。

(8) 3月29日—5月10日,西藏博物馆强映次旦在我部业务工作室学习交流。

(9) 4月8日,澳门艺术博物馆中国馆馆长参观古陶瓷重点科研基地实验室。

(10) 4月22日,北京大学考古文博学院胡东波教授一行3人到古陶瓷重点科研基地实验室进行学术交流。

(11) 5月13日,文化遗产研究院中意文物修复培训中心学员一行20人,参观古书画装裱修复工作室。

(12) 5月25日,纽约大学亚洲艺术史兼职教授许湘苓参观古陶瓷重点科研基地实验室。

(13) 5月27日,法国卢浮宫博物馆代表团参观古陶瓷重点科研基地实验室。

（14）6月21日—24日,法国博物馆研究修复中心Sophia Lahlil博士到古陶瓷重点科研基地实验室访问交流。

（15）6月23日,杭州历史博物馆馆长吴晓力一行4人参观古陶瓷重点科研基地实验室。

（16）6月28日—7月29日,香港大学陈颖雅同学及香港浸会大学刘君宇同学到我部古书画临摹科实习,学习古书画临摹技艺。

（17）8月9日,美国EDAX公司中国区总经理李念青与资深工程师夏为民到古陶瓷重点科研基地实验室商讨仪器改进工作。

（18）9月20日,安徽蚌埠机械工程师施先生应苗建民主任邀请,来实验室考察能量色散X射线荧光光谱仪,并与实验室研究人员商讨仪器保护装置问题。

（19）10月25日,北京工业大学蒋毅坚副校长在科研处余辉主任的陪同下,考察古陶瓷重点科研基地实验室。

（20）11月14日—25日,利荣森基金交流项目台北故宫博物院刘芳如,在书画装裱修复科、书画临摹复制科进行学术交流。

（21）11月8日,国博与韩国文物修复专家到古书画装裱修复科考察。

（22）11月15日,全国著名古陶瓷修复专家于爱平等考察瓷器修复工作室。

（23）11月24日,南京博物院文物保护研究所一行5人考察古书画装裱修复工作室和实验室。

（五）科研基地开放课题

古陶瓷保护研究国家文物局重点科研基地（故宫博物院）,自2009年挂牌正式成立以来,根据"开放、流动、联合、竞争"的运行机制和国家文物局的要求,积极开展开放课题的组织工作。继2010年科研基地与陕西科技大学、浙江大学的相关学者签订了开放课题的项目合同书之后,今年又与美国特拉华大学、亚利桑那大学的相关学者签订了开放课题的项目合同书。

第四节　其他重要工作事项

一　非物质文化遗产保护

（一）非遗申报

非物质文化遗产申报工作，虽因文化部在时间安排上做了调整，推迟了原定的申报时间，但我部"中国传统镶嵌修复技术""中国传统囊匣制作技术""中国传统漆器修复技术""传统木器家具修复技术""古钟表传统修复技术"五项传统技艺非遗申报材料的各项准备工作已经就绪。

（二）举办展览

作为非物质文化遗产保护工作的一个方面，我部与展览部合作，计划在2012年举办一期以反映"古书画临摹复制技艺"和"古书画装裱修复技艺"两项非物质文化遗产在故宫继承、保护和发展为主题的专题展览。此项工作由部主任牵头，组成专门的工作小组，该项工作已全面启动。

（三）编辑出版专著

根据部学术建设规划，同时作为非物质文化遗产保护工作的一个方面，由部主任牵头组成了专门的工作小组撰写《古书画装裱修复技术》《古书画临摹复制技术》两本专著，此项工作也已全面启动。

（四）非物质文化遗产代表性传人的推荐

根据文化部的文件，我部组织完成了第四批非物质文化遗产代表性传承人的推荐工作。古书画装裱修复、古书画人工临摹、青铜器修复科的8位科技人员，被推荐为代表性传承人。

（五）师承制

为了使传统文物修复技艺在科技部很好地传承、保护和发展，使文物修复事业得以兴旺发达、后继有人,部门正在开展建立师承制的各项准备工作。

二 建设与发展

通过制度建设、队伍建设、人才培养、基础硬件建设,为部门各项工作的开展奠定基础,为文保科技部各项业务工作的持续发展提供保障。

(一)制度建设

1．部务会制度

部门领导班子建立了每周一召开部务会的制度,由部主任和秘书参加。部门的各项工作均通过部务会讨论决定。

2．工作简报制度

部门内部建立工作简报制度,通过工作简报向文保科技部全体人员通报部门开展和计划实施的主要工作及工作的相关事宜,使科技部的每一个人,都能了解部门的工作计划和要求,在知情的情况下参与科技部的工作。

3．业务工作月报表制度

为了加强部门主任对业务工作进展情况的了解,把握工作节奏,部门建立了业务工作月报表制度,此项工作尽管还处于待完善阶段,但其积极作用已经显现出来。

4．安全责任制度

为了加强安全工作,将各项措施落到实处,部门建立了部主任安全值班周制度,恢复了会客制度。

(二)队伍建设与人才培养

根据院文物保护修复工作的需求,根据部门空编及岗位空缺情况,认真做好年度的新招大学生工作,同时有计划、有针对性地安排在岗科技人员进行专业培训,以期建成一支满足我院文物保护修复研究需要的高水平的专业队伍。

1. 纺织类文物修复工作室陈杨完成了缂丝的修复培训,计划近期开展院藏缂丝文物的修复工作。

2. 我院有35万件套古陶瓷收藏,瓷器修复水平理应处于该领域的前沿位置,为了培养此方面的修复人才,今年安排瓷器修复工作室的王五胜、窦一村两人参加了中国博物馆协会瓷器修复培训班的培训。

3. 为了适应我院象牙类文物的修复需求,安排百宝镶嵌文物修复工作室罗涵、孔艳菊两人到中国工艺美术集团象牙雕刻厂培训。

4. 为了适应我院白蚁及虫害防治工作的需要,安排谷岸赴美国奥肯虫害防治公司培训。

（三）基础建设

1. 西河沿文保科技部新址规划工作

根据文保科技部新址建设工程项目工作进展的需要,我部积极配合基本建设办公室做好相关工作,与基本建设办公室开了两次协调会,沟通情况,汇报我部的新址规划工作的要求与进展。8月底提交了文保科技部业务用房的需求说明和科室用房面积的规划。通过对国内一些文博单位的考察与学习,结合我部职责和院文物保护修复研究工作的实际需求,认真组织各科室讨论研究新址建设的规划方案,对11个工作室和17个实验室使用的主要设备设施、面积需求与装修、暖通与给排水的安排、强弱电的要求,以及各个房间布置平面示意图,都做了详细的设计与说明,初步形成了一个文保科技部新址建设的规划方案,于11月初提交给基本建设办公室。

2. 文物修复工作室的改扩建

为了适应院文物修复工作的需求,部门对木器工作室和漆器工作室进行了改扩建,组建了瓷器修复工作室。工作室条件的改善,为我院赴法国卢浮宫展览中7件大型漆器的修复、中美合作乾隆花园二期项目中大型隔栅的修复创造了必要的条件。

3. 相关硬件设施的改造与整治

在院行政服务中心和古建修缮中心领导的大力支持下,部门对多间文物修复材料库房进行了整治,并对木器修复材料库房古家具残件进行了整理,使一些具有学术价值的木雕残件和珍贵木器材料得到了妥善的保护和安置,做到了便于保管、便于使用、便于研究。为了便于学术活动的开展,部门对废弃不用的原工会活动室着手进行改造,计划将建成集图书文献资料查阅、学术研讨、学术报告、学术会议及部门会议多方面功能于一体的学术活动室。与此同时,对科技部院落进行了整体环境治理,处理废杂物、修缮自行车棚、整治路面,以使科技部的工作人员在整洁、舒心的环境中工作。

三　党团工作

我部门党支部积极开展"创先争优"活动,积极响应院党委关于认真学习贯彻党的十七届六中全会精神的要求,围绕着我部的实际工作,组织学习、认真讨论、凝聚思想、贯彻落实,以更高的文化自觉、更扎实的文化底蕴,做好文物保护修复工作。

在庆祝建党 90 周年的活动中,我部党支部被评为院先进党支部,王有亮被评为文化部优秀共产党员,陈扬被评为院优秀共产党员。

我部分工会积极开展"创建学习性工会,争做知识型职工"的劳动竞赛活动;积极训练和参加广播操比赛的全民健身活动,使大家以健康的身心投入到工作中去,以更好的精神面貌为文保事业做贡献。组织职工赴越南、柬埔寨考察学习。

完成了今年的工会换届工作,经过全部门人员的民主选举,产生了文保科技部第七届分工会。

在本年度五四青年表彰工作中,我部马越被评为院优秀团干部,侯佳钰被评为优秀团员。在文化部优秀团员表彰工作中,我部曲亮被授予 2009—2010 年度"文化部青年岗位能手"的荣誉称号。

本年度,团支部进行了重新组合,新组后的团支部由科技部、古建部、工程管理处、基建办、古建修缮中心五个部门联合组成。选举产生了新一任团支部书记。

四 文保科技部2012年工作计划

1. 配合相关业务部门完成好日常的文物保护修复与研究工作。

2. 根据实际工作需要组织科研课题申报,推进现有课题的实施。

3. 做好非物质文化遗产申报、两项非遗展览和相关专著的编辑出版。

4. 建立和完善师承制工作,做好队伍建设和人才培养工作。

5. 做好文保科技部新址规划设计工作。

6. 做好国家文物局古陶瓷重点科研基地(故宫博物院)学术建设与学术发展方面的工作,做好2013年宋代五大名窑国际学术讨论会的各项筹备工作。

第十章 文物修复三年综述（2012—2014）

2012—2014年文保科技部在故宫党委与主管院长的领导下,在院相关部门的配合下,围绕着为故宫博物院文物保护修复和研究提供有效技术支持这一基本工作方向,在安全工作、日常文物保护修复、科技保护与学术研究、队伍建设与人才培养、基础设施建设、非物质文化遗产保护、党工团等方面积极开展工作,完成了院领导和相关业务部门交办的各项工作任务,各项事业稳步发展。

第一节 安全与规划

一 安全制度抓落实、安全工作不松懈

2011年文保科技部与故宫人一起经历了多事的一年,事故使故宫人更加深刻地认识到了自己的责任,进一步唤起了人们对于安全工作的高度重视。在此过程中,文保科技部根据部门的实际情况,组织召开防火工作报告会、审核用电设备、检查并改造文物修复工作室与实验室的水阀门、布置防鼠工作、进一步明确安全责任人与相关职责、建立会客制度、主任值班周制度等安全工作措施。

步入2012年以来,部门领导班子多次召开会议,分析部门安全工作中存在的问题。部门领导班子认为,在安全工作方面应该说并不缺少相关的制度和措施,关键问题是要抓制度的落实,要对安全工作常抓不懈。文保科技部有其自身工作上的特点,这一特点就是在文保科技部的文物修复工作室和实验室要常态性的放置各类文物,外人进入便会直接接触到这些珍贵的文物,这一点甚至比院里的文物库房存在着更为敏感的文物安全问题。但大家都知道文物库房不可随便出入,而对在科技部院内会客所造成的文物安全问题往往认识不足。针对这一问题,在抓好日常的防火安全和用电安全、坚持主任安全值班周制度、落实已有的各项安全制度的同时,科技部在2012—2014年的安全工作中,重点监督落实了部门的会客制度,杜绝了一切与文保科技部业务工作不直接相关的人员进入科技部。部门主任多次在全部门大会上和科组长会上,强调科技部工作的特殊性、强调落实会客制度的必要性与重要性,要求大家认真执行。在落实会客制度的日常工作中,部门主任以身作则自觉执行,与此同时发现一起纠正一起,使会客制度得到了实实在在的落实和执行。

二 明确任务、制定计划、规划发展方向

为了对2012—2014年的工作任务有一个全面的了解和整体上的把握,年初部门主任、科组长和相关的业务人员多次到宫廷部、古器物部、古书画部、古建部等相关业务部门调研,了解文物保护修复的任务需求,到文物库房实际查看文物的保存状况。在相关部处主任的积极配合下,我们对这几年各部门在展览和院藏文物的一般性修复与抢救性修复工作的需求方面有了清楚的了解,进一步明确了部门三年的工作任务。在此基础上,部门各科室制定了三年工作计划,使日常的文物保护修复工作在主动有序的情况下进行。

经过2011年和2012年对相关业务部门文物保护修复需求的调研,通过对长期以来文物送修情况的资料积累,我们对院藏文物的保护修复

需求有了一个基本的了解,对各类文物的保存状况有了基本的认识,这样的数据资料不仅为部门各科室制订年度工作计划提供了重要的依据,同时也为文保科技部规划未来的发展方向、队伍建设和人才培养提供了重要的数据资料。

第二节　文物保护修复工作

在科技部的业务工作中,科技部始终把对院内外展览的文物修复放在各项业务工作的首位,把对院藏文物的抢救性保护修复放在重要的位置。在三年的工作中,科技部完成了院内外各项展览修复任务和对院藏文物的抢救性修复任务。

一　完成了院内各筹展组交给的文物修复工作

(一) 完成本年度赴国外各项展览的文物修复任务

1. 赴意大利"中国西藏文化展"

(1) 修复金银器文物 7 件:铜鎏金嵌料石镂空塔(故 185385)、铜金刚亥母(故 200590)、紫铜刻花嵌石白救度佛母(故 203381)、紫铜刻花文殊菩萨(故 203380)、紫金大持金刚(故 200492)、紫金狮吼观音菩萨(故 200555)、银塔(故 141329)。

(2) 修复木器文物 4 件:银胎三世达赖喇嘛附件黑漆描金佛龛(故 203434)、硬木葫芦式佛龛(故 200682)、铜镀金嵌料石镂空塔木座(故 185385)、拍板(故 199771)。

2. 赴德国"宫廷文化展"

修复金属文物 3 件:腰铃(故 199766)、铜圆盘日月星辰(故 141945)、嵌珐琅满达(故 185348)。

3. 赴墨西哥"中国与墨西哥玉器文明展"

(1) 修复漆器文物 3 件:碧玉竹椿砚(故 89212)、玉条纹簋式炉(故

93392)、绿松石项链(新135281)。

(2) 修复木器文物2件：白玉龙凤立童水丞(故96315)、碧玉御题元招石鼓文玉册盒(故104229)。为十二生肖(故93576)共12件玉器底座做了清洁保养。

(3) 制作玉器囊匣59件。

4. 赴美国展

修复百宝嵌文物1件：白玉朝珠(故225571)。

(二) 完成本年度赴全国各地展览的文物修复任务

1. 首都博物馆"北京明清文物精品展"

修复金属文物1件：银累丝花篮(故140640)。

2. 赴新疆"故宫文物精品展"

修复金属文物2件：铜镀金甬纽傅钟(故169490－9/12)、铁索子甲(故171199－1/13)。

3. 赴香港"宫廷服饰展"

修复器文物1件：青金石朝珠(故10358)。

4. 赴香港"颐养谢尘嚣——乾隆皇帝的秘密花园"展

(1) 修复漆器百宝镶嵌类文物6件：雕漆杆笔(故135249－5/16)、雕漆杆笔(故135249－6/16)、硬木包镶玉字阮元书七言对联(故199037)、硬木嵌玉十六罗汉像屏(故198952)、硬木玻璃嵌松石玉松竹梅纹插屏(故209588)、硬木玻璃嵌松石玉松竹梅纹插屏(故209589)。

(2) 修复贴落文物2件：乾隆御笔"宁寿宫铭"、乾隆御笔"西方极乐世界安养道场"。

(3) 修复木器文物4件：缂丝罗汉飞锡图(故198922)和缂丝罗汉渡海图挂屏(故198921)、紫檀木框玻璃画三清图插屏(故198739)、硬木框灵芝插屏(故199231)；并完成了缂丝罗汉飞锡图和缂丝罗汉渡海图两件挂屏的除尘工作。

(4) 制作文物囊匣17件。

(5) 修复古书画文物1件：弘历采芝图轴（故6501）。

5. 赴浙江省博物馆"浙派绘画展"

修复古书画文物2件：汪肇起蛟龙图轴（新146305）、史文停舟待月图轴（新146191）。

6. 赴苏州博物馆"沈周大展"

修复书画文物1件：沈周西山雨观图轴（新54752-1/2）。

7. 赴安徽"文房四宝展"

托裱画心20件。

8. 赴澳门"君子比德——故宫藏玉展"

修复木器文物6件：青玉荷叶洗木座（故102947）、白玉念珠所附木座、木盒（故94342）、青玉云龙纹三镶紫檀木冠架（故98481）、青玉御制守人十八应真修册之木匣（故104028）、青玉弥勒佛木座（新129367）、白玉蚩尤杯之木盒（故103818）。

(三) 完成院内展览的文物修复任务

1. 为武英殿第四、五期历代书画展

修复书画文物12件：陈洪绶梅石轴（故5562）、萧云从雪岳谈天轴（新147245）、林逋行书自书诗卷（新146246）、王庞行书七律轴（新181116）、董其昌楷书杜诗轴（新145337）、吴镇草书心经卷（新145228）、法若真草书诗卷（新68879）、王铎行楷书诗卷（新86443）、宋克章草书急就章卷（新98058）、国诠楷书善见律卷（新145906）、紫檀木框玻璃画三清图插屏（故198739）、明代"朱朗芝仙祝寿卷"。

2. 妙笔神工国家非物质文化遗产技艺展

修复书画文物1件：冯忠莲摹《清明上河图》。

二 抢救性地修复院藏文物及日常文物修复

(一) 2012年文物修复

1. 修复百宝镶嵌类文物4件：紫檀柄白玉镂空荷雁三镶如意（故

221659)、紫檀柄白玉镂空花鸟三镶如意(故221670)、紫檀柄白玉鹭莲三镶如意(故221667)、紫檀柄白玉镂雕荷雁三镶如意(故221651)。

2. 修复符望阁雕漆螺钿挂檐板1件。

3. 修复青铜器4件：楚王酓璋戈(新141968)、连弧镜(新131991)、虎纹方镜(新187918)、买车卣(新9396)。

4. 修复符望阁贴落25件：

（1）嘉庆御笔"敷文图志"贴落(故199002)；

（2）墨拓韩干昭皇试马图贴落(故199004)；

（3）乾隆御笔"五载军机"贴落(故199006)；

（4）沈世杰画灵芝松林贴落(故198967)；

（5）魏鹤龄画山水贴落(故198968)；

（6）嘉庆御笔"尼力宣休"贴落(故198974)；

（7）嘉庆御笔"庶汇逢冬"贴落(故198980)；

（8）嘉庆御笔"旭暖风和"贴落(故198990)；

（9）（尚未确认作者）画山水贴落(故198997)；

（10）嘉庆御笔"晋襄君去周"贴落(故198999)；

（11）嘉庆御笔"静寄虚怀"对联贴落(故198983)；

（12）毓庆宫"仲夏书刻"贴落；

（13）毓庆宫"昔年书宝"贴落；

（14）嘉庆"赐额悬堂"贴落；

（15）嘉庆"残匪纸千"贴落；

（16）谢遂画"人物"贴落；

（17）嘉庆御笔"予知不足"贴落；

（18）嘉庆御笔"敷文图志……"贴落(故199002)；

（19）沈世杰画灵芝松林贴落(故198967)；

（20）王继明山水贴落；

（21）嘉庆"几间坐温室……"贴落；

（22）园林仕女贴落（故198913）；

（23）邹喆山水轴（新147114）；

（24）郑燮竹兰石轴（新168243）；

（25）叶澄停琴煮茗卷（新181794）。

5. 为梵华楼30件唐卡更换挂绳。

6. 为古器物部托裱拓片69件。装裱文物复制品10件。

7. 修复院内路线陈列金属文物3件：铜熏炉（故204189）、铜熏炉（故204191）、铜鼎（故204248）。

8. 修复院内基本陈列文物1件：六角七级楼阁式金塔（故201513）。

9. 修复雨花阁原状陈列瓷器五件：

（1）清代嘉庆款绿地粉彩八宝——花（故18600-2/8）；

（2）清代嘉庆款粉彩瓷八宝——螺（故203288-2/8）；

（3）清代嘉庆款粉彩瓷八宝——花（故203288-5/8）；

（4）清代嘉庆款粉彩瓷八宝——肠（故203288-8/8）；

（5）清代霁蓝瓷五供——花觚（故201322）。

10. 修复宫廷部库房瓷器文物藏品2件：

（1）清代胭脂红白里碗（新114290）；

（2）清代黄釉登——盖（故186283）。

11. 修复钟表文物6件：铜镀金嵌螺钿花盆式表（故182689）、铜镀金珐琅瓶式钟（故183462）、铜镀金把镜表一对（故183005、故183006）、铜镀金四豹驮人打时刻钟（故182644）、铜镀金嵌玛瑙乐箱转风轮花表（故182956）。

12. 对皇极殿原状陈列的2件《紫檀顶竖柜》做了清洁保养、完2两件宝座屏风挂钩的制作。

13. 为古书画部制作画套3件：《嘉庆春苑展书图》（故6363）、《袁耀山雨欲来图》（新156582）、《清人画载淳便装像轴》（故6607）。

14. 为古器物部金石组制作90格图章盒51件。

15. 技术复制《妙法莲华经》《张宗苍〈云澜涧阁图〉》等书画文物11件。

16. 为《华山碑》《罗汉像》等书画文物摹印13方。

17. 人工临摹复制丁观鹏尊者像10件。

(二) 2013年文物修复

文物保护与修复工作始终是文保科技部各项业务工作中的重要内容。为保障院内外各项展览如期有序地进行和抢救性修复院内原状陈列及库房文物等,2013年文保科技部修复文物近200件,复制近70件,人工临摹15件,制作画套和文物囊匣94件。

(三) 2014年文物修复

2014年文保科技部修复文物300余件,临摹复制13件,制作画套和文物囊匣209件。周一闭馆日工作,木器、漆器、金石、织绣、书画等人员对太和殿、中和殿、保和殿与乾清宫的文物进行了保护与保养工作,共计100余件。

三 文物保护科技工作

(一) 2012年文物保护科技工作

1. 白蚁防治工作

6月对我院15万平方米白蚁防治和监测区域中1600余个白蚁监控装置进行了检查和维护。保和殿东庑白蚁危害经过2年的治理工作后,本次检查未发现白蚁活体或新的白蚁活动迹象。其他区域也未发现白蚁活体或活动迹象。

2. 普通虫害防治工作

(1) 倦勤斋虫害防治

每月对倦勤斋虫害进行检查,利用昆虫信息素陷阱监测虫害情况。同时开展IGR杀虫剂杀虫效果实验和酶杀菌设备灭菌性能实验。4月会同美方专家,检查乾隆花园虫害防治情况,探讨虫害防治措施。

(2) 熏蒸消毒

3月为宫廷部送修布偶文物熏蒸杀虫;6月为意大利撤展文物(书画部、宫廷部文物)进行消毒处理;6月为国务院办公厅油画做消毒处理。

3. 纺织品保护及生霉文物的清洗保护工作

(1) 完成明黄色缂丝彩云金龙皮朝袍(故45161)的修复工作。

(2) 完成布偶像(故 199754-1/2、故 199754-2/2)的清洗修复工作。

对2件文物进行了杀虫、除尘、修补等工作。

(3) 正在进行卤簿仪仗类文物金节(故1684792)的保护与修复研究工作,现已完成修前照相及清洗工作,目前在做修补工作。

(4) 利用三维视频、红外光谱、X射线荧光光谱仪等技术手段对符望阁漆纱成分进行了检测分析,为漆纱的复制工作提供科学依据。

4. 环境工作

(1)《世界文化遗产地的监测与保护》的研究。

室外陈设材质监测和保存现状评估是故宫世界文化遗产监测工作的一部分。在与古建部业务交流会后,查阅文献资料,形成报告与古建部多次讨论。5月与合作单位反复论证,目前古建部拟履行招标立项程序。

(2) 乾隆花园保护工程的研究工作。

负责倦勤斋室内环境控制系统运行情况的监测,进行数据的整理和分析,发现问题及时处理。今年对建筑后夹道中的两个潮湿源采取有效措施,减少了室外湿气和雨水的渗透。同时,还对符望阁、竹香馆和玉粹轩三处古建筑做全年的温湿度监测,结合现场调查,摸清其环境现状,为下一步实施环境控制提供科学的依据。

(3) 开展展柜微环境控制的研究。

测试了试验柜在不同阀门开度下的空气交换率。

(4) 文物展出环境的调查与评估。

应宫廷部需求,对清帝大婚展和天府永藏展的展柜和展厅的环境状况进行调查并对温湿度进行连续监测,通过调查和监测以及分析,对展出环境做出了客观的评价并提出了合理的建议和改善措施。

(5)展室用防爆玻璃的调查研究工作。

为了使展室玻璃满足防爆要求及博物馆环境标准,查阅文献并联系相关厂家,准备开展模拟实验。

5. 古建科技保护工作

(1)故宫砖墙泛霜问题的研究。

完成了国内外资料的整理,联合古建部在东华门工地选取了实验区域并设计了实验方案,设计了实验室模拟泛霜的技术方案。目前两项实验工作正在准备和开展之中。

(2)乾隆花园保护项目。

完成符望阁金属类构件的分析工作,撰写分析报告一篇,研究论文一篇;完成乾隆花园符望阁彩绘分析和相关英文报告的翻译工作。

(3)与古建部合作进行故宫明代建筑彩画制作工艺的分析研究。

(4)和古器物部联系,对修复后的唐代泥塑保存状况进行回访调查,目前其状态稳定。

6. 红外光谱仪分析方面工作

配合文物修复与保护工作,对陶瓷修复室、木器修复室的修复材料(胶、漆等)和古建保护中防锈层等样品做成分分析,为进一步修复工作提供科学依据。

7. 文物的X射线无损检测工作

配合铜器室和古器物部完成了战国青铜戈和北魏铜鎏金佛座造像等3件青铜器的检测任务。

(二) 2013年文物保护科技工作

文物保护科技工作有序开展,白蚁及其他普通虫害防治按计划实施;纺织品保护与古建科技保护按课题安排如期开展;环境监测与研究按实际工作需要进行;古陶瓷国家重点科研基地有条不紊地按工作计划执行;积极申报国家文物局书画保护修复重点科研基地。

(三)2014年文物保护科技工作

文物保护科技工作有序开展,白蚁及其他普通虫害防治按计划实施;纺织品保护、金属与古建科技保护按课题安排如期开展;环境监测与研究按实际工作需要进行;古陶瓷国家重点科研基地有条不紊地按工作计划执行;积极申报国家文物局书画保护修复重点科研基地。

四 国家文物局古陶瓷重点科研基地的工作

依照国家文物局关于"开放、流动、联合、竞争"的科研基地运行机制,科研基地积极开展学术研究工作。上半年召开了四项开放课题的中期汇报与结项汇报会,各项课题均开展顺利,并取得了较好的阶段性和终结性成果。召开了基地学术委员会年度工作会,对一年多的基地工作进行总结和汇报。宋纪蓉副院长出席了会议,单霁翔院长宴请了各位委员。

科研基地以宋代五大名窑为研究对象,在国家自然科学基金、国家文物局、故宫博物院与基地内部开展不同层面的课题研究。各项课题进展顺利。

五 平安故宫建设

"平安故宫"工程旨在全面提升故宫博物院的文化遗产保护、展示传播和服务观众能力,实现故宫博物院的高水平保护利用和可持续发展,于2013年4月获得国务院批准通过。

(一)积极推进平安故宫合作项目,2013年6月24日—28日举办平安故宫抢救性保护修复合作项目安全培训班;与东城区及苏州王嘉良缂丝世家合作,自8月中旬先后与五家企业联合,启动了五个合作修复工作室,分别是木器家具、车马轿、中和韶月、缂丝和金属修复工作室。

(二)平安故宫合作项目分别与北京市文博发展服务中心、南京云锦研究所、北京御钟坊钟表店、苏州"王嘉良缂丝世家工作室"、北京玉器厂、北京象牙雕刻厂、北京金漆镶嵌有限责任公司、北京珐琅厂、北京汇中好景楼宇清洗有限公司、北京龙顺成中式家具有限公司、北京同兴和古典家具责任有限公司、润石文物建筑保护有限公司、全国白蚁防治中心、宝德风家具有限公司、紫檀博物馆等17家企事业单位开展合作,共59位来自不同种类的专业人员在文保科技部修复工作室进行文物保护修复工作。2014年4月16日下午,故宫博物院召开"平安故宫"工程实施一周年汇报会。院长单霁翔表示,"平安故宫"工程立项一年来,保护修复各类文物共计225件(套),同时,人工临摹复制书画2件、技术复制书画35件。

第三节 科研与学术工作

一 2012年科研与学术工作

2012年文保科技部的科研与学术工作,着重强调科研与故宫博物院文物保护修复与文物研究实际需求之间的关系,提倡和鼓励科研课题的立项与日常学术工作要紧紧围绕科技部的业务工作方向,围绕为院文物保护修复工作提供有效的技术支持而开展。科技部上半年新立项的科研项目、在研项目、年内结题的项目如下:

(一)科研课题的立项与实施

1. 2012年新立项的科研课题

(1)丁银忠2012年在院申报的《汝窑"玛瑙为釉"的科技研究》课题已被批准立项。

(2)苗建民2012年在国家文物局申报的《窑变成因及钧瓷窑变釉形成机理》课题已被批准立项。

(3)雷勇2011年在国家自然科学基金申报的《故宫彩画颜料及绘制工艺的同步辐射无损分析研究》课题已被批准立项,并已启动实施。

（4）段鸿莺2011年在国家自然科学基金申请的《故宫博物院藏传世哥窑及相关窑址标本的关联研究》课题已被批准立项，并已启动实施。

（5）苗建民2011年在国家自然科学基金申报的《拉曼技术对中国古代高温釉瓷釉烧温度的无损分析研究》课题已被批准立项，并已启动实施。

2. 在研项目

（1）王允丽2010年在院立项课题《院藏毛皮类成衣的材质分析研究》正在按计划实施。

（2）雷勇2010年在院立项科研课题《故宫藏〈七佛说法图〉保存状况的研究与相关元代揭取壁画的调查》正在按计划实施。

（3）曲亮2011年在国家文物局课题立项课题《硅烷化表面处理方法在铁质文物保护中的应用研究》正按计划实施。

（4）李合2011年承担的重点科研基地课题《南宋官窑青瓷的科学分析：类群关系和产地的揭示》，已经通过中期专家验收。

（5）孔艳菊于2011年在院立项课题《清代铊机、铊具的复制及琢玉技术研究》，已按照计划基本上完成铊机、铊具的复制工作，该项目将于2014年结题。

3. 年内结题项目

（1）张蕊2008年在院立项课题《丁观鹏〈画佛及罗汉像十七轴〉的研究与摹制》，已基本完成课题的预期目标，将于年底结题。

（2）侯雁于2009年在院立项课题《中国书画辅助材料的研究》，将按照原计划在年内结题。

（3）王春蕾2008年在院立项课题《石青色龙袍清洗方法实验研究》，主要研究工作已经完成，计划年内结题。

（4）王方2007年在院立项课题《保存环境对墨的影响研究》，研究工作已经全部完成，今年9月结题。

（5）曲亮2008年在院立项课题《灵沼轩钢铁质构件的保护研究》，计划年内结题。

（6）康葆强承担的国家文物局课题《古陶瓷物相的全谱拟合 X 射线定量分析研究》已经完成，有待通过结项验收。

（7）王有亮 2008 年承担的院课题《青铜器修复传统拼接技术的科学化研究》，研究任务已基本完成，计划于年底结题。

（8）郭文林 2008 年承担的院课题《数字喷绘与人工结合复制书画》，目前已经完成大部分工作，争取年底结题。

（二）学术论文的发表

1. 亓昊楠，《故宫藏扇扇机器人钟的修复》，《文物报》，2012 年 1 月，总 1998 期。

2. 亓昊楠，《再现清代广造钟表神韵》，《艺术市场》，2012 年，第 1 期。

3. 亓昊楠，《铜镀金牛驮水法转花乐钟的修复》，《艺术市场》，2012 年，第 3 期。

4. 亓昊楠，《故宫收藏的广州钟表》，《文物天地》，2012 年 5 月，总 251 期。

5. 亓昊楠，《浪漫精准的英国古典钟表》，《文物报》，2012 年 6 月，总 2037 期。

6. 曲亮等，《故宫建福宫石质文物保存状况的评价研究》，《文物保护与考古科学》，2012 年，第 2 期。

7. Lei Yong, Copper trihydroxychlorides as pigments in China, Studies in Conseravtion，2012(2)。

8. 雷勇、文明、成小林，《甘肃省永登县连城鲁土司属寺壁画的科学分析和时代研究》，《故宫博物院院刊》，2012 年，第 2 期。

9. 王允丽，《向大师学艺》，《中国文物报》，2012 年 6 月 1 日。

10. 于子勇，《"蜡"在文物保护修复中的功用》，《艺术市场》，2012 年，第 3 期。

11. 罗涵等,《西汉早期出土金缕和丝缕玉衣部分玉料材质及其加工工艺特征管窥》,《文物保护与考古科学》,2012年,第24卷,第2期。

12. 王岩青,《清代唐卡修复与技法研究》,《北京文博》,2012年,第一辑。

二 2013年、2014年学术科研工作简述

2013年、2014年文保科技部开展国家自然科学基金、国家文物局及故宫博物院课题共40项,其中包括新申请获批北京市科委立项重大项目：面向文物保护修复的多维信息获取与应用系统研发。均按计划有序进行科学研究工作,并取得了一定的研究成果。共发表学术论文60多篇。

第四节 其他重要工作事项

一 建设与发展

（一）队伍建设与人才培养

部门领导班子认为,队伍建设人才培养是文物保护科技事业可持续发展和不断向前发展的基础,此项工作始终作为科技部的一项长期工作任务。

根据文物保护修复的实际需求,上半年安排纺织品修复工作室的王旭进行织补修复的技艺培训。培训项目由宫廷部主任和相关专家、文保科技部的主任和相关人员共同商定,以期达到学以致用,学后便可将所学技艺应用到实际的纺织品文物修复工作中。

为了加强国际间的交流与合作,安排古陶瓷重点科研基地科研人员李合赴英国牛津大学科技考古实验室做为期两个月的短期学术访问,以拓宽视野,提高科技人员的学术研究水平与能力。

根据古器物部象牙类文物的修复需求,部门安排百宝镶嵌类文物修

复工作室的罗涵、孔艳菊赴外学习象牙保护修复技术,2013年上半年已经基本完成了技术培训,并针对古器物象牙文物的修复需求,制订了修复方案。队伍建设人才培养是文物保护科技事业可持续发展和不断向前发展的基础。2013年、2014年先后有近20位同事参加各种各样的培训与学习,提高各项技能。积极组织人员参加各种学术交流与活动,赴美国、英国、法国、西班牙、荷兰和德国等国进行学术访问交流;积极参加各种学术会议并做大会发言等。

(二) 基础建设

1. 西河沿文保科技部新址规划工作

根据文保科技部新址建设工程项目工作的进展要求,我部积极准备相关工作,进一步研讨论证,不断调整完善方案,努力做好新址规划。

2012年2月初,宋纪蓉副院长组织科技部科组长会专题研讨新址需求规划方案,发挥大家的智慧,对需求规划细节做了充分的讨论;

2月中旬,宋纪蓉副院长组织科技部和基建办相关负责人讨论新址规划工作,沟通情况,协调工作进展;

3月初,科技部向李季常务副院长汇报文保科技部新址需求规划方案;

3月中旬,就科技部新址规划工作情况向单院长进行了专题汇报;

3月底至5月中旬,根据"关于确定拟建西河沿文物保护综合业务用房使用部门及房屋分配的请示"(基报字[2012]6号)的院领导批示精神,基建办公室与文保科技部做了进一步的沟通,文保科技部组织各科组对文物保护修复需求与功能规划进行了全面认真的讨论,进一步明确了未来文保科技部发展的目标,形成了《文保科技部新址需求与功能规划(草案)》。

5月下旬,依据《文保科技部新址需求与功能规划(草案)》向院提交《关于拟建西河沿文物保护综合业务用房使用的请示》。

2013年,文保科技部西河沿新址建设工程项目工作继续推进,汇总新址需求及功能规划,与基建办、设计院多次协商,明确提出功能需求并提出修改意见。

2014年,文保科技部西河沿新址建设工程项目工作继续推进,汇总新址需求及功能规划,与基建办、设计院多次协商,明确提出功能需求并提出修改意见,积极采购各种实验仪器与做好各种保护修复设备的预算为2016年搬迁做准备;同时主动挖潜改造扩建唐卡修复工作室与金属修复工作室合计105平方米,改善了修复环境。

2. 西玉河文保建设工作

为充分发挥西玉河基地的功能和作用,根据文保科技部实验室和保护修复工作室业务工作的要求,结合西河沿新址建设需求的规划,我部积极开展调研工作,为西玉河基地文物修复建设做好前期准备。

2012年2月底,科技部和基建办相关负责人一同到西玉河基地进行了实地考察,形成了初步的建设意向;

3月初,与相关科组讨论,经部务会研究,形成了西玉河基地初步的文保建设意见,并向宋纪蓉副院长进行汇报。下旬向基建办提交了《关于文保科技部西玉河基地用房申请的报告》。

根据单院长西玉河基地使用的相关指示精神,2012年5月底,专门组织科技部综合工艺科、金石钟表科、书画装裱科、实验室和部办公室等部门对西玉河基地的房屋和设施进行实地考察。组织相关业务人员在对西玉河基地实地考察的基础上,通过研究讨论形成《文保科技部西玉河基地用房规划意见》。规划建立古代陶瓷试验和仿制研究室、建立青铜器复制工作室、建立镶嵌文物保护修复工作室、建立古字画装裱修复培训中心(兼作装裱修复工作室)、建立文物临时保护修复工作室、建立囊匣制作工作室、建立纺织品文物保护修复工作室、建立木器文物保护修复工作室和迁移文物修复原材料库房等八个项目。2013年,根据西玉河基地使用的相关指示精神,建设改造工作室、食堂和宿舍,成功举办了古书画装裱培训班;同时主动挖潜改造扩建织绣和镶嵌修复工作室120

平方米,改善了修复环境。

借助社会力量,外聘专业人员和能工巧匠,通过监理或委托业务形式,开展对文物保护修复工作,解决文物修复人员少与文物类别多、故宫不能动用明火、西河沿文保科技部新址空间不足等问题。

3. 文物资料库房的整理

为了加强对百宝嵌类和木器类文物修复资料的规范化管理,办公室、木器修复工作室、漆器百宝嵌修复工作室,在上半年的工作中,在做好日常文物修复工作的同时,对部门的木器材料库和百宝嵌类文物材料库房进行了清理与整理,使库房材料规整有序,便于使用、便于管理,使较为贵重的材料得到了妥善的保管。同时在新材料购买的问题上,做到了心中有数。

(三)非物质文化遗产保护

为了将非物质文化遗产的保护工作做到实处,在2012年上半年的工作中,部门在非遗保护方面一方面着手筹备建立师承制方面的工作,另一方面重点抓了两项工作。其一,筹办"妙笔神工——国家非物质文化遗产古书画临摹复制与装裱修复技艺展";其二,加强与媒体的沟通与合作,加强媒体方面的宣传工作。

1. 举办展览

在展览部领导与专业人员的指导和帮助下,在古书画部、宣教部、资信中心、外事处、院办和开放部的大力协助下,经过半年多的筹备,"妙笔神工——国家非物质文化遗产古书画临摹复制与装裱修复技艺展"已如期开展,中央电视台、北京电视台、人民日报社、光明日报社等20多家媒体的记者参加了媒体专场展览活动。

2. 媒体宣传工作

在2012年上半年的工作中,科技部与《天津日报》合作开办专栏,对木器文物修复、书画装裱修复、青铜器修复、钟表修复、书画临摹、书画数字喷墨复制、印章摹制、漆器修复、囊匣制作等方面的科技人员进行采访,在《天津日报》做了12篇的专栏报道。与《文物报》合作,在《文物报》开办文物科技专栏,目前已对木器修复工作室、漆器修复工作室、百宝镶嵌类文物修复工作室进行了采访,已发表题为《斧下出神奇:修复宫廷家具的"皇家木匠"》的专栏报道。

2013年为加强非物质文化遗产保护与宣传工作,举办了为期3个月的古书画装裱修复培训班,传授古书画装裱技艺,传承故宫的非遗技艺;积极组织人力申报五项故宫传统技艺申报国家级非物质文化遗产;加强媒体的宣传力度,共接受7家不同的报纸杂志的采访,共有15人次传承人被报道,宣传故宫的非物质文化遗产;加强非物质文化遗产的传承力度,逐步建立师承制。

2014年积极组织人力梳理五项故宫传统技艺申报国家级非物质文化遗产,其中《古钟表修复技艺》获选第四批国家级非物质文化遗产;加强媒体的宣传力度,共接受7家不同的报纸杂志的采访,共有9人次传承人被报道,宣传故宫的非物质文化遗产;加强非物质文化遗产的传承力度,逐步建立与完善师承制。积极筹备2015年平安故宫项目修复成果展,积极组织承办国家文物局古陶瓷培训班。

二 党团工作

以院党委2012年党建工作的总体要求为方向,紧紧围绕我部的行政、业务开展工作。以迎接党的十八大和学习贯彻十八大精神为主线,落实科学发展观,认真学习李洪峰、单霁翔同志在党建、纪检工作会议上的报告。领悟实质,振奋精神,推动事业发展。

继续推进学习型党组织建设,努力深化创先争优活动。激励大家刻苦钻研业务,为大家提供在业务工作中的资料收集的硬件帮助,为每人购置一个移动硬盘,以便更好地开展专业研究。并向党员推荐《大故宫》一书,望大家站在一个更宽泛的角度,大爱故宫。

三 跨年工作计划

（一）2012年下半年文保科技部的工作计划

1. 继续抓好安全工作，进一步落实会客制度。

2. 按照全年业务工作计划，完成好各项业务工作。

3. 进一步完善西河沿新址规划，落实西玉河开发建设的各项工作计划。

4. 继续做好非遗的保护传承工作、做好非遗的申报准备工作、办好"妙笔神工非遗展览"、做好媒体宣传工作、落实师承制的工作。

5. 做好科研课题的实施与结项，积极开展学术研究与合作。

6. 继续做好党工团的工作。

（二）文保科技部2014年工作要点

1. 贯彻落实各项制度，一如既往地做好安全工作。定期进行安全检查，排除安全隐患，杜绝任何安全事故的发生。

2. 按照业务工作计划，配合相关业务部门完成好日常的文物保护修复与研究工作。

3. 做好平安故宫项目的实施工作。进一步完善西河沿新址规划；落实西玉河文物修复工作室的建设；推进文物修复合作项目的实施（与东城区、高校科研单位和其他文物保护机构合作）；准备好2015年的平安故宫项目成果展。

4. 落实修复档案科学化管理；推进文物保护修复研究报告的出版；开展文物保护修复信息化建设。

5. 做好非遗的保护传承工作。做好媒体宣传工作；办好培训班、编辑出版相关展览和书籍；启动和完善师承制的工作；做好队伍建设和人才培养工作（完善结构、加强国内国外合作交流）。

6. 根据实际工作需要，做好科研课题的申报、实施与结项，积极开展学术研究与合作；做好国家文物局古陶瓷重点科研基地（故宫博物院）学术建设与发展方面的工作。

（三）文保科技部2015年工作要点

1. 贯彻落实各项制度，一如既往地做好安全工作。定期进行安全检查，排除安全隐患，杜绝任何安全事故的发生。

2. 按照业务工作计划，配合相关业务部门完成好日常的文物保护修复与研究工作。

3. 做好平安故宫项目的实施工作。进一步完善西河沿新址规划；落实西玉河文物修复工作室的建设；推进文物修复合作项目的实施（与东城区、高校科研单位和其他文物保护机构合作）。

4. 配合院里做好2015年院庆的各项工作。积极筹备并办好2015年的平安故宫项目成果展。

5. 落实修复档案科学化管理；推进文物保护修复研究报告的出版；开展文物保护修复信息化建设。

6. 做好非遗的保护传承工作。做好媒体宣传工作；办好培训班、编辑出版相关展览和书籍；启动和完善师承制的工作；做好队伍建设和人才培养工作（完善结构、加强国内国外合作交流）。

7. 加强国际交流与合作，拟与意大利文物修复高级学院开展油画合作修复；与国际文物修护学会及香港康文署合作建立国际文物修复培训中心并招收第一期学员；与瑞士卡地亚表厂合作开展钟表修复工作等。

8. 根据实际工作需要，做好科研课题的申报、实施与结项，积极开展学术研究与合作；做好国家文物局古陶瓷重点科研基地（故宫博物院）学术建设与发展方面的工作。

第十一章　年度文物修复综述（2015）

文物安全是文物修复与保护等所有工作的前提条件，2015年在寿康宫、咸若馆、延寿堂、临溪亭东、西配临时修复工作室增设专职人员负责门禁系统的安全，进一步加强落实安全工作的管理。对危险化学品重新整理归类，设置新的危险化学品仓库并增设监控。在安全工作之外，2015年文保科技部在文物保护修复与保护科技工作、国际合作、非物质文化遗产保护、队伍与人才建设、科研、基础设施建设等方面积极开展工作，取得了积极成效。

第一节　文物保护修复与保护科技工作

2015年，文保科技部在院领导指导下，相关部门及合作单位的配合下，共计保护修复文物668件，数字复制与人工临摹165件，摹印10方，复制铜印章5枚，制作文物囊匣108件。

一　日常文物修复与复制工作

本年度完成28项文物修复与复制相关任务。
1. 澳大利亚展修复文物8件；

2. 为香港科学馆"西洋奇器清宫科技展"修复包括铜测高弧象限仪、铜镀金测角器在内的各类文物 11 件；

3. 为台北故宫博物院"郎世宁来华三百年特展"修复文物 2 件；

4. 为午门"普天同庆——清代万寿盛典展"修复包括颙琰万寿图、紫檀木雕花嵌螺钿绣寿字纹围屏（32 扇）在内的各类文物 180 件；

5. 修复咸若馆原状陈列文物 127 件；

6. 为"寿康宫原状陈列展"修复包括清人画孝圣宪皇后朝服像轴、掐丝珐琅云蝠纹花篮式壁灯在内的各类文物 47 件；

7. 抢救性保护修复慈宁花园、寿康宫、乾隆花园、毓庆宫等原状陈列文物及库房文物共 30 件；

8. 为"《石渠宝笈》著录书画精品展"修复包括唐寅自书词曲卷在内的各类文物 25 件；

9. 为"常设武备展"修复盔甲 22 件；

10. 为故宫博物院"典藏金银器展"修复合金双龙纽云龙纹编钟在内的文物 22 件；

11. 为"慈宁宫雕塑展"修复包括木雕水月观音菩萨像在内的文物 20 件；

12. 为"珍宝馆常设展"修复包括银覆斛式方形套杯在内的文物 16 件；

13. 为"文物保护修复技艺特展"修复文物 14 件；

14. 为乾隆花园二期工程(符望阁)修复窗扇 12 件；

15. 为"宝蕴楼早期院史展"修复文物 9 件；

16. 为东华门古建筑展览修复五抹紫檀珐琅卡子臣工书画嵌五蝠云龙铜鎏金裙板隔扇在内的文物 8 件；

17. 保护性修复漱芳斋原状陈列文物 14 件；

18. 修复北五所库房文物 5 件；

19. 为"武英殿历代书画陈列（第三轮第一期）"修复包括戴进关山行

旅图轴在内的文物 3 件；

20. 为"汝窑瓷器展"修复文物 2 件；

21. 为"光影百年展"修复文物 2 件；

22. 为"扬州八怪展"修复包括闵真芙蓉鳜鱼轴在内的文物 5 件；

23. 为青岛市博物馆复制印章 5 件；

24. 修复其他文物 84 件（详见附录一）；

25. 古书画人工临摹 72 件；

26. 古书画数字复制 93 件；

27. 摹印 10 方；

28. 制作囊匣 108 件。

二　举办文物保护修复技艺特展

9月25日，在神武门城楼展厅，故宫博物院文物保护修复技艺特展开幕，此展览凝聚了科技部同仁们的心血，同时也是故宫博物院首次举办以文物保护修复为主题的综合性修复技艺和成果展，集中展示了"平安故宫"工程"院藏文物抢救性保护修复"项目两年来的成果。展览共设 11 个单元，展出了包括古书画装裱修复、古书画人工临摹复制、木器修复、实验室、纺织品修复、漆器修复、青铜器（金属文物）修复、陶瓷修复、囊匣制作、钟表修复和百宝镶嵌修复等经过修复后的精品文物。此次展览旨在弘扬传统技艺、普及文物保护知识、为世人揭开文物修复工作的神秘面纱，展览从技艺说明、传统修复传承谱系、文物修复过程和修复案例等几方面进行了说明和展示。展览中分别应用了 ibeacons APP 导览、裸眼 3D 展示屏、眼镜 3D 展示屏等新技术。

三　合作修复

2015 年文保科技部分别与北京龙顺成中式家具有限公司、北京同兴和古典家具责任有限公司、北京金漆镶嵌有限责任公司、北京玉器厂、北京象牙雕刻厂、北京汇中好景楼宇清洗有限公司、廊坊宝德风古典家具有限公司、北京市文博发展服务中心、苏州"王嘉良缂丝世家工作室"、北京珐琅厂等多家企事业单位合作,各种不同种类的专业技术人员在文保科技部、文保科技部北院区业务用房、寿康宫、咸若馆、延寿堂、临溪亭东配、临溪亭西配进行文物保护修复工作,合计修复完成文物76件套(详见附录三)。另外,与陕西历史博物院合作修复寺观揭取壁画的项目正在进行。

四 养心殿保护修复项目

11月4日,根据院里的工作安排,在宋纪蓉副院长的带领下,文保科技部史宁昌主任、雷勇副主任,及木器、书画装裱及唐卡工作组的保护修复人员到养心殿西暖阁佛堂开展前期的调研工作,在宫廷部的配合下,已完成了对该佛堂的木器文物、书画文物、唐卡文物的伤况的了解,同时完成了对36幅唐卡的拍照留存第一手资料,开启了养心殿保护项目的第一步工作。因养心殿的房间偏小,无法进驻过多的保护修复人员,文保科技部把人员分成两组,分不同日期进入不同区域,已完成前期的伤况调查的工作安排表草稿,目前正处于征集意见阶段,并于部门科组长会议中重点强调养心殿项目的重要性,并做好下一步的工作安排。

五 文物保护科技工作

1. 仪器采购

文保科技部陆续购置安装一批先进的文物分析设备,应用于故宫的文物保护与修复工作之中,包括用于彩绘文物、陶瓷、书画、唐卡原位无损分析的开放式显微共聚焦拉曼光谱仪;可对有机质文物、胶结材料、粘结材料、环境有害气体等成分定性定量分析的热裂解—气相色谱—质谱仪;进行文物轻元素成分和深度分析的便携激光诱导击穿光谱仪;用于染料分析和文物色彩测量的紫外可见光分光光度计;可对彩绘文物颜料进行无损定性分析和颜料变色过程评估的光纤光谱仪;用于颜料、宝玉石现场分析的便携拉曼光谱仪;可对无机质文物现场进行无损分析的便携X射线荧光光谱仪;用于文物表层结构图像分析的相干光断层扫描仪;可对彩绘文物绘制和修复工艺研究的可见光/红外光多光谱仪;同时购买和升级了各类光学显微镜等。

文保科技部已着手准备2016年购买大型进口设备,积极做好各项准备工作,目前正在进行论证和政府采购资料的准备。这些具有国际水准先进设备的先后购入和应用,极大提高了文保科技部乃至故宫的科技实力,为故宫文物的保护修复提供了重要的设备支撑,为故宫文物保护修复中心成为国家一流的修复中心奠定基础,同时也有力地推动了与国际著名实验室合作的步伐,为故宫博物院成为世界一流的博物馆提供了技术保障。

2. 虫害防治

(1) 白蚁防治:分别于5月和9月对保和殿东庑白蚁治理区域进行检查。发现3号房东南角木柱存在残余白蚁活动。柱体基部发现白蚁活体10余头,紧贴柱体的白蚁诱集饵料上存在少量白蚁活动痕迹。对发现的活体白蚁,进行了粉剂灭杀处理。其余区域和部位均未发现白蚁活动迹象。

(2) 普通虫害防治:为宫廷部屏风、木箱、寿康宫库房、图书馆戏衣库进行硫酰氟熏蒸杀虫;为武英殿与延禧宫书画展厅、图书馆角楼库房进行消杀防虫处理;为部门修复的32扇屏风熏蒸。

3. 古建保护

(1) 与古建部合作,采用科学分析手段研究东华门天花的制作工艺,科学进行保护材料的筛选实验,设计了东华门天花的保护方案。

(2) 与工程管理处合作,科学分析了永寿宫壁纸的材质与上墙工艺,为永寿宫的内装饰的工艺特点总结提供科学依据。

(3) 与书画部合作进行祭神一库库房壁画病害的初步调查,并对其中一幅壁画块进行详细科学分析和保存状况调查,为之后的保护修复做准备。

4. 环境监测与保护研究

（1）采用 TDLAS 技术终端,在文物展柜外进行展柜内湿度测量的科学研究。

（2）利用国际认可的 Oddy 法进行四周的科学实验,帮助石鼓馆对拟选用的缅甸花梨材料进行了环境评估,明确了其对文物的危害性。

（3）对壁画馆以及乾隆花园内多处原状古建筑的室内环境进行监测：包括完成倦勤斋每日环境数据采集分析、采用 DicksonWare 软件完成乾隆花园三友轩、云光楼、延趣楼等 15 处温湿度环境数据采集,为古建内微环境研究提供基数数据,为相应的及时处置提供依据。

5. 结合保护修复进行的科学研究

（1）进行人面铜甲片的科学分析与保护修复,根据分析结果,设计展览内容,并交付"文物修复成果展"。

（2）分析检测东华门天花、永寿宫壁纸、裱画等十来个纺织品和纸张样品。涉及纺织品纤维材质、织物密度等物理指标以及纸张纤维材质等检测项目。为这些文物的复制和修复提供了有效的技术支持。

（3）利用便携 LIBS,建立高铅定量曲线,进行剥蚀效率与深度的研究,开展珐琅、粉彩、玻璃等样品的测试工作,推动了相关工艺与传统保护技术研究。

（4）开展《宜兴紫砂原料的特征与工艺性质研究》的研究工作。查阅文献 30 篇,对 55 个样品进行差热分析实验、烧失量及熔样法波谱实验、同步热分析实验及全谱拟合 X 射线定量分析。

6. 无损科学分析与检测

（1）利用近红外光谱仪无损定量分析漆器中大漆与桐油的比例,初步建立了生漆与桐油不同比例的无损检测模型,并进行了模拟样品的定量分析。

（2）与中科院遥感所专家合作应用高光谱技术对《崇庆皇太后万寿

图》进行研究，发现该绘画的修改痕迹，无损获得了不同颜料的面分布信息。

（3）使用便携无损 X 射线荧光光谱仪（XRF），为金属、书画、唐卡、陶瓷等文物的研究提供定性与定量信息。

（4）使用最新的相干光断层扫描技术（OCT）对玻璃、陶瓷、珐琅样品进行了初步分析研究，获得了文物表层结构的图像信息，为这几类文物的研究提供了新的科学依据。

（5）配合故宫考古所的考古发掘，使用多种分析方法对故宫考古出土的瓷器、玉器进行科学分析，总结制作工艺的特点。

（6）购进并使用便携软 X 射线拍摄装置对故宫的壁画、家具、彩绘木雕、陶瓷、漆器等文物进行科学分析与检测，并结合彩绘分析技术，为修复提供清晰的内部结构信息和重绘修复历史信息。

（7）配合我院展览，对越窑青瓷进行光学显微、便携 X 荧光分析检测工作；对 85 件南宋官窑瓷片标本进行拍照、记录以及测试工作；对 26 件江西莲花安成侯墓葬出土釉陶标本进行检测工作。

7. 防震领域的研究工作

（1）针对院内文物潜在震害程度以及故宫博物院不同部门职责，进行院内地震应急预案框架编制前期工作。

（2）对院内展厅传统展陈加固措施进行分类调查。

（3）进行故宫地面方砖的抗压承载能力分析。

（4）进行故宫钦安殿防震现状调查，整体防震对策的设计研究。

（5）根据陶瓷馆与书画馆传统展陈状况，进行抗震需求的调查分类研究。

8. 利用各类仪器检测分析待修文物

对端门大漆样品、木器室辽代木雕佛像、铜器室亚□鼎（□代表铭文）文物、镶嵌室宫灯嵌件及胶粘剂、织绣室寿康宫屏风字、实验室棉麻丝毛 20 种不同类别成分进行红外检测分析；收集瓷器室、摹画室和实验室20多种矿物颜料建立便携红外漫反射标准谱。

完成汉代丝织品的成分分析以及显微结构和面扫分析;完成古建部复原乾隆花园的丝织品的分析检测,包括完成丝织品及包裹层的成分分析和结构的观察;配合书画文物修复进行的纸纤维定性分析。

对4块景德镇瓷器标本以及2件现代仿官窑器物进行了能谱分析。利用热膨胀分析仪完成23个浙江原始瓷、印纹硬陶和青瓷胎体的烧成温度的测定工作。对38个陶瓷样品及6个土壤样品进行75微米粉末样品的制作,并将样品送核工业北京地质研究院分析测试研究中心,测试样品中Th、U、K的含量。对原始黑釉陶样品进行扫描电子显微镜观察及拉曼分析,确定釉中氧化铁晶体的类型。对原始瓷釉进行物相分析。

此外其他检测分析工作包括唐卡、寿康宫文物霉菌调查与观测;宫廷部采购囊匣挥发性有害污染物质检测;对铜器室的2件银器的材质及纹饰填充物进行成分、物相及显微结构分析。

9. 辐射安全防护工作

改进探伤设备功能;及时补充和更新射线防护的管理档案、报表、辐射安全检查等;完成文保科技部新址中辐射安全场所环境评价方面的工作:修改设计图、填报相关资料、修改环评报告等。

第二节　修复合作与非遗保护

一　国际保护修复合作

2015年,文保科技部根据自身的文物保护修复需要,多方位的开展保护修复合作,取得了一定成果,具体如下:

(一)与国际文物修护学会共同主办以"预防性保护科学"为主题的第一届专题培训班

国际文物修护学会培训中心(英文简称IIC-ITCC)于2015年9月20日在北京故宫博物院正式揭牌并举办第一届专题培训班,为期6天。

首届培训班以"科学的预防性保护"为主题展开,邀请了来自中国、英国、美国、丹麦、加拿大的 8 位专家前来授课。本期培训班学员共 20 名,其中中国(包括台湾、香港及澳门地区)学员 11 名,外国学员 9 名。中国学员由故宫博物院负责招生,外国学员由国际文物修护学会(IIC)遴选。中国学员分别来自故宫博物院、荆州文物保护中心、中国美术馆、山西博物院、上海博物馆、南京博物院、首都博物馆、台北故宫博物院、台北市立美术馆、香港康文署文物修复处、香港建筑署。国际学员分别来自埃及大埃及博物馆、墨西哥国家人类与历史研究所——瓜达拉哈拉地区博物馆、希腊穆斯林艺术博物馆、澳大利亚悉尼生活博物馆、新西兰坎贝尔保护中心、英国蓝色之路:文物保护咨询公司、加拿大公园管理局、菲律宾服饰博物馆、印度新德里博物馆。

在课程内容方面,本期培训班将聚焦近年来在文化遗产修护及藏品管理领域上极为重要的议题——预防性保护,通过专家讲课、个案研究、工作示范、小组讨论与报告等多元化课程,对学员进行理论与实践方面的培训,使学员充分了解文物保护的当代理论、规范和最佳的应用守则。此外,培训班还将安排学员到故宫博物院文保科技部保护修复工作室及实验室进行实践,了解文物保护工作的具体方法和措施。

本期培训班以开阔的国际视野、丰富的课程内容和多元的授课形式促进了不同地区文物修护工作的业务交流,为国际文物保护修复工作人员提供了一个深化学习、深入讨论和拓展思路的平台。

(二)与瑞士卡地亚拉夏德芳制表厂合作

2015 年 6 月金石钟表组保护修复人员赴瑞士卡地亚进行为期 3 周的修复交流培训任务,期间对手表的拆装、修复与保养进行了系统全方位的学习与交流,拓宽了手表修复的领域,技术上得到了相应的提高;同时在交流期间,与卡地亚修复师们团结协作,取长补短,建立了学术上的长期联系,也为后期卡地亚与故宫合作修复文物钟表的项目奠定了基础;同时也推进了卡地亚在故宫举办展览的进程,圆满完成了卡地亚与故宫钟表修复合作前期的修复培训任务。

（三）参与印度的联合考古发掘

根据我院与印度喀拉拉邦历史研究委员会（KCHR）的合作协议，故宫考古所王睿研究员、冀洛源馆员和文保科技部实验室李合副研究员3人于2015年4月25日至6月6日赴印度进行考古发掘工作。期间，李合主要完成了：对印度喀拉拉邦的相关考古人员进行检测仪器（便携能谱仪）的使用和培训工作；采用便携式能谱仪和显微镜对印度Pattanam考古发掘出土的中国陶瓷样品、印度本地陶器、玻璃等样品进行测试分析工作。

（四）与希腊和意大利文物保护修复研究机构开展合作

通过对希腊电子结构与激光研究所、希腊卫城博物馆、意大利佛罗伦萨硬石文物研究与保护中心、意大利文物修复高级学院、意大利东方国家博物馆等文物保护机构的交流，建立与上述机构、文物保护修复人员、科研人员的学术联系。

通过深入调研希腊电子结构与激光研究所的各项工作和实地考察该所仪器设备的使用情况，在中国科技部、中国驻希腊大使馆科技处、希腊教育文化宗教事务部的支持下，双方将在仪器应用、合作研究、建立联合实验室及联合召开各种学术会议等方面开展合作，目前框架协议正在草拟之中。

与意大利文物修复高级学院达成初步的合作意向，就纸张、纺织品、青铜器、油画等方面均可开展合作。合作方式可以是多种形式的，包括互派人员、共同修复文物、共同举行培训班等。拟于2016年初意大利文物修复高级学院派2名科研人员赴故宫博物院进行为期2周的合作工作。

二　非物质文化遗产保护

（一）积极对外宣传

9月在神武门城楼展厅的"故宫博物院文物保护修复技艺特展"开

幕,对外全面展示了文物修复成果,集中展示了文保科技部非物质文化遗产的传承。书画装裱组积极组织技术人员参加东城区非物质文化遗产项目演示与展览活动,宣传故宫博物院的非物质文化遗产。

(二)加强与媒体的合作

2015年,文保科技部积极面对媒体,加强与媒体的沟通与联系,协助中央电视台拍摄了《探索·发现》节目,协助东城区文化委员会拍摄了东城区非物质文化遗产宣传片,协助北京电视台纪实高清频道拍摄了《口述》栏目,共接受如《上海外滩画报》《新京报》《文汇报》《瞭望东方周刊》《成都商报》《美术报》6家采访,共有21人次传承人被报道,宣传故宫的非物质文化遗产。

(三)赴全国各地非物质文化遗产地考察调研合作项目

根据各科组保护修复项目合作的需要,赴全国各地非物质文化遗产地考察调研合作项目,特别是对国家级非物质文化遗产传统技艺的考察,以加强我院的非物质文化遗产的保护力量。

(四)协助完成《故宫心传》记录专题片拍摄

启动于2010年下半年的《故宫心传》由清华大学清影工作室、杭州潜影文化创意有限公司策划,中央电视台制片,经历了5年的田野调查和各项前期准备工作于2015年4月开始进驻文保科技部拍摄,同年7月完成拍摄,预定于11月10日播出。

本片将分为3集,每集片长52分钟,分别介绍两至三种关系密切的文物修复技艺门类。第一集青铜器钟表陶瓷,第二集木器漆器镶嵌织绣,第三集书画修复临摹及摹印。每一集都将呈现若干具有特殊历史价值的文物在不同门类的密切协作以及最新科技手段的介入下的完整的修复过程,并塑造故宫老中青不同文物保护修复人员的生动群像。

第三节 队伍建设和人才培养

队伍建设人才培养是文物保护科技事业可持续发展的基础,因此这也始终是文保科技部的重要工作内容之一。

（一）人才引进

以"平安故宫"工程项目为基础，以文保科技部新址建设为契机，以文保科技部人才发展五年计划为依据，吸纳高水平的科技保护与修复人员，引进了15名新员工，以名校的博士、硕士毕业生为主，其中一名为博士后出站人员，为文保科技部引进的第二名博士后研究人员。对新入职的15名新员工进行了安全培训，完成了各个科组的轮换，使新员工对文保科技部的日常工作有了全面、深入的认识。

（二）师承制

2015年，文保科技部的师承制进一步完善，其中包括：书画装裱组，确立师徒关系3对，高翔师从徐建华，李沛恒师从单嘉玖，时倩师从杨泽华；金石钟表组，确立师徒关系1对，尚素红师从王有亮；囊匣工作组，确立师徒关系1对，张晶晶师从王金生；木器工作组，确立师徒关系1对，谢扬帆师从史连仓。

（三）学术交流

1. 参加学术会议

（1）5月14日至16日，康葆强受西北大学文化遗产学院邀请参加文物信息提取与分析技术学术研讨会，并做题为《X射线衍射法在文物考古工作中的应用》大会发言。

（2）9月29日，徐建华参加了在故宫博物院兆祥所召开的韩休墓壁画与韩滉《五牛图》学术研讨会。徐建华先生介绍了《五牛图》的修复问题。

（3）10月16日至20日，方小济、张蕊参加第六届西藏考古与艺术国际学术讨论会，方小济做了题为《持国天王唐卡与四臂观音唐卡的对比研究》的大会发言。

（4）10月26日至29日，李合、段鸿莺赴上海参加古陶瓷科学技术国际学术讨论会。

(5) 10月27日至29日,方小济、张蕊参加第十三届全国文物修复技术研讨会,围绕新时期文物修复工作再认识展开了研讨。

(6) 10月30日,张蕊(书画复制组)与我院书画部、器物部、宣教部及科研处等6人共同赴台参加了"激荡与新生——亚欧文化艺术的交流"90周年院庆暨两岸故宫第五届学术研讨会,与会期间发表演讲,获得好评。

2. 举办学术讲座

(1) 3月25日,南开大学现代光学研究所王晓雷教授,在文保科技部会议室作题为《文物保护中的光学技术》的学术讲座;

(2) 2015年9月8日,原国际放射物理学会主席,澳大利亚堪培拉大学Dudley Creagh教授,在延禧宫学术活动室作题为《放射物理在文化遗产保护研究中的应用》的学术讲座;

(3) 10月17日上午,故宫讲坛走进苏州第13讲在故宫学院(苏州)举办。由故宫博物院研究馆员单嘉玖带来"谈书画装裱与品式",整场讲座内容充实,精彩纷呈。前来聆听的热心听众对书画装裱传统工艺兴趣浓厚,大家就相关议题踊跃提问,气氛热烈;

(4) 10月18日,杨泽华作为主讲人参加故宫讲坛第69讲,主讲内容为"传统技艺的执着守护、严谨传承与发扬光大——记《文物保护修复技艺特展》";

(5) 10月21日,古陶瓷保护研究国家文物局重点科研基地学术委员、美国亚利桑那大学范黛华教授在兆祥所对文保科技部及北京大学、北京科技大学约60人开展培训。

3. 新技术应用研究学术交流

(1) 2015年3月31日,邀请了美国WATERS公司介绍液相色谱质谱设备;

(2) 2015年4月1日,邀请了美国安捷伦公司介绍液相色谱质谱设备;

(3) 2015年4月2日,邀请了美国FEI公司介绍场发射扫描电镜设备;

(4) 2015年4月3日,邀请了英国牛津公司介绍扫描电镜EDS和EBSD设备;

(5) 2015年10月12日,邀请了德国布鲁克公司介绍开放式微焦点X射线能谱设备;

(6) 2015年10月12日,邀请了美国安捷伦公司介绍激光烧蚀电感耦合等离子体质谱设备;

(7) 2015年10月13日,邀请了美国PE公司介绍激光烧蚀电感耦合等离子体质谱设备。

4. 赴各地进行学术交流

国家自然科学基金课题《拉曼技术对中国古代高温釉瓷釉烧温度的无损分析研究》,课题组的两位主要成员苗建民、赵兰于2015年5月7日至22日赴西班牙加泰罗尼亚理工大学(简称UPC)和葡萄牙新里斯本大学,就课题开展过程中涉及的硅酸盐玻璃工艺学与物理学的有关理论与实验问题进行了学术交流。通过此次学术交流,课题组在听取与借鉴了国外学者的建议与意见的基础上,重新调整了实验计划,拟在瓷釉的玻璃性质评价、模拟釉烧制制度、还原气氛瓷釉的模拟条件及激光拉曼对玻璃质样品测试条件等方面进一步开展实验研究工作。

我部各个科组人员为保护修复工作需要,赴江西吉安、山东菏泽、重庆、成都、三星堆、山东烟台北极星钟表厂、上海协力卷簧厂、天津海鸥钟表厂、福建莆田、仙游等地,就不同科研与修复项目进行学术访问与交流。

5. 学术人员来访

文保科技部全年接待来自丹麦大使馆、丹麦哥本哈根大学、加拿大安大略省博物馆、新加坡文联、大都会博物馆、国际修复协会培训班、罗马大学等学术机构百余人次到我部进行学术访问交流。

接待来自台北故宫、台湾历史博物馆、香港康文署、工业和信息化部、常州博物馆、陕西历史博物馆、上海视觉艺术学院、上海博物馆、中科院考古所、南开大学光学研究所、首都博物馆、潜山博物馆、淮安博物馆、中国文化遗产研究院油画保护培训班、郑州博物馆、中国钱币博物馆、中国丝绸档案馆（筹）、甘肃天水博物馆、北京市文物保护协会、陶质彩绘文物保护国家文物局重点科研基地（秦始皇兵马俑博物馆）、苏州市相城区文化体育局、南京博物院、上海博物馆等单位和机构上百人次到文保科技部进行学术访问交流。

第四节　科研工作

一　课题项目

（一）已结项课题（1项）

完成自然科学基金面上联合项目《故宫彩画颜料及绘制工艺的同步辐射无损分析研究》的结题工作。

（二）正在进行的课题（20项）

1. 国家文物局课题《硅烷化表面处理方法在铁质文物保护中的应用研究》已进入后期总结分析各项实验的测试数据、整理并撰写课题结题报告和准备课题验收的阶段。

2. 国家自然科学基金课题《拉曼技术对中国古代高温釉瓷釉烧温度的无损分析研究》已完成对汝瓷样品的测试分析工作。

3. 国家自然科学基金课题《故宫博物院藏传世哥窑及相关窑址标本的关联研究》已完成相关实验，进入数据处理及文章的撰写阶段。

4. 国家自然科学基金课题《古陶瓷产地溯源的锶同位素方法初探和应用研究》对景德镇的制瓷原料进行了研究。对江西出土的26件原始瓷和印纹硬陶进行无损分析，制备了杭州老虎洞窑制瓷原料的光薄片并对其显微特征进行观察。

5. 国家文物局课题《窑变成因与钧瓷窑变釉的形成机理》已完成中期实验工作，已展开总结分析各项实验的测试数据、整理并撰写课题结题报告和准备课题验收的相关工作。

6. 故宫博物院课题《宋代青瓷纹片釉技术研究》已完成对汝窑冰裂纹青瓷的场发射扫描电镜观察，并在高放大倍数下发现了釉中分相及不同的晶体形态。

7. 故宫博物院课题《汝官窑青瓷"玛瑙为釉"的科技探讨》正在撰写结题报告和相关论文。

8. 故宫博物院课题《文物展柜微环境的控制研究》与展览部的课题组成员合作，探讨测试了展柜密封度，并针对不同检测空气交换率的方法开展相关实验研究。

9. 故宫博物院科研课题《点翠文物除霉、防霉的方法研究》已完成前期调研工作，正在进行霉菌种类分析、点翠工艺制作研究、收集实验样品等相关工作。

10. 故宫博物院科研课题《院藏清代纺织品染料成分研究》正在进行前期调研工作。

11. 北京市科委立项的重大项目。

（1）文保科技部获北京市科委立项的重大项目是《面向文物保护修复的多维信息获取与应用系统研发》，该项目获批资金1100万元，史宁昌为该项目课题负责人，由文保科技部牵头，分别与首都师范大学太赫兹光电子学教育部重点实验室、力方国际数字科技集团、水晶石数字科技公司合作，针对文物无损检测技术及基于多视图图像的目标3D重建技术进行研究，已解决文物保护工作的一些难题。目前已经利用太赫兹仪器开展彩绘颜料层次的无损调查研究；利用红外热波技术开展铁佛头像、元代壁画木龙骨支撑结构的调查。

（2）文保科技部获北京市科委立项的重大项目《面向文物修复的无损检测技术及交互展示系统研发与应用》，史宁昌为该项目课题负责人。

12. 国家文物局文物保护科技优秀青年研究计划。

文保科技部雷勇为学术申报人的《中国书画材质、工艺与保护的无损分析新技术应用研究》课题，顺利通过国家文物局组织的专家评审，成功入选"国家文物局文物保护科技优秀青年研究计划"。该课题研究时间为5年，项目周期为5年，项目配套经费90万元，自筹经费10万元。拟解决书画修补材料科学化制备与选配、传统修复工艺的改进以及保护方法的改进等一系列的问题。

13. 《古陶瓷产地溯源的锶同位素方法初探和应用研究》，课题负责人为李合。在前期研究的基础上，对四处的陶瓷样品和制瓷原料进行了锶同位素比值测试与ICP-MS测试，并初步分析了实验结果。对杭州南宋官窑的制瓷原料进行淘洗处理，对淘洗后的粗颗粒和细颗粒进行了元素组成和锶同位素比值测试，证明锶同位素比值仍具有良好的古陶瓷产地示踪作用。

14. 《金属离子对纤维的老化作用研究——以印花壁纸为例》，项目负责人为马越。已完成对已揭取的壁纸的分析，包括纸张纤维、颜料、胶结材料等。目前正在整理壁纸保存环境数据，准备模拟实验的材料。

15. 《文物展柜微环境的控制研究》，项目负责人为王方。目前已开展用二氧化碳作为示踪气体测定展柜密封度的实验，验证不同仪器检测密封度的可靠性，并尝试把TDLAS技术应用在文物展柜微环境测试中。

16. 《3D打印在古代残缺青铜器补配修复中的研究》，项目负责人为高飞。目前按照课题研究计划，课题组已经利用3D打印技术完成了故宫古代建筑上铜鎏金配饰的复制工作以及院藏文物人面铜甲片的补配、修复保护工作，并发表相关论文一篇。

17. 《利用近红外光谱新技术无损检测丝织品文物老化程度研究》，项目负责人为谷岸。目前完成了氙灯老化箱、自动运动粘度计等课题研究必备设备的采购工作。通过文献研究和初步试验确定了老化样品制备及老化程度量化实验方法和参数,为下一步正式实验奠定了基础。

18.《养心殿西暖阁佛堂唐卡的保护研究》,项目负责人为方小济,按课题计划如期开展研究工作。现已完成前期的资料查询及收集工作、5个地区37种颜料及两种胶的收集工作、养心殿西暖阁佛堂原状唐卡的前期病害分析。其他各项工作按计划进行。

19.《〈宋人册页〉传统绘画工艺的研究与梳理》,申请人为张蕊,按课题计划有序开展。现已临摹完成数幅《宋人册页》并在进行技法方面的整理,完成了总体的30%。

(三) 新申请院课题

1. 故宫博物院课题《清宫御制"八宝十珍"印泥的修复与仿制研究》,申请人为史宁昌。

2. 故宫博物院课题《天然植物染料褪色研究——以故宫书画和纺织品类文物为例》,申请人为魏乐。

3. 故宫博物院课题《明清宫廷陶瓷修复研究》,申请人为纪东歌。

4. 故宫博物院课题《铜镀金嵌料石升降塔钟机芯的设计与结构原理的研究与制作》,申请人为王津。

5. 故宫博物院课题《院藏清代纺织品染料成分研究》,申请人为王允丽。

二 论文发表情况(39篇)

1. 王允丽,《裘皮及裘皮类文物鉴别方法研究》,文物保护研究成果集萃,安徽科学技术出版社,2015年3月;

2. 王春蕾,《故宫乾隆花园霉菌的调查》,文物保护研究成果集萃,安徽科学技术出版社,2015年3月;

3. 李合,《南宋官窑瓷器的科学分析:类群关系和产地的揭示》,《中国文化遗产》,2015年第1期,第65期;

4. 王允丽、王春蕾,Conservation of a Fur Court Robe of the Qing

Dynasty,Studies in Engineering and Technology,Vol. 2，No. 1，August 2015；

5. 王允丽,《纤维检测在纸质文物研究与修护中的应用》,《艺术品鉴证》,2015 年 8 月,第 4 期；

6. 王允丽,《使用显微镜鉴别纺织与纸质文物纤维的方法比较》,《中国文物报》,2015 年 8 月 21 日；

7. 谷岸、罗涵、杨晓丹,《近红外光谱结合化学计量学无损鉴定软玉产地的可行性研究》,《文物保护与考古科学》,2015 年,第 27 期；

8. 丁银忠,《北京地区明清建筑琉璃构件制作工艺的初步研究》,《故宫学刊》,2015 年,总第十三辑；

9. 李合、丁银忠,A supplement to the non-destructive analysis of Guan wares from the Palace Museum (Beijing) collection based on their body compositions, Archaeometry, Vol. 57, ISSUE Supplement S1, Page 90–109, 2015；

10. 亓昊楠,《故宫藏英国铜镀金自开门音乐钟的修复与研究》,《故宫学刊》,2015 年,总第 13 期；

11. 张潇,《化腐朽为神奇——故宫如意的修复》,《文化月刊》,2015 年 7 月(总第 409 期)；

12. 张潇,《紫檀镶嵌玉花卉宝座围挡的修复》,《紫禁城》学术增刊,2015 年 8 月；

13. 廖安亚,《明清白描人物画解析》,《书画艺术》,2015 年 3 月(总第 153 期)；

14. 屈峰,《故宫博物院藏黄花梨六方扶手椅形制及工艺研究》,《文物天地》,2015 年 4 期(总 286 期)；

15. 屈峰,《一件紫檀嵌粉彩瓷片椅的修复研究》,《故宫博物院院刊》,2015 年 3 期(总 179 期)；

16. 屈峰,《清宫藏罗汉寿字插屏屏心雕刻研究》,《中国国家博物馆

馆刊》,2015年5月刊(总142期);

17. 屈峰,《明清家具的架构系统》,《沈阳故宫博物院院刊》,2015年(总第15辑);

18. 方小济,《〈持国天王画像〉唐卡绘制材料与工艺的科学分析》,《故宫博物院院刊》,2015年3期(总179期);

19. 方小济,《国外笔绘唐卡的修复研究》,《故宫学刊》,总第十四辑;

20. 方小济,《〈清人画乾隆帝普宁寺佛装像〉唐卡的病害研究》,《中国文物保护技术协会第八次学术年会论文集》,科学出版社;

21. 方小济,《国际文物修护学会2014香港会议纪实》,《中国文物科学研究》,2014年12月;

22. 孙鸥,《清宫善本装具的金属镶嵌装饰工艺》,《故宫文物月刊》(总第386期);

23. 孙鸥,《清宫书籍木质装具的镶嵌装饰研究》,《故宫学刊》,总第十三辑;

24. 孙鸥,《电脑雕刻机在镶嵌类文物修复中的应用与思考》,《故宫学刊》,总第十四辑;

25. 孙鸥,《清代硬木嵌碧玉透雕寿字花卉纹圆盒的修复》,《紫禁城》,2015学术增刊;

26. 孙鸥,《清宫藏镶嵌玉石文物中一对"紫檀嵌铜玉镂雕福寿长方盒"的修复探讨》,《中国文物保护技术协会第八次学术年会论文集》,科学出版社;

27. 李敬源,《清宫御制木楼亭式钟的鉴赏与修复》,《艺术市场》,2015年第6期(总第221期);

28. 李敬源,《清代硬木亭式龛的修复与研究》,《文物天地》,2015年第7期(289期);

29. 李敬源,《沉香木雕罗汉寿字插屏的修复》,《紫禁城》,2015年学术增刊;

30. 张旭光,《张掖市博物馆藏明代正统皇帝圣旨的修复——兼谈蜡笺纸类文物的修复》,《紫禁城》,2015年学术增刊;

31. 丁银忠,《北京地区明清建筑琉璃构件制作工艺的初步研究》,《故宫学刊》,总第十三辑;

32. 王红梅,《浅谈清焦秉贞〈观瀑图〉轴的保护与修复》,《紫禁城》,2015年学术增刊;

33. 孔艳菊,《麋角解——记一件鹿角交椅的养护》,《紫禁城》,2015年8期(总247期);

34. 宋旸,《清代包装——如意云头书套的工艺》,《艺术市场》,2015年4期(总215期);

35. 宋旸,《从两则文物囊匣补配制作实例看文物囊匣艺术》,《紫禁城》,2015年学术增刊;

36. 陈杨,《记万寿五彩添漆围屏的修复》,《紫禁城》,故宫出版社,2015年10月;

37. 陈杨、曲婷婷,《对清"绣字康熙帝御笔万寿无疆匾"的修复保护研究》,《故宫博物院90年暨万寿盛典学术研讨会论文集》,故宫学研究所,2015年10月;

38. 李鹿,《故宫影像文物保护浅谈》,《紫禁城》,故宫出版社,2015年6月;

39. 税午阳、周全明、高飞、曲亮,《一种结构对称的破碎青铜文物的数字修复方法》,《文物保护与考古科学》,2015年11月。

三 宋代五大名窑科学技术国际学术讨论会

2015年10月22日、23日,由故宫博物院主办,古陶瓷保护研究国家文物局重点科研基地承办的"宋代五大名窑科学技术国际学术讨论会"在故宫建福宫敬胜斋会议室举行。此次讨论会为科研基地自成立以来举办的首次国际学术讨论会,共收到56篇学术论文(其中古陶瓷科研基地研究人员提交论文9篇),有24位学者做大会发言。与会代表既有高校、研究所及博物馆利用科学技术方法开展古陶瓷研究的自然科学工作者,也有考古、博物馆的人文科学的工作者,还有多位直接制作五大名窑瓷器的工艺美术大师。会议由宋纪蓉副院长主持开幕仪式,单霁翔院长致开幕辞。邀请嘉宾包括故宫博物院研究员耿宝昌先生,中国科学院院士朱清时院士,美国亚利桑那大学Pamela Vandiver(范黛华)教授,中国古陶瓷学会会长王莉英女士。

第五节 其他重要工作事项

一 基础设施建设与改造

根据文保科技部新址建设工程项目工作的进展要求,我部积极与基建办等有关部门沟通协作,认真梳理、汇总问题并提出解决方案。积极配合新址方案中新增加动力配电室,重新及时调整工作室布局与设计方案,保障文保科技部新址建设顺利进行。积极采购各种实验仪器及高精度恒温恒湿设备,增加CT等设备,为2016年搬迁做好准备。

完成对原库房(寿康宫后殿西北侧房东附小房)的装修改造,改为壁画修复工作室;完成对数字复制工作室的内部翻修改造工作;配合相关部门完成了北院区的规划。

二 2016年工作计划

1. 贯彻落实各项制度,一如既往地做好安全工作。定期进行安全检查,排除安全隐患,杜绝任何安全事故的发生。

2. 按照业务工作计划,配合相关业务部门完成好日常的文物保护修复与研究工作。

3. 做好"平安故宫"项目的实施工作。积极拓展文物修复合作项目的实施;做好科技部新址内部装修、实验仪器设备采购、修复辅助设备采购等工作；配合相关部门做好北院区文物修复中心的规划、深化设计工作。

4. 落实修复档案科学化管理；推进文物保护修复研究报告的出版；开展文物保护修复信息化建设。

5. 做好非遗的保护传承工作。做好媒体宣传工作；办好培训班与相关展览；完善师承制的实施工作。

6. 落实文保科技部应就未来五年计划发展到200人的规模，吸纳高水平的科技保护与修复人员，引进新人应以名校的博士、硕士毕业生为主的规划。做好队伍建设和人才培养工作。

7. 加强国际合作与对外交流。贯彻落实成立国际文物修护学会中国分会的筹备工作，准备参加国际文物修护学会第二十六届年会，签署与希腊光学研究所的合作协议，积极开拓与意大利文物修复高级学院开展油画修复等相关合作。持续推进与卡地亚的合作项目，安排好2015年的合作修复和技术培训工作。

8. 做好养心殿区域可移动文物的勘察工作及整体规划，安排开展养心殿文物保护修复工作。

9. 根据实际工作需要，做好科研课题的申报、实施与结项，积极开展学术研究与合作；做好国家文物局古陶瓷重点科研基地（故宫博物院）学术建设与发展方面的工作。

第十二章 文物保护修复与保护科技工作综述（2016）

2016年文保科技部围绕我院"平安故宫"工程项目和文保科技部的主要职责,在安全工作、文物保护修复与保护科技工作、国际合作、非物质文化遗产保护、队伍与人才建设、科研、基础设施建设等方面积极开展工作,与院相关部门积极配合,圆满地完成了院里交办的各项工作任务。

2016年文保科技部高度重视各项安全工作,部门多次召开安全工作会议,传达院里的各项安全工作精神,适时安排各项安全工作,认真安排人员参加院举办的各项安全培训。在日常防火、用电安全、文物安全等方面严格落实"谁使用谁负责,谁在岗谁负责"的安全责任制度。严抓安全制度落实,坚持主任安全值班周制度、钥匙领用管理制度、封门制度、安全员制度、库房管理制度、文物点交制度、文物修复工作管理办法等各项安全规章制度。始终坚持落实部门的不会客制度,做好文保科技部业务交流人员登记表的登记工作,杜绝一切与文保科技部业务工作不相关的人员进入文保科技部。在延寿堂、景福宫、毓庆宫临时修复工作室增设专职人员负责门禁系统的安全,进一步加强落实安全工作的管理。

持续对文保科技部全体职工进行宣传教育,提高警惕,增强法制观念并做好防火、防盗、防爆炸、防破坏的"四防"工作,提高职工的防火意识,安全用电意识、文物安全意识及防盗意识等。积极安排各科室定期开展关于防火、用电、化学试剂和管制刀具的安全自查,做到各个工作室安全工作责任到人,严格遵守各项安全规章制度,每天对门、窗、锁、水、电、文物等进行安全检查;部门定期进行安全排查,每逢节假日进行安全大检查,全方位地做好各项安全工作,排除任何安全死角,力争做到无任何安全隐患。

2016年,在文物修复部门全体职工的努力下,在故宫博物院领导指导下,在相关部门及合作单位的配合下,共计保护修复文物701件,包括文保科技部日程保护保养修复文物530件,合作修复171件;数字喷绘复制19件/套,扫描143件/套;制作文物囊匣125件;制作文物画套15件。

第一节 日常文物修复与复制工作

一 木器文物修复工作室修复文物52件

1. 竹雕牡丹纹如意1件(资120487);
2. 金漆雕龙纹宝座1件(故00208844　未定级);
3. 青玉盘螭纽"宜子孙"章盒1件(故00166076　未定级);
4. 碧玉交龙纽"道光御笔之宝"1件(故00165921　未定级);
5. 青田石"东皇善赐无量寿"印1件(故00167878 – 1/60　未定级);
6. 红木椅1件(资593);
7. 红木炕几1件(资595);
8. 木观音1件(故189203);
9. 紫檀木嵌玉石花卉纹柜1件(故207651　二级);
10. 木雕佛坐像1件(新131432　未定级);
11. 沉香木雕菩萨立像1件(故831　三级);
12. 花梨木边嵌珐琅寿字花卉图挂屏1件(故210260　未定级);

13. 青玉带盖僧帽壶1件(故99557　未定级);

14. 木嵌玉九九如意1件(故00123825-1/9-9/9);

15. 八仙庆寿图刻"万福攸同"如意1件(故00123266　二级乙);

16. 硬木方几1件(故00201793　未定级);

17. 阿桂书弘历万寿菊诗册(盒)1件(故00002378　未定级);

18. 穿珠堆绫密集金刚像轴1件(故00202103-2/3、3/3　未定级);

19. 玻璃挂镜1件(故00201795　未定级);

20. 紫漆描金四藏书屋文具匣1件(故00135249-1/16　二级甲);

21. 紫檀木边嵌玉花卉图挂屏1件(故00209914　未定级);

22. 紫檀木边嵌玉花卉图挂屏1件(故00209913　二级);

23. 紫檀木嵌玉炕几1件(故002207046);

24. 硬木"吉祥如意"四字柄单镶如意1件(故00123435　二级乙);

25. 橄榄核透雕人物图刻诗小舟1件(故00122201　二级乙);

26. 紫檀雕水纹柄嵌白玉三镶如意1件(故00221624　二级乙);

27. 天然木雕灵福纹嵌五彩瓷如意1件(新00077321　二级乙);

28. 紫檀木嵌玻璃四方挂灯1件(故00182140　未定级);

29. 紫檀木杆宫扇1件(故00210976-2/2　未定级);

30. 紫檀木边座"爱乌罕四骏图"小插屏1件(故00209523　未定级);

31. 景泰蓝面紫檀方凳1件(故221992　未定级);

32. 紫檀木光素架几案1件(故00199618　未定级);

33. 木雕菩萨立像1件(新39194　二级);

34. 红木大理石面茶几2件(资595);

35. 花几1件(新936881);

36. 紫檀嵌玉石花卉纹柜1件;

37. 木楼嵌螺钿五塔钟1件(故183448　未定级);

38. 花几1件;

39. 紫檀木边嵌珐琅花卉图挂屏2件(故210601、故210602　未

233

定级）；

40. 红木边座染牙花篮大插屏 2 件；

41. 紫檀木雕花纹长桌 1 件（故 206070　二级）；

42. 红木花篮椅 6 件；

43. 紫檀木炕几 1 件（故 206977　二级）；

44. 紫檀木席心嵌黄杨木床 1 件（故 208846　二级）。

二　漆器文物修复工作室保护修复 25 件

1. 黑漆多宝格 1 件（故 207596　未定级）；

2. 紫漆嵌牙甸梳妆台 1 件（故 208986　未定级）；

3. 剔彩菊花纹圆盒 1 件（故 115358　二级甲）；

4. 梁福兴款剔红菊蟹纹海棠式盘 1 件（新 93192　二级乙）；

5. 乾隆款剔红双面菊花纹圆盒 1 件（故 108394　二级乙）；

6. 黑漆描金海马纹长方香几 1 件（故 00112514　二级乙）；

7. 金漆仙鹤纹亭 1 件（故 00114526　三级）；

8. 文渊阁宝座 1 件；

9. 剔红双龙捧寿纹方盘 1 件（故 00108417　二级甲）；

10. 青玉"御制九符"册 1 件（故 00104364　二级乙）；

11. 紫檀木嵌玉石花卉纹柜 1 件（故 207651　二级）；

12. 金漆山水楼阁图圆罐 1 件（故 00114468 - 13/13　二级乙）；

13. 红漆描金折枝花果纹盖碗 1 件（故 00113570 - 1/10　二级乙）；

14. 黑漆描金山水图扁圆提梁壶 1 件（故 00111947　二级乙）；

15. 剔红几 1 件（故 207282　一级甲）；

16. 木雕金漆彩绘观音坐像 1 件（新 62220　二级）；

17. 黑漆嵌螺钿牡丹纹长方盘 1 件（新 51608　二级甲）；

18. 木雕金漆佛坐像 1 件（新 62218　三级）；

19. 皮胎描彩漆牡丹纹葵瓣式盘 1 件（新 143672　二级乙）；

20. 款彩爱鹅图插屏 1 件(新 00115488　二级乙);

21. 款彩游月宫图插屏 1 件(新 00115489　二级乙);

22. 款彩题壁图插屏 1 件(新 00115490　二级乙);

23. 款彩加官晋爵图插屏 1 件(新 00115491　二级乙);

24. 款彩觐君图插屏 1 件(新 00115492　二级乙);

25. 款彩爱菊图插屏 1 件(新 00115487　二级乙)。

三　镶嵌文物修复工作室保护修复文物 152 件

1. 象牙染雕山水花卉纹葵花式盒 1 件(故 123905　三级);

2. 象牙染雕山水人物花果纹葵花式盒 1 件(故 123908　三级);

3. 金嵌宝石朝冠耳炉 1 件(新 7275　一级乙);

4. 金嵌翠碧玺四孔花插 1 件(故 11667　未定级);

5. 金嵌珠宝护身佛窝 1 件(故 10470　未定级);

6. 金累丝嵌松石斋戒牌 1 件(故 11627　未定级);

7. 金嵌松石佛龛 1 件(故 10479　未定级);

8. 金累丝万年如意 60 件(故 11686);

9. 青玉镂雕龙凤牡丹纹花熏 1 件(故 86696　一级乙);

10. 白玉透雕牡丹纹嵌件 1 件(故 221794　二级乙);

11. 青玉透雕龙凤牡丹纹炉顶 1 件(故 231886　二级乙);

12. 白玉透雕花鸟纹炉顶 1 件(故 231557　二级乙);

13. 青玉蟠螭纹透雕牡丹柄洗 1 件(故 96221　二级乙);

14. 画珐琅盆珊瑚玉石玻璃牡丹盆景 1 件(故 126263　未定级);

15. 青玉透雕龙穿牡丹纹嵌饰 1 件(新 200656　二级乙);

16. 银镀金嵌珠石项圈 1 件(故 71629　二级);

17. 铜镀金嵌珊瑚钉珠项圈 1 件(故 71628　三级);

18. 银镀金点翠嵌料珊瑚蜻蜓纹簪 1 件(故 225683　三级);

19. 银镀金点翠嵌料珊瑚蜻蜓纹簪 1 件(故 225684　三级);

20. 银镀金点翠穿珠流苏 1 件(故 10398　二级甲);
21. 沉香嵌珠扁方 1 件(故 225542　三级);
22. 紫檀木嵌玉石花卉纹柜 1 件(故 207651　二级);
23. 紫檀木嵌玉石花卉纹柜 1 件(故 207652　二级);
24. 紫漆嵌牙甸梳妆台 1 件(故 208986　未定级);
25. 紫檀木边嵌牙鹤鹿图挂屏 1 件(故 209879　未定级);
26. 紫檀木边嵌牙鹤鹿图挂屏 1 件(故 209880　未定级);
27. 紫檀木边座碧玉云龙纹插屏 1 件(故 209163　未定级);
28. 紫檀木边座碧玉云龙纹插屏 1 件(故 209164　未定级);
29. 硬木嵌白玉雕菊花纹三镶如意 1 件(故 123526　二级乙);
30. 象牙雕菊石柳鹅图臂搁 1 件(新 136425　二级乙);
31. 粉彩桃蝠纹盆珊瑚菊花盆景 1 件(故 126274　二级乙);
32. 粉彩桃蝠纹盆珊瑚菊花盆景 1 件(故 126275　二级乙);
33. 仿哥釉盆玉石菊花盆景 1 件(故 126589　二级乙);
34. 象牙雕十二月花神—菊 1 件(新 23053-9/12　二级乙);
35. 点翠嵌珠石金龙凤冠 1 件(新 111628　二级甲);
36. 金凤貂皮皇后冬朝冠 1 件(故 59793　未定级);
37. 金累丝嵌珠宝凤纹钿 1 件(故 12190　未定级);
38. 金累丝九凤钿口 1 件(故 12051　未定级);
39. 金镶珠宝双龙挑头 1 件(故 12076　未定级);
40. 金镶珠石圆花 1 件(故 12070　未定级);
41. 金镶珠石圆花 1 件(故 12071　未定级);
42. 银镀金点翠穿珠流苏 1 件(故 10389　二级甲);
43. 银镀金点翠穿珠流苏 1 件(故 10390　未定级);
44. 金嵌珠松石楼式龛 1 件(故 11740　一级);
45. 金嵌珍珠宝石八角覆钵式塔 1 件(故 221585　一级乙);
46. 金累丝嵌宝塔 1 件(故 201509　一级乙);

47. 乾隆款金胎绿珐琅高足带托盖碗 1 件(新 7284　一级乙);
48. 乾隆款金嵌珠石金瓯永固杯 1 件(故 11674　未定级);
49. 錾胎珐琅筒式盆碧玉万年青盆景 1 件(故 126639　未定级);
50. 金镶东珠耳环 1 件(新 156226-1/2　三级);
51. 金镶东珠耳环 1 件(新 156226-2/2　三级);
52. 金嵌碧玺桃蝠纹簪 1 件(故 12035　未定级);
53. 乾隆款白玉爵 1 件(故 91500　二级乙);
54. 青玉栖霞全图山子 1 件(故 96175　二级乙);
55. 金嵌东珠宝石帽顶 1 件(故 11777　未定级);
56. 金镶宝石蜻蜓簪 1 件(故 12115　未定级);
57. 蓝宝石簪 1 件(故 10037　三级);
58. 金嵌珠镂空扁方 1 件(故 12127　未定级);
59. 翡翠耳环 1 件(故 105707　二级乙);
60. 银镶珊瑚项圈 1 件(故 10034　三级);
61. 东珠朝珠 1 件(故 10380　一级乙);
62. 金嵌珠宝长方盒 1 件(故 9984　二级甲);
63. 金累丝嵌松石盘 1 件(故 11581　未定级);
64. 金胎画珐琅人物图杯盘 1 件(故 11585　一级甲);
65. 金胎嵌画珐琅执壶 1 件(故 11449　一级甲);
66. 金胎嵌画珐琅执壶 1 件(故 11459　一级甲);
67. 金胎珊瑚云龙福寿纹桃式盒 1 件(故 11646　未定级);
68. 翠花蝶叶形佩 1 件(故 9673　二级甲);
69. 碧玺松鼠葡萄纹佩 1 件(故 105492　二级甲);
70. 碧玺带翠瓜形佩 1 件(故 9958　一级乙);
71. 金胎镂空嵌松石扳指盒 1 件(故 11105　未定级);
72. 金嵌松石火镰 1 件(故 11730　未定级);
73. 金錾梅花嵌珠宝带瓦 1 件(故 12014　未定级);

74. 白金镶蓝宝石戒指1件(新156269　三级);

75. 乾隆款嵌玉帽架1件(故103110　二级乙);

76. 青玉云蝠五谷丰登图如意1件(故103067　二级乙);

77. 青玉云蝠五谷丰登图如意1件(故103066　二级乙);

78. 青玉麒麟献瑞卧牛1件(故103210　二级乙);

79. 青玉麒麟吐书鹤鹿图山子1件(故0103177　二级乙);

80. 乾隆御题瑞石古洞青玉山子1件(故89894　二级乙);

81. 紫红色杂宝团松竹梅纹织金缎1件(故16440　二级);

82. 乾隆题诗黄玉牛1件(故103844　二级乙);

83. 红白玛瑙刻诗桃桩式花插1件(故105948　二级乙);

84. 带皮青玉巧作云龙纹洗1件(故102889　二级乙);

85. 青玉勾云兽面蝉纹瑁1件(故87354　二级乙);

86. 象牙管万国来朝紫毫笔1件(故133033　未定级);

87. 青玉子母狮1件(故103229　二级乙);

88. 青白玉光素盖碗1件(故88544　二级乙);

89. 剔红海棠式盆蜜蜡柿树盆景1件(故126659　二级乙);

90. 錾胎珐琅筒式盆碧玉万年青盆景1件(故126638　未定级);

91. 青玉管笔1件(故133549　二级);

92. 青玉雕松竹梅管笔1件(故133548　二级乙);

93. 青玉透雕仙人乘槎1件(故103301　二级乙)。

四　纺织品文物修复工作室保护修复27件

1. 绣花旗鞋1件;

2. 缂丝绵字挂屏1件(故201198);

3. 宫灯灯穗16件;

4. 寿山石"益寿何须九转丹"章1件(故00167128　未定级);

5. 硬木框缂丝花卉图挂屏1件(故00201742　未定级);

6. 穿珠堆绫雅曼达嘎像轴1件(故00202103-1/3　未定级);

7. 穿珠堆绫密集金刚像轴1件(故00202103-2/3　未定级);

8. 穿珠堆绫上乐金刚像轴1件(故00202103-3/3　未定级);

9. 鹅黄色江绸绣云蝠勾莲夔纹迎手1件(故00074681-3/4二级);

10. 鹅黄色江绸绣云蝠勾莲夔纹迎手1件(故00074681-4/4二级);

11. 明黄色缎绣凤平金龙喜字纹迎手1件(故74770-1/2　三级);

12. 明黄色缎绣凤平金龙喜字纹迎手1件(故74770-2/2　三级)。

五　金属文物修复工作室保护修复104件

1. 铜鎏金上乐金刚1件(故00201959　未定级);

2. 铜鎏金上乐金刚1件(故00201970　未定级);

3. 铜鎏金上乐金刚1件(故00201971　未定级);

4. 铜鎏金上乐金刚1件(故00201981　未定级);

5. 铜鎏金绿救度佛母1件(故00201958　未定级);

6. 铜鎏金绿救度佛母1件(故00201960　未定级);

7. 画珐琅勾莲纹五供5件(故00201770-1/5-5/5　未定级);

8. 银镀金嵌松石八宝8件(故00201998-1/8-8/8　未定级);

9. 铜空行佛母1件(故00201762　未定级);

10. 铜空行佛母1件(故00201946　未定级);

11. 包金顶银上乐坛城1件(故00201792　未定级);

12. 梵铜白救度佛母1件(故00201947　未定级);

13. 铜观音菩萨1件(故00201951　未定级);

14. 梵铜金刚亥母1件(故00201954　未定级);

15. 梵铜威罗瓦金刚1件(故00201974　未定级);

16. 铜鎏金勇保护法1件(故00201977　未定级);

17. 梵铜密集金刚 1 件（故 00201973　未定级）；

18. 铜拉玛佛母 1 件（故 00201764　未定级）；

19. 铜查机尼佛母 1 件（故 00201763　未定级）；

20. 铜堪楂拉希佛母 1 件（故 00201766　未定级）；

21. 铜噜偪尼佛母 1 件（故 00201767　未定级）；

22. 金嵌宝石七珍 7 件；

23. 金嵌宝石八宝 8 件；

24. 乾隆款金佛座 1 件（故 00011774　未定级）；

25. 金八宝双凤纹盆 1 件（故 00011441　未定级）；

26. 金嵌玉石宝塔 1 件（故 00201597　一级乙）；

27. 金天球仪 1 件（故 00141905　未定级）；

28. 金嵌松石双耳扁方瓶 1 件（故 00011677　未定级）；

29. 铜刻花无量寿佛 1 件（故 00186905　未定级）；

30. 梵铜无量寿佛 1 件（故 00187045　未定级）；

31. 梵铜无量寿佛 1 件（故 00187045　未定级）；

32. 铜鎏金无量寿佛 1 件（故 00187114　未定级）；

33. 铜鎏金无量寿佛 1 件（故 00187230　未定级）；

34. 铜鎏金无量寿佛 1 件（故 00192182　未定级）；

35. 铜鎏金无量寿佛 1 件（故 00197043　未定级）；

36. 铜鎏金无量寿佛 1 件（故 00195333　未定级）；

37. 铜鎏金无量寿佛 1 件（故 00195011　未定级）；

38. 铜鎏金无量寿佛 1 件（故 00196599　未定级）；

39. 铜鎏金无量寿佛 1 件（故 00194386　未定级）；

40. 铜鎏金无量寿佛 1 件（故 00197047　未定级）；

41. 铜鎏金文殊菩萨 1 件（故 00188172　未定级）；

42. 铜鎏金文殊菩萨 1 件（故 00188475　未定级）；

43. 铜文殊菩萨 1 件（故 00188492　未定级）；

44. 铜鎏金绿救度佛母 1 件(故 00193773　未定级);

45. 铜绿救度佛母 1 件(故 00193792　未定级);

46. 铜鎏金绿救度佛母 1 件(故 00193664　未定级);

47. 铜鎏金白救度佛母 1 件(故 00188753　未定级);

48. 铜鎏金白上乐金刚 1 件(故 00188837　未定级);

49. 梵铜观音菩萨 1 件(故 00187951　未定级);

50. 铜鎏金尊胜佛母 1 件(故 00188112　未定级);

51. 泥释迦牟尼佛 1 件(故 00197781　未定级);

52. 掐丝珐琅凤凰牡丹图瓶 1 件(故 00117381　二级乙);

53. 掐丝珐琅花瓶 1 件(故 00119533　二级乙);

54. 掐丝珐琅夔凤牡丹纹凤耳八棱瓶 1 件(新 00007230　二级乙);

55. 掐丝珐琅玉兰牡丹图瓶 1 件(新 00126210　二级乙);

56. 画珐琅海棠式盆玻璃牡丹盆景 1 件(故 00126263　未定级);

57. 碧玉双天鸡耳衔活环带盖炉 1 件(故 00101278-1/3　二级乙);

58. 碧玉夔凤纹扁方瓶 1 件(故 00101278-2/3　二级乙);

59. 碧玉夔龙云纹委角方盒 1 件(故 00101278-3/3　二级乙);

60. 乾隆款蓝地描金盖碗 1 件(故 00154540　未定级);

61. 乾隆款蓝地描金盖碗 1 件(故 00154539　未定级);

62. 光绪款银镀金寿字茶船 1 件(故 00140446　未定级);

63. 光绪款银镀金寿字茶船 1 件(故 00140447　未定级);

64. 兽面纹斝 1 件(故 00077450　未定级);

65. 金镶青玉柄叉 1 件(故 00011605　未定级);

66. 金三象首足三兽耳衔环炉 1 件(故 00141447　未定级);

67. 掐丝珐琅瓜瓞绵绵纹海棠式花盆 1 件(故 00234531　三级);

68. 金页表文 1 件(故 00011716　未定级);

69. 铜胎画珐琅八宝双喜字背把镜 1 件(故 00180357　未定级);

70. 铜炭炉罩 6 件;

71. 铜香筒 4 件；

72. 铜鎏金佛立像 1 件(新 72874)。

六 钟表文物修复工作室保护修复 22 件

1. 木楼嵌螺钿五塔钟 1 件(故 00183448　未定级)；

2. 铜镀金狮驼规矩表镜 1 件(故 00182939　未定级)；

3. 铜镀金嵌玛瑙银花规矩箱音乐表 2 件(故 00184070/72　二级)；

4. 铜镀金乐箱水法跑人双马驮钟 2 件(故 00182790/791　未定级)；

5. 木楼嵌铜活二套二针钟 1 件(新 00149918　未定级)；

6. 铜镀金嵌珐琅扇扇机器人表 1 件(故 00183077　未定级)；

7. 木楼嵌铜活二套转水法乐钟 1 件(新 00149919　未定级)；

8. 木楼二套带日历钟 2 件(故 00183423/00183424　未定级)；

9. 木楼铜活铜顶明摆钟 1 件(故 00183396　未定级)；

10. 木楼铜刻花顶二套钟 1 件(故 00183402　未定级)；

11. 木楼嵌铜活带日历钟 1 件(故 00183398　未定级)；

12. 木楼嵌螺钿葵花式二套钟 1 件(故 00183479　未定级)；

13. 镶银片八角小座钟 2 件(故 00183049/00183048　未定级)；

14. 铜蓝楼转水法广钟 1 件(故 00183475　未定级)；

15. 铜镀金嵌珐琅六角形四明钟 1 件(故 00183508　未定级)；

16. 铜镀金牛驼瓶花表 2 件(故 00182677/00182678　未定级)；

17. 铜镀金嵌珐琅转花跑人钟 1 件(故 00183042　未定级)。

七 陶瓷文物修复工作室保护修复 14 件

1. 陶画彩文吏俑 1 件(新 00131505　一级乙)；

2. 泥塑彩绘贴金供养人像 1 件(新 00156151　二级)；

3. 寿山石雕罗汉 1 件(故 00203219　未定级)；

4. 石泗州圣僧坐像1件（新00117717　二级）；
5. 雍正款珐琅彩黑底白梅花纹盘1件；
6. 雍正款珐琅彩黑底白梅花纹盘1件；
7. 康熙青花大盘1件；
8. 绿釉盘1件；
9. 康熙五彩寿字盘1件；
10. 仿龙泉青釉鸡心碗1件；
11. 正德青花三足敛口盆1件；
12. 宣德青花穿花龙纹碗1件；
13. 白釉梅花鹿大腿残件1件；
14. 白釉梅花鹿小腿残件1件。

八　书画装裱修复工作室保护修复共134件

1. 沉香木旃檀佛立像1件（故118　三级）；
2. 弘历行书山庄侍皇太后宴恭纪一律字条1件（故00246747）；
3. 弘历瀛台胜景图卷1件（故00247924）；
4. 清人画弘历一发双鹿图轴1件（故6471　二级乙）；
5. 华冠画颙琰芳庭诗思图像轴1件（故00005619　二级甲）；
6. 清人画载淳游艺怡情图轴1件（故00006611　二级）；
7. 清人画旻宁戎装像轴1件（故00006555　二级）；
8. 余省牡丹双绶图轴1件（故5226　二级乙）；
9. 钱维城牡丹二十四种图卷1件（新147207　未定级）；
10. 弘历并蒂牡丹轴1件（故237276　未定级）；
11. 董诰仿古四时花卉卷1件（新147103　三级）；
12. 绣牡丹喜字轴1件（故73099　三级）；
13. 缂丝双头牡丹图轴1件（故72740　二级）；
14. 绣线兰堂富贵图通景屏1件（故72683　二级甲）；

15. 绣线兰堂富贵图通景屏1件(故72683　二级甲);

16. 王铎行书山寺俚作诗轴1件(新175790　二级);

17. 傅山江深草阁图轴1件(新00147034　一级乙);

18. 明拓汝帖1件(新45750-1/2　二级);

19. 赵孟頫楷书杭州福神观纪卷1件(新145352　一级);

20. 王宠行书五律轴1件(新153934　二级);

21. 赵之谦菊石雁来红轴1件(新00073996　二级甲);

22. 李世倬指画岁朝图轴1件(新00074302　二级乙);

23. 程邃山水轴绘画1件(新00147032　二级甲);

24. 禹之鼎履中西郊寻梅图像轴1件(新00146554　二级甲);

25. 朱耷梅花轴1件(新00146236　二级乙);

26. 弘历岁朝图轴1件(故00237083　未定级);

27. 帝王名臣像册——周文王姬昌1件套(新00175646-12/141　二级乙);

28. 碑帖文物修复近拓朱熹书周易1件套(新00203254　三级);

29. 近拓伏羲画像石与近拓女娲画像石1件套(新00201851　三级);

30. 方琮仿黄公望富春山图卷绘画1件(新00145991　三级);

31. 明人仿黄公望九峰雪霁图卷绘画1件(新00138878　三级);

32. 张宏仿大痴富春山卷绘画1件(新00178850　二级乙);

33. 王时敏山水轴绘画1件(新00196480　未定级);

34. 高树程仿富春山居图卷绘画1件(新00098086　三级);

35. 黄公望九峰雪霁图轴1件(新00146948　一级甲);

36. 弘历丁亥岁朝图轴1件(故00237140　未定级);

37. 弘仁山水轴绘画1件(新00081489　二级乙);

38. 朱耷芦雁图轴1件(新00047985　二级甲);

39. 朱耷竹石图轴1件(新00054004　二级乙);

40. 朱耷松鹿图轴1件(新00074304　二级乙);

41. 乾隆御笔"一心奚所托……"纸屏1件(故00211511　未定级);

42. 乾隆御笔"奎画殿……"纸屏 1 件(故 00211512　未定级);

43. 雍正御笔对联 1 件(故 00211502　未定级);

44. "勤政亲贤"纸匾 1 件(故 00211543　未定级);

45. 乾隆御笔"六卿近分职……"纸屏 1 件(故 00211517　未定级);

46. 弘历行书菊一首字条 1 件(故 00246546　未定级);

47. 汪承霈洋菊四十四种卷 1 件(新 00146304　未定级);

48. 颙琰楷书对菊一首横披 1 件(故 00254069　未定级);

49. 郑燮兰竹菊图轴 1 件(新 00168257　二级乙);

50. 沈世杰菊花蝴蝶纨扇 1 件(故 00008737　二级乙);

51. 陈衡恪读画图轴 1 件(新 00071387);

52. 清人画孝定皇后朝服像轴 1 件(故 00006621　二级);

53. 松泉山水 1 件(文物号 873 级);

54. 黄增山水 1 件(文物号 285　二级);

55. 山东复制品妙法莲花经卷临摹复制品卷 2 数量 1 件;

56. 窗扇共 73 件;

57. "偶读——"贴落 1 件(故 198972);

58. 符望阁贴落 1 件(T8);

59. 董诰花卉贴落 1 件(故 198986);

60. 三友轩嘉庆御笔"接使不以……"贴落 1 件(故 198710T32);

61. "元冥——"贴落 1 件(T25);

62. "奇石——"贴落 1 件(T33)。

九　其他工作

1. 数字复制 93 件;

2. 制作囊匣 108 件;

3. 制作画套 14 件;

4. 修复《观音举杯图》壁画 1 件。

第二节　文物保护科技工作及养心殿保护修复项目

一　文物保护科技工作

（一）科技部新址检测分析仪器设备的采购与培训

完成了本年度新址搬迁需要新购置的包括开放式 X 射线荧光光谱仪在内的每台超过 100 万元人民币的 11 台大型设备采购的立项、进口专家论证、招标、签署合同、办理免税手续、财政付款、到货、验收、到货后临时存放与安排相关人员培训的工作，特别是完成了一台价值约 1200 万元 X 光 CT 设备的主要购买手续。

（二）虫害防治

1. 为书画部养心殿撤陈书画以及 2000 余件宫廷部纺织品资料文物进行环氧乙烷熏蒸；为图书馆线装库进行硫酰氟熏蒸。

2. 6 月对保和殿东庑白蚁治理区域进行排查，并采用灌注联苯菊酯药剂的形式进行预防处理。

3. 拟定《养心殿研究性保护项目总体方案》中的养心殿病虫害的记录、研究和防治部分。开展养心殿虫害发生情况调查与研究。该工作主要以养心殿内害虫性信息素布点与调查为主。

4. 充氮杀虫设备考察与调研。前往天津森罗科技有限公司调查充氮设备情况，并针对其设计提出了改进方案。借来样品机做充氮杀虫设备的研究工作。

5. 针对二期地库及养心殿燕喜堂发生的害虫进行鉴定与诊断，并提出合理化的建议。

（三）环境监测与保护研究

1. 养心殿的文物环境进行前期勘查、拍照，确定监测方案和采样点的布设与监测；燕喜堂彩画保护方面问题讨论，外檐彩画光辐射监测问题调研；养心殿、壁画馆、乾隆花园内多处古建筑的温湿度监测和数据分析；燕喜堂彩画保护方案中预防性保护内容的撰写；器物部珐琅库房潮湿问题调查及室内环境监测；漱芳斋陈设文物的镜框内表面水汽凝结问题的初步调查；修改石鼓保护修复初步方案。

2. 对国际认可的材料挥发物质监测方法——Oddy 法进行改进，设计定制测试瓶，改进测试方法。

3. 对养心殿燕喜堂、太和殿西侧三台、养心殿西外墙、图书馆以南的围墙进行红外探测。

（四）科学分析与检测

1. 采用新购入的多光谱设备，便携成分分析设备，分析研究《清人画弘历戎装骑马像轴》《黑漆描金海马纹长方香几》《汪承霈菊花图》《清人绘一发双鹿图》《丁观鹏画清人像》《杨大章贴落》《日式雕漆茶几》《隆裕皇太后像》等多件彩绘及书画文物的工艺和保存状况。

2. 采用新购的热裂解—气相色谱—质谱仪，完成符望阁迎风板雕漆、乾隆骑马戎装图油画、东华门绢本及纸本天花、养心殿燕喜堂建筑彩画灰层、古玻璃彩画、铜胎珐琅填充物、太和殿护板灰等多组文物样品中有机材料的分析识别；建立了大漆、桐油、核桃油、明胶、牛骨胶、兔皮胶、蛋白、蛋清、浆糊、桃胶、蜂蜡、石蜡、松香、虫胶漆等文物常用天然有机高分子材料的 Py-GC/MS 分析测试方法；完成猪血、猪血混大漆等样品的微观观察和掺和物的成分分析。

3. 采用 X 光照相技术和成分分析技术对 26 件杨宁史青铜器、部分养心殿藏佛像及八宝、2 件大型彩绘木雕的成分、内部结构和修复历史进行检测分析与研究。

4. 完成故宫养心殿燕喜堂区域裱糊材料、建筑彩画样品的显微结构、成分测定；采用红外热波分析方法分析燕喜堂顶棚及墙壁内部木龙骨结构，研究养心殿西侧外墙及西河沿红墙修补部分的墙壁含水率和保存状况的关系。

5. 完成清代缂丝文物、宫灯穗染料成分的高效液相色谱分析,为文物的制作工艺研究和时代判别提供了重要的证据。同时,配合修复工作,对相关的明代、清代丝织品的成分分析以及显微结构进行了必要的检测分析;同时还开发研制了多用途文物除尘布。

6. 进行彩瓷颜色釉着色元素的分析测试工作;同时继续对眼珠玻璃珠的同步辐射 X 射线 CT 实验数据进行精细处理及 3D 打印。

7. 完成资信部玻璃底片的分析研究工作:包括 XRF、显微、红外、霉菌鉴定的工作。

8. 和印度卡拉拉邦文化局合作研究,完成 6 件印度出土的陶片胎体、釉层的微区分析与结构研究,对印度考古发掘出土的 50 件陶器、6 件石器样品进行无损检测分析。

9. 实验室继续深入地进行中国古代陶瓷的科学分析与研究。完成 16 个故宫出土明清黄釉胎釉、中间层显微结构和成分分析;完成 20 件故宫考古出土元明清砖样品的微观观察和成分分析;完成南大库出土的红釉瓷片的显微结构分析;对慈宁花园、隆宗门西、长信门和断虹桥考古工地发掘出土的 74 块青砖样品进行编号、拍照和元素组成测试分析;完成故宫出土 1 件粉彩瓷片的无损分析工作,撰写了相关分析报告;对景德镇御窑展瓷器、6 件料珠样品、2 块铜胎珐琅、4 块铜红釉标本、2 件现代仿汝窑器物、1 件哥窑残片、1 件乾隆瓷胎绿釉、23 块青花标本、13 件原始瓷进行分析测试工作。

(五) 防震领域的研究工作

1. 参与钦安殿防震方案的咨询工作以及钦安殿建筑结构模型建立;

2. 参与编写养心殿研究性保护项目中文物防震规划以及地震应急预案中的院内建筑地震易损性分析建模;

3. 参加"藏品预防性保护和藏品科技保护进展"学术研讨年会;

4. 完成材料力学试验机的采购、安装与培训;

5. 针对库房文物独立柜的防震问题,研究设计多种简易保护方案,

优选其中一种方案,加工制作了新构件,待试验验证并优化后可应用推广;

6. 可移动文物三维隔震支座方案设计以及模型加工,完成了初期方案模型,有待进一步优化;

7. 养心殿檀木多宝阁加固方案研究以及方案的前期准备工作。

(六)辐射安全防护工作

完成4人的辐射安全培训初训及4人的复训工作。8人进行了辐射工作职业病体检。

二 养心殿保护修复项目

2016年2月,文保科技部在古建部以及各保管部门的配合下圆满完成了养心殿区域可移动文物的伤况探查工作,整理并汇总了养心殿总体保护方案的室内装修保护修复、可移动文物保护修复、病虫害的研究防治三部分。

2016年5月,完成文保科技部养心殿科研课题申报提交工作,共收到课题申请书三大类16份,其中可移动文物保护修复研究9份,文物保护科技研究4份,预防性保护研究3份,最终14项课题在6月立项。

2016年9月,故宫文保科技部组织召开了"养心殿研究性保护项目方案科技部分项"论证会,与会专家听取了对"养心殿室内装修的记录、研究和保护""养心殿可移动文物记录研究和修复""养心殿病虫害记录研究和防治"三个分项方案的汇报,针对文保科技部负责的养心殿区域室内装饰修复、可移动文物保护修复、病虫害防治的保护修复内容进行了讨论。

2016年11月,在古建部、书画部的配合下,我部木器组、织绣组、书画装裱组完成了养心殿区域隔扇的拆除并点交入库工作。2个月共拆除隔扇227扇,隔扇心576件,全部点交完毕并入库。与此同时,实验室、书画装裱组与古建部相关人员合作进行养心殿区域内裱糊、建筑彩画的现场勘查、样品采集和科学分析,弥补了以往肉眼勘查的局限,获取了纸张类别、颜料种类等相关工艺的细致信息。

第三节　保护修复合作

2016年,文保科技部根据自身的文物保护修复需要,多方位地开展保护修复合作,取得了一定成果,具体如下:

一　合作修复的文物

(一)北院区合作项目修复文物14件

1. 夔纹裙板格扇4件;
2. 喜字卡子隔扇2件;
3. 横批子2件(北京市龙顺成中式家具有限公司修复);
4. 花草纹裙板2件;
5. 横批子4件(北京同兴和古典家具有限责任公司修复)。

(二)毓庆宫临时修复工作室共合作修复保养文物21件/套

1. 紫檀木雕绳纹方几2件(故00207370、故00207371);
2. 紫檀木雕花纹八角香几2件(故002077180、故00207179);
3. 紫檀木铜包角炕几2件(故00207132、故00207133);
4. 红木宝座1件(故00208803);
5. 紫檀木雕花纹角端几2件(故00209047、故00209046);
6. 紫檀木二层炕几1件(故00206737);
7. 黄花梨脚踏1件;
8. 紫檀木卷书式炕几1件(故00207060);
9. 紫檀木边镀金竹林鹤兔2件(故00210439、故00210440);
10. 紫檀木长桌2件(故00206598、故00206599);
11. 紫檀木镂雕人物花卉绣墩1件(故00127388);

12. 紫檀木雕花纹椅 2 件（故 00208055、故 00208056）；

13. 紫檀木嵌玉宝座 1 件（故 00208829）；

14. 紫檀木刻乾隆书字围屏 1 件（故 00210776）。

（三）景福宫临时修复工作室合作修复文物 2 件

紫檀木架几案 2 件（故 00206527/故 00206528）。

（四）慈宁花园延寿堂临时修复工作室修复文物 134 件，复制文物附件 4 件，补配文物附件 4 件

其中包括檀宫题企业修复保养底座文物 120 件；宝德风企业修复文物 14 件。

1. 灵芝纹方凳 1 件（故 149925）；

2. 方凳 1 件（故 208618）；

3. 高缩腰香几 1 件（故 207697）；

4. 黑漆描金山水彩绘长方桌 1 件（故 206546）；

5. 钟表 6 件（故 149919、故 183387、故 183396、故 183402、故 183451、故 183448）；

6. 制作楠木印盒 1 件；

7. 配合摹画室做经盒 1 件；

8. 补配钟表底座几架 2 件（故 183423/故 183424）。

二 国内国际交流与合作

（一）国际文物修护学会培训中心举办以"文物保护修复过程中的无损分析技术"为主题的第二期专题培训班

国际文物修护学会培训中心（英文简称 IIC-ITCC）第二期培训班以"文物保护修复过程中的无损分析技术"为主题展开，邀请到了来自中国、英国、美国、意大利的 8 位专家前来授课。本期培训班学员共 24 名，其中中国（包括台湾、香港及澳门地区）学员 12 名，外国学员 12 名。中国学员由故宫博物院负责招生，外国学员由国际文物修护学会（IIC）遴

选。中国学员分别来自故宫博物院、国家博物馆、上海博物馆、陕西省考古研究院、中国丝绸博物馆、重庆中国三峡博物馆、敦煌研究院、四川大学历史文化学院、北京科技大学、台湾云林科技大学、香港康文署文物修复处和澳门特别行政区政府文化局;国际学员分别来自南非文物遗产科学及保护研究所、希腊文化部历史遗迹保护部、印度国家博物馆、罗马尼亚国家历史博物馆、泰国艺术大学化学系、波兰托伦哥白尼大学现代艺术品修复学院、格里菲斯大学博士后、维也纳应用艺术大学保护研究所化学实验室、丹麦国家美术馆文物保护部、埃及博物馆、釜山大学韩国传统服饰研究所、马来西亚伊斯兰艺术博物馆。

本期培训班聚焦近年来在文化遗产修护领域上极为重要的议题——无损分析技术,通过专家授课、个案分析、实践操作、小组讨论、学习评估等多元化课程,对学员进行理论与实践方面的培训,使学员充分了解文物修护过程中的无损分析检测技术和最佳的使用方法。此外,培训班安排学员到故宫博物院文保科技部实验室进行无损检测技术实践,同时还安排学员到保护修复工作室参观考察,了解文物修护工作的具体方法和措施,理论与实践相结合,使培训效果达到最大化。

本期培训班为来自不同国家和地区、具备不同文化背景和文物分析经验的专家、学员们提供了一个沟通学习、分享经验的平台,助益于各位同仁在所属的机构合理利用无损分析技术,提升文物修护操作前的分析水平。同时也借此机会创建一个业内的联系网络,以促进文化遗产保护工作上的进一步合作。

(二)与希腊研究与技术基金会签署科学合作备忘录

在中国科技部、中国驻希腊大使馆科技处、希腊教育文化宗教事务部的支持下,2016年2月,故宫博物院与希腊研究与技术基金会签署科学合作备忘录,双方将在仪器应用特别是开展石质文物的保护修复和激光清洗技术的培训、合作开展应用研究、建立联合研究实验室及建立人员互访与信息交流机制、共同举办与研究主题相关的各种学术会议等方面开展合作。2016年7月5日,希腊总理阿莱克西斯·齐普拉斯与故宫博物院单霁翔院长在延禧宫参加了"中国——希腊文物激光技术联合实验室揭牌仪式",中希激光技术联合实验室成立。

(三)与意大利文物保护修复高级研究院开展合作

意大利文物保护修复高级研究院(The Istituto Superior per la Conservazione e il Restauro)(ISCR)是意大利文化遗产研究部的主要研究机构之一。2016年3月13日至21日,意大利文物保护修复高级研究院派四位修复人员来我院,开展合作修复《清人油画弘历骑马像轴》(文物号:故6482)工作。意大利修复专家与文保科技部科研人员对油画进行全面的科学检测与分析,绘制病害图等,拟定初步的保护修复方案。2016年7月,双方签署文化合作框架协议,开展更加具体的油画合作修复工作。2016年10月,意大利文物修复高级学院院长卡波尼女士一行3人到文保科技部会议室举行了会谈,对下一部的合作工作进行了部署与安排。

(四)与瑞士卡地亚的合作项目

经与瑞士卡地亚多次协商,故宫博物院与卡地亚达成合作修复意向,双方制订详细的合作修复培养计划和筹展准备,拟于2017年在故宫举办卡地亚合作修复成果与精品展。

(五)与香港北山堂基金会合办第五届"中国艺术博物馆论坛"

北山堂基金会每年资助"利荣森纪念交流计划"访问学者进行文化交流,自2009年起,北山堂基金会原则上每两年举办一次"中国艺术博物馆论坛"。2016年10月13日至15日,北山堂基金会与故宫博物院在北京故宫合办第五届"中国艺术博物馆论坛"。本届论坛以"理解中国艺术:博物馆内外的沟通与协作"为主题,国内外专家学者借此机会探讨不同文化背景的博物馆如何透过科学技术、历史研究、展览设计以及教育推广,促进学术界及公众对中国艺术的理解。

(六)与陕西历史博物馆合作修复壁画项目

与陕西历史博物馆展开壁画的修复合作,共同修复了院藏壁画《观音举杯图》,经双方共同勘测病害,拟定修复方案后实施修复步骤,已完成修复的各项工作,并制作了文物的囊匣,修复报告亦已基本完成。

三 学术交流

(一)参加学术会议

1. 国际学术会议

(1)9月11日至17日,由主管副院长宋纪蓉带队,文保科技部史宁昌主任及方小济一行3人的学术交流团赴美国洛杉矶参加国际文物修护学会(IIC)第26届国际专题会议,此次大会的主题为"存留当下:跨越界限修护当代文化产物"。IIC授予故宫博物院"荣誉机构会员"证书。IIC主席Sarah宣布了凯克奖(Keck Award)的获奖名单,故宫博物院"2015年文物保护修复技艺特展"项目获得该奖项提名并参与最后一轮的角逐。方小济做了《四臂观音唐卡的保护》的海报展讲。

(2)11月27日至12月5日,段鸿莺副研究馆员受邀前往美国波士顿参加2016年"艺术与考古中的材料科学"专题研讨会,随后前往芝加哥菲尔德博物馆进行陶瓷研究交流。

2. 国内学术会议

(1)4月11日至15日,方小济赴江苏无锡参加第十四届"CU系列纤维细度仪应用研讨会",与国内外同行开展学术交流。

(2)8月15日至18日,马越参加由中国化学会应用化学委员会、考古与文物保护化学学科委员会举办,甘肃省考古所和秦始皇帝陵博物院联合承办的"丝绸之路文物保护科技研讨会——全国第十四届考古与文物保护化学学术研讨会",并做大会发言《故宫裱糊墙纸科学分析与工艺研究》。

(3)9月15日至17日,谷岸参加中国博物馆协会藏品保护专业委员会会议并做大会发言《无损检测新技术在文物保护中的应用初探》。

(4)9月20日,在北京科技大学举办的"文物材料分析会议"上,故宫文保科技部有三人做了发言,包括雷勇的《西周料珠的工艺特点与产地研究》、曲亮的《故宫符望阁掐丝珐琅釉的研究》的大会报告、康葆强的《故宫出土孔雀蓝釉琉璃瓦研究》的大会报告。

(5) 10月18日,王娜参加安捷伦(Agilent)仪器公司举办的气相色谱—质谱仪器研讨会。

(6) 10月16日至20日,段鸿莺、刘健宇赴重庆参加全国第十三届科技考古研讨会。

(7) 11月13日至14日,马越参加由东亚遗产保护学会纸质文物保护专业委员会、纸质文物保护国家文物局重点科研基地和南京博物院主办、联合国教科文组织驻华代表处支持的"东亚纸质文物保护学术研讨会",并发表大会发言《燕喜堂裱糊纸保存现状调查研究》。

(8) 11月21日至25日,王春蕾、王允丽赴重庆参加中国文物保护技术协会第九次学术年会。

(9) 11月27日至12月6日,段鸿莺受邀前往美国波士顿参加"国际材料学研究"国际学术研讨会,并做大会发言。

(10) 11月27日至12月2日,李合、丁银忠赴浙江萧山参加"中国古陶瓷学会——2016年年会暨印纹硬陶学术研讨会"。

(二)举办文保科技系列学术讲座及赴各地进行学术交流

1. 举办文保科技系列学术讲座

(1) 2016年2月2日,中国钱币博物馆馆长周卫荣研究员做题为《失蜡工艺与青铜铸造》的讲座;

(2) 2016年3月14日,意大利高级文物保护修复研究院油画保护学术研讨会在院第二会议室召开,会上Maria Concetta Laurenti、Marcella Ioele、Gloria Tranquilli、Maria Vera Quattrini分别做了有关油画保护、纸张保护和科学分析的三场学术报告;

(3) 2016年5月24日、26日,举办主题为"丝绸之路沿线壁画保护研究系列讲座",讲座共分两期,分别为来自德国的 Birgit Angelika

SCHMIDT 女士题目为《柏林亚洲博物馆藏吐鲁番森木塞姆石窟壁画研究》的报告和 Ellen EGEL 博士题目为《丝绸之路北部佛教壁画材料研究》的报告；

（4）2016 年 10 月，文保科技部组织了三场精彩的报告，包括：美国大都会博物馆科学部主任 Marco Leona 先生介绍了表面增强激光拉曼技术再绘画纺织品分析当中的应用案例；阿尔波特维多利亚博物馆纺织品保护部的主任 Joanne Hackett 介绍了她所在部门从事的纺织品保护案例；瑞士苏黎世大学的 Heinz Berke 教授做了题为《需求乃发明之母——古代蓝紫颜料的制作》的报告；

（5）2016 年 11 月 25 日，国际文物修护学会理事成员 Austin Nevin 做题为绘画研究中的最新技术应用"Recent Advances in the Study of Paitings"的讲座。

2. 赴各地进行学术交流

我部各工作组根据工作的需要，分别赴江西省景德镇市、河南省（郑州市、洛阳市、开封市、宝丰县清凉寺）、江苏省无锡市、浙江省杭州市、江西省南昌市、上海市、天津市、陕西省西安市、安徽省宁国市、河北省迁安市、西藏自治区拉萨市、青海省西宁市、重庆市、辽宁省大连市等地与相关机构开展合作与调研。

第四节　科研工作

一　课题项目

（一）已结项课题

1. 国家自然科学基金课题《故宫博物院藏传世哥窑及相关窑址标本的关联研究》（2012.01—2015.12）。

2. 院课题《故宫院藏传世哥窑的科技研究》（2012.01—2015.12）。

(二) 正在进行的课题

1. 国家自然科学基金课题《拉曼技术对中国古代高温釉瓷釉烧温度的无损分析研究》，完成了实际窑炉模拟样品的制备和数据分析，完成了郊坛下、汝瓷及部分白瓷样品的数据分析工作。

2. 国家自然科学基金课题《古陶瓷产地溯源的锶同位素方法初探和应用研究》，完成不同窑址标本进行元素组成和锶同位素比值测试。

3. 国家文物局课题《硅烷化表面处理方法在铁质文物保护中的应用研究》，完成了课题全部研究内容，通过了中期评审，正在等待结项评审。

4. 国家文物局课题《窑变成因与钧瓷窑变釉的形成机理》，根据国家文物局的要求，总结并分析各项实验的测试数据，整理、撰写了国家文物局课题《窑变成因及钧瓷窑变釉形成机理》的中期研究报告，并整理、撰写了中期验收报告。

5. 故宫博物院课题《宋代青瓷纹片釉技术研究》，通过无损的分析方法显微CT、激光共聚焦显微镜等对冰裂纹样品进行观察分析，并撰写论文《无损分析方法在宋代冰裂纹青瓷研究中的应用》。

6. 故宫博物院课题《汝官窑青瓷"玛瑙为釉"的科技探讨》，正在撰写结题报告和相关论文。

7. 故宫博物院课题《文物展柜微环境的控制研究》，利用实验柜做展柜空气交换率方面的测试研究，去实验柜研制厂家完成相关的测试实验，同时与课题组成员一起对午门展柜密封性进行检测；对Oddy法测试容器和样片进行合理的改进，联系生产企业加工出样品，完成相关的测试实验。

8. 故宫博物院科研课题《点翠文物除霉、防霉的方法研究》，正在进行霉菌种类分析、点翠工艺制作研究、收集实验样品等相关工作。

9. 故宫博物院科研课题《院藏清代纺织品染料成分研究》，正在进行前期调研工作。

10. 故宫博物院科研课题《无损原位分析方法在古建玻璃、珐琅中应用研究》使用 LIBS、XRF、OCT 与显微等原位分析技术分析了掐丝珐琅、画珐琅、平板玻璃、彩绘玻璃等样品。

11. 故宫博物院科研课题《金属离子对纤维的老化作用研究——以印花壁纸为例》，对壁纸样品的成分进行分析，完成模拟实验设计，并进行相关模拟实验工作。

12. 故宫博物院科研课题《利用近红外光谱新技术无损检测丝织品文物老化程度研究》，初步实现了化学老化丝织品的近红外老化程度评估。

13. 故宫博物院科研课题《养心殿西暖阁佛堂唐卡保护研究》，按课题计划开展工作。

（三）新申请院课题

1. 养心殿科研课题《养心殿内纸质文物工艺及保存现状研究》立项；

2. 养心殿研究课题《养心殿藏铜胎珐琅、彩绘玻璃镜的科学分析及保护方法研究》立项；

3. 养心殿研究课题《养心殿小器作木器文物历史定位与形制、工艺及雕刻纹样研究》立项；

4. 养心殿研究课题《养心殿髹漆工艺的研究与保护修复》立项；

5. 养心殿研究课题《养心殿正殿文物保存环境评估》立项；

6. 养心殿研究课题《养心殿特定环境条件下的有害生物综合防治技术研究》立项；

7. 养心殿研究课题《养心殿馆藏文物虫蛀的修复与研究》立项；

8. 养心殿研究课题《点翠文物的制作工艺及修护方法研究——以养心殿展陈文物"孔雀竹林挂屏"的修复为例》立项；

9. 养心殿研究课题《养心殿原状文物仿真措施的研究与应用》立项；

10. 养心殿研究课题《养心殿唐卡的保护修复研究》立项；

11. 养心殿研究课题《养心殿贴落画修复与保护研究》立项；

12. 养心殿研究课题《养心殿靠垫、坐褥、迎手类文物的保护修复研

13. 养心殿研究课题《养心殿寝具类纺织品文物的修复保护方法研究》立项；

14. 故宫博物院科研课题《故宫考古出土建筑琉璃的年代及产地研究》立项；

15. 故宫博物院科研课题《瓷胎画珐琅彩绘工艺及复原的科学研究》立项；

16. 故宫博物院科研课题《文物修复档案的进一步规范研究和文物修复档案数据库的建立》立项；

17. 故宫博物院科研课题《故宫考古出土建筑琉璃的年代及产地研究》立项；

18. 故宫博物院科研课题《故宫博物院国家级非物质文化遗产"青铜器修复及复制技艺"的科学认知与分析研究》立项；

19. 故宫博物院科研课题《院藏雕漆工艺修复材料研究》立项；

20. 故宫博物院科研课题《养心殿西暖阁佛堂唐卡〈四大菩萨〉保护修复研究》立项。

二 专著及论文发表

（一）专著

史宁昌，苗建民主编，《宋代五大名窑科学技术国际学术讨论会论文集》，2016年，科学出版社出版，90万字。

（二）论文发表情况（27篇）

1. 马越、雷勇、王时伟，《故宫玉粹轩壁纸成分与工艺研究》，《故宫博物院院刊》，2016年第6期，总第188期。

2. 侯佳钰、康葆强、严建华、苗建民，《宜兴黄龙山紫砂原料特征的对比研究》，《陶瓷学报》，2016年第4期。

3. 侯佳钰、李合、丁银忠、苗建民，《清凉寺汝官窑瓷片多层釉的显微结构研究》,《宋代五大名窑科学技术国际学术讨论会论文集》。

4. Hou Jiayu、Trinitati Pradell、Miao Jian min,"Jun Ware Colours and Nanostructur",《宋代五大名窑科学技术国际学术讨论会论文集》。

5. 赵守江、戴君武,《故宫西华门砖拱券结构分析》,《建筑结构》,2016年8月;2016年15期。

6. 赵兰等,《激光拉曼技术对故宫院藏宋代官窑青瓷的再研究》,《宋代五大名窑科学技术国际讨论会论文集》,2016年,科学出版社。

7. 李合、唐俊杰、沈琼华、邓禾颖、陈铁梅、苗建民,《杭州南宋官窑瓷片标本的锶同位素比值研究》,《宋代五大名窑科学技术国际学术研讨会论文集》,科学出版社,2016年10月。

8. Nigel Wood、Li He(李合),Some Remarkable Southern Song 'Guan Ware' Shards from the Silongkou kiln site,《宋代五大名窑科学技术国际学术研讨会论文集》,科学出版社,2016年10月。

9. 李合、侯佳钰、丁银忠、金贵善、唐俊杰、王光尧,《南宋官窑制胎原料的科技分析——兼谈制瓷工艺对锶同位素比值的影响》,《中国陶瓷》,2016(52)第8期。

10. Hongying Duan、Dongge Ji、Yinzhong Ding、GuangyaoWang、Jianming Zheng、Guanggui Zhou、Jianmin Miao,Comparative study of black and gray body celadon shards excavated from Wayaoyang kiln in Longquan,China,Microchemical Journal 126(2016)274-279.

11. 段鸿莺、李合、王光尧、苗建民,《浙江龙泉哥窑与杭州老虎洞官窑青瓷瓷片的对比研究》,《宋代五大名窑科学技术国际学术讨论会论文集》,科学出版社,2016年,第187—197页。

12. 曲亮、沈爱国、段鸿莺、马越、雷勇、王时伟,《故宫符望阁建筑装饰构件中珐琅釉的分析研究》,《故宫博物院院刊》,2016年。

13. Yan Su,Liang Qu,Hongying Duan,et al,Elemental analysis-

aided Raman spectroscopic studies on Chinese cloisonn, Spectrochimica Acta Part A.

14. 谷岸、史宁昌、沈伟、王娜,《修复结块古印泥研究》,《文物修复研究》,2015—2016年。

15. 李媛、苗建民、孙新民、王光尧,《钧瓷窑变流纹形成机理初探》,《宋代五大名窑科学技术国际学术讨论会论文集》,科学出版社,2016年。

16. 康葆强、贾翠、段鸿莺、苗建民、吕光烈,《定窑考古发掘出土制胎原料研究》,《宋代五大名窑科学技术国际学术讨论会论文集》,科学出版社,2016年。

17. 贾翠、丁银忠、苗建民、孙新民,《宋代汝官窑纹片釉的科技研究》,《宋代五大名窑科学技术国际学术讨论会论文集》,科学出版社,2016年。

18. 丁银忠、侯佳钰、苗建民,《热膨胀法判定古代琉璃构件胎体烧成温度的模拟实验研究》,《南方文物》,2016年第二期。

19. 丁银忠、李合、孙新民、陈铁梅、苗建民,《清凉寺汝官窑青瓷制釉技术的科技探讨》,《宋代五大名窑科学技术国际学术讨论会论文集》,科学出版社,2016年。

20. 张蕊、方小济、史宁昌、周倩、宋纪蓉,《库房收藏唐卡的保存现状研究》,《文物修复研究》,中国文联出版社,2016年。

21. 张蕊、史宁昌、方小济、周倩、宋纪蓉,《唐卡四臂观音的保存现状分析》,《西部蒙古论坛》,2016年第2期。

22. Zhang Rui, Lianjian Yue, Junchang Yang, "Study on River Snail Shells unearthed from Laoniupo Shang dynasty site", Journal of Nanoscience and Nanotechlology,2016,No.3.

23. 张蕊、方小济、宋纪蓉,《〈清人画乾隆帝普宁寺佛装像〉的保存现状与建议》,《中国国家博物馆馆刊》,2016年第9期。

24. 方小济,《从非物质文化遗产视域阐释唐卡保护——以故宫博物院的唐卡保护为例》,《遗产与保护研究》,第 78—81 页,2016 年 3 月。

25. 方小济,《论〈清人画乾隆普宁寺佛装像〉唐卡之美》,《文化月刊》,2016 年 8 月。

26. 方小济、张蕊、史宁昌、宋纪蓉,《养心殿西暖阁佛堂唐卡病害调查研究》,《文物修复研究》,第 584—590 页,2016 年 7 月。

27. Fang Xiaoji, Zhang Rui, Shi Ningchang, Song Jirong, The Conservation of The Modern Thangka-Caturbhuji-Avalokiteshvara, *Studies in Conservation* Volume：61. Issue：S2, P424 - P425, 2016.8.

第五节　其他事项

一　非物质文化遗产保护

(一) 加强非物质文化遗产的宣传

受天津市文化广播影视局邀请,赴津参加第二届非物质文化遗产联展,我部四项国家非遗项目(书画装裱修复技艺、青铜器修复复制技艺、古书画临摹复制技艺、古代钟表修复技艺)均参加了此次联展,受到与会观众的好评。

(二) 加强与媒体的合作

2016 年,我部加强对外的宣传,全年共有 42 人次接收不同的新闻媒体的采访,主要的媒体有：中央电视台、凤凰卫视、北京电视台、中央人民广播电台、新华社、《法制晚报》《北京日报》、经济杂志社、《三联生活》、方圆杂志社、《文汇报》《南方人物周刊》《新京报》《中国青年报》《工人日报》、央视网、凤凰网、《北京娱乐信报》《知识产权报》《北京晚报》《中国妇女》《光明日报》《典藏》等 23 家媒体。

(三) 协助完成《我在故宫修文物》电影拍摄、剪辑和路演

二 队伍建设和人才培养

（一）人才引进

2016年，文保科技部以"平安故宫"工程项目为基础，以文保科技部新址建设为契机，以文保科技部人才发展五年计划为依据，吸纳高水平的科技保护与修复人员，引进了16名新员工，以名校的博士、硕士毕业生为主。对新入职的16名新员工进行了安全培训，完成了各个科组的轮换，使新员工对文保科技部的日常工作有了全面、深入的认识。

（二）组织培训

1. 为开放管理处进行了日常文物保养除尘培训；

2. 开办了文保科技部书法培训班；

3. 组织我部陶瓷修复工作室杨玉洁参加"海洋出水陶瓷文物脱盐技术培训班"；

4. 组织我部实验室张国庆赴杭州参加"白蚁防治行业从业人员职业培训班"。

三 西河沿文保科技业务用房建设与搬迁

2016年初，我部成立了由宋纪蓉副院长任组长、史宁昌主任、雷勇副主任和郝寅栋副主任任副组长的新址搬迁领导小组，实施了以下一系列工作：

1. 完成基本硬件设备的准备工作，包括工作台柜、实验台柜、工位的采购、搬运，安装调试工作正在稳步进行中。

2. 完成总价约4100万元的实验设备的采购工作，多数设备已经到货，正在向西河沿新址进行搬迁、安装和调试；实验室现有设备的搬迁工作正在进行，部分已经进入新址并开始安装、调试；需维修的装裱案子已经重新修补和刷漆。

3. 完成各个工作室和实验室的功能设计工作、台柜和设备的摆放设计工作,正在新址进行重新摆放和布局。

4. 完成新址通风空调的深化设计,保证通风系统的自动控制、废气处理需求。

5. 我部设计团队完成新址通道展示的设计。包括文物医院的LOGO设计、三个正门的门牌设计、六大功能区域的门牌设计;设计了包括文保科技部简介、文物医院、实验设备简介、实验设备使用案例、国际交流、修复案例、非物质文化遗产等的展板共计176块。

7. 新址的完善与改建。包括会议室的完善、分析检测实验室内水冷设备的安装、漆器修护室阴房的设计、装裱修复用大墙的设计和制作、搬运用坡道的搭建等;为保护新址地面,在实验室通道地面铺设了复合木地板,在其他通道地面铺设了化纤地毯。

四 2017年工作计划

1. 贯彻落实各项制度,一如既往地做好安全工作。定期进行安全检查,排除安全隐患,杜绝任何安全事故的发生。

2. 做好文保科技部新址内部工作室的建设,完善与完成新址通道展示设计相关工作、完成文保科技部的搬迁和试运行等工作。

3. 按照业务工作计划,配合相关业务部门完成好日常的文物保护修复与研究工作。

4. 做好"平安故宫"项目的实施工作。积极拓展文物修复合作项目的实施。配合相关部门做好北院区文物修复中心的规划、深化设计工作。

5. 落实修复档案科学化管理;完成文物保护修复研究报告的出版;持续开展文物保护修复信息化建设。

6. 做好非遗的保护传承工作。做好媒体宣传工作;办好培训班与相关展览。

7. 配合人事处落实文保科技部未来五年计划发展到200人的规模,

吸纳高水平的科技保护与修复人员,引进新人应以名校的博士、硕士毕业生为主的规划。做好队伍建设和人才培养工作。

8. 加强国际合作与对外交流。贯彻落实国际文物修护学会培训中心第三期培训班的筹备和实施工作;积极开拓与意大利文物修复高级学院开展油画修复等相关合作、与希腊光学研究所的激光清洗合作项目;持续推进与卡地亚的合作项目,安排好2017年的合作修复和技术培训工作。

9. 做好养心殿区域可移动文物保护修复的整体规划,安排开展养心殿文物保护修复工作与研究。

10. 根据实际工作需要,做好科研课题的申报、实施与结项,积极开展学术研究与合作;做好国家文物局古陶瓷重点科研基地(故宫博物院)学术建设与发展方面的工作。

附录一 文物修复情况

香港科学馆"西洋奇器——清宫科技展"11件：

(1) 铜测高弧象限仪（故141971　二级甲）；

(2) 铜镀金测角器（故141972　二级甲）；

(3) 铜镀金刻度尺（故141695　未定级）；

(4) 铜镀金量角器（故142195　二级）；

(5) 铜镀金平板仪（故141949　二级）；

(6) 铜镀金日晷圭表合璧仪（故141960　二级甲）；

(7) 铜镀金四定表全圆仪（故141983　二级甲）；

(8) 铜镀金仪器（故141710　二级甲）；

(9) 铜镀金月晷（故141914　二级甲）；

(10) 铜镀金指南针（故142006　二级甲）；

(11) 铜双股游表象限仪（故141995　二级甲）。

午门"普天同庆——清代万寿盛典展"180件：

(1) 银"甲子万年"字元宝式火锅（故140287-3/18　未定级）；

(2) 银"甲子万年"字元宝式火锅（故140287-7/18　未定级）；

(3) 银"甲子万年"字元宝式火锅（故140287-11/18　未定级）；

(4) 银"甲子万年"字元宝式火锅(故 140287 - 16/18　未定级);

(5) 紫檀木雕花嵌螺钿绣寿字纹围屏(故 210747　未定级);

(6) 填漆宴桌(故 206673　未定级);

(7) 木红漆描金万蝠团花曲水双喜字纹椅子(故 231074　二级);

(8) 铜镀金双龙纽云龙纹编钟——黄钟(故 169504 - 1/16　二级);

(9) 木红漆描金万蝠团花曲水双喜字纹椅子(故 231073　二级);

(10) 木红漆彩画云蝠纹涂银粉九连环(故 229668　二级);

(11) 木金箍棒(故 229700　三级);

(12) 木黑漆彩画云蝠纹杆九齿钉耙(故 229710　二级);

(13) 木黑漆彩画云蝠纹杆双头铲(故 229704　二级);

(14) 碧玉描金云龙纹编磬——黄钟(底座)(故 169354 - 1/15　二级);

(15) 乾隆御笔恭奉皇太后驾临宝山记(故 258952　三级);

(16) 颛琰万寿图(故 6541　二级);

(17) 铜镀金亭式番人进宝乐钟(故 182864　未定级);

(18) 铜镀金八仙水法转花钟(故 182810　未定级);

(19) 铜镀金转花变字水法钟(故 183066　未定级);

(20) 紫檀木雕花纹长桌(故 205975　二级);

(21) 紫檀木雕花纹格(故 207822　未定级);

(22) 填漆龙凤宴桌(故 206803　二级);

(23) 硬木嵌玻璃灯(故 182466　未定级);

(24) 硬木嵌玻璃灯(故 182467　未定级);

(25) 缂丝攒竹嵌玉石围屏(故 198915　未定级);

(26) 碧玉缠枝莲纹五云足带盖海棠式炉(故 103395　二级乙);

(27) 黄花梨木嵌玻璃多宝格(故 207571　二级);

(28) 紫檀木炕几(故 207134　二级);

(29) 木柄三镶青玉太平有像如意(故 99743　二级乙);

(30) 画珐琅花果鱼藻纹面盆(配木座)(故 118099　二级乙);

267

(31) 紫檀框珐琅挂屏(故 221995　三级);

(32) 紫檀木雕夔纹长桌(故 205979　二级);

(33) 银累丝嵌玉石玻璃盆银叶玉石茶花盆景底座玻璃罩(故 126610　未定级);

(34) 清人画仕女挂屏(故 6260　未定级);

(35) 紫檀木边座嵌牙仙人楼阁图插屏(故 209109　未定级);

(36) 紫檀木边座嵌牙仙人楼阁图插屏(故 209108　未定级);

(37) 木红漆描金万蝠团花曲水双喜字纹椅子(故 231075　三级);

(38) 木红漆描金万蝠团花曲水双喜字纹椅子(故 231074　三级);

(39) 缂丝元音寿蝶册(匣)(故 72834　二级);

(40) 紫檀木边座嵌珐琅围屏(故 210742　未定级);

(41) 乾隆紫檀嵌珐琅宝座(附脚踏)(故 226009　未定级);

(42) 乾隆款银流金龙柄执壶(故 119191-1/6);

(43) 铜鎏金无量寿佛(故 194515　未定级);

(44) 铜鎏金无量寿佛(故 194532　未定级);

(45) 铜鎏金无量寿佛(故 194533　未定级);

(46) 铜鎏金无量寿佛(故 194538　未定级);

(47) 铜鎏金无量寿佛(故 198304　未定级);

(48) 铜鎏金无量寿佛(故 198305　未定级);

(49) 铜鎏金无量寿佛(故 198306　未定级);

(50) 铜鎏金无量寿佛(故 194270　未定级);

(51) 铜鎏金无量寿佛(故 194255　未定级);

(52) 铜鎏金无量寿佛(故 194272　未定级);

(53) 铜鎏金无量寿佛(故 194275　未定级);

(54) 铜鎏金无量寿佛(故 194282　未定级);

(55) 铜鎏金无量寿佛(故 194287　未定级);

(56) 铜鎏金无量寿佛(故 194289　未定级);

(57) 铜鎏金无量寿佛(故194290　未定级);

(58) 铜鎏金无量寿佛(故194291　未定级);

(59) 铜鎏金无量寿佛(故194293　未定级);

(60) 铜鎏金无量寿佛(故194294　未定级);

(61) 铜鎏金无量寿佛(故194295　未定级);

(62) 铜鎏金无量寿佛(故194296　未定级);

(63) 铜鎏金无量寿佛(故194297　未定级);

(64) 铜鎏金无量寿佛(故194299　未定级);

(65) 铜鎏金无量寿佛(故194300　未定级);

(66) 铜鎏金无量寿佛(故194305　未定级);

(67) 铜鎏金无量寿佛(故194306　未定级);

(68) 铜鎏金无量寿佛(故194309　未定级);

(69) 铜鎏金无量寿佛(故194310　未定级);

(70) 铜鎏金无量寿佛(故194311　未定级);

(71) 铜鎏金无量寿佛(故194312　未定级);

(72) 铜鎏金无量寿佛(故194317　未定级);

(73) 铜鎏金无量寿佛(故194318　未定级);

(74) 铜鎏金无量寿佛(故194324　未定级);

(75) 铜鎏金无量寿佛(故194334　未定级);

(76) 铜鎏金无量寿佛(故194339　未定级);

(77) 铜鎏金无量寿佛(故194343　未定级);

(78) 铜鎏金无量寿佛(故194347　未定级);

(79) 铜鎏金无量寿佛(故194354　未定级);

(80) 铜鎏金无量寿佛(故194357　未定级);

(81) 铜鎏金无量寿佛(故194390　未定级);

(82) 铜鎏金无量寿佛(故194392　未定级);

(83) 铜鎏金无量寿佛(故194393　未定级);

（84）铜鎏金无量寿佛（故 194396　未定级）；

（85）铜鎏金无量寿佛（故 194399　未定级）；

（86）铜鎏金无量寿佛（故 194402　未定级）；

（87）铜鎏金无量寿佛（故 194405　未定级）；

（88）铜鎏金无量寿佛（故 194406　未定级）；

（89）铜鎏金无量寿佛（故 194407　未定级）；

（90）铜鎏金无量寿佛（故 194410　未定级）；

（91）铜鎏金无量寿佛（故 194411　未定级）；

（92）铜鎏金无量寿佛（故 194412　未定级）；

（93）铜鎏金无量寿佛（故 194416　未定级）；

（94）铜鎏金无量寿佛（故 194417　未定级）；

（95）铜鎏金无量寿佛（故 194418　未定级）；

（96）铜鎏金无量寿佛（故 194422　未定级）；

（97）铜鎏金无量寿佛（故 194425　未定级）；

（98）铜鎏金无量寿佛（故 194426　未定级）；

（99）铜鎏金无量寿佛（故 194427　未定级）；

（100）铜鎏金无量寿佛（故 194434　未定级）；

（101）铜鎏金无量寿佛（故 194436　未定级）；

（102）铜鎏金无量寿佛（故 194441　未定级）；

（103）铜鎏金无量寿佛（故 194444　未定级）；

（104）铜鎏金无量寿佛（故 194445　未定级）；

（105）铜鎏金无量寿佛（故 194448　未定级）；

（106）铜鎏金无量寿佛（故 194450　未定级）；

（107）铜鎏金无量寿佛（故 194451　未定级）；

（108）铜鎏金无量寿佛（故 194452　未定级）；

（109）铜鎏金无量寿佛（故 194453　未定级）；

（110）铜鎏金无量寿佛（故 194457　未定级）；

(111) 铜鎏金无量寿佛(故 194458　未定级);

(112) 铜鎏金无量寿佛(故 194464　未定级);

(113) 铜鎏金无量寿佛(故 194465　未定级);

(114) 铜鎏金无量寿佛(故 194467　未定级);

(115) 铜鎏金无量寿佛(故 194472　未定级);

(116) 铜鎏金无量寿佛(故 194474　未定级);

(117) 铜鎏金无量寿佛(故 194477　未定级);

(118) 铜鎏金无量寿佛(故 194481　未定级);

(119) 铜鎏金无量寿佛(故 194483　未定级);

(120) 铜鎏金无量寿佛(故 194491　未定级);

(121) 铜鎏金无量寿佛(故 194498　未定级);

(122) 铜鎏金无量寿佛(故 194499　未定级);

(123) 铜镀金盥盆(故 168669-2/2);

(124) 珐琅甪端(故 137936);

(125) 画珐琅委角长方盆碧玺桃树盆景(故 126635　二级乙);

(126) 画珐琅委角长方盆蜜蜡佛手盆景(故 126634　二级乙);

(127) 象牙染雕桃蝠纹盖碗(新 51622　二级乙);

(128) 象牙染雕桃蝠纹盖碗(新 51621　二级乙);

(129) 竹根雕八仙庆寿——张果老(故 1201661-1　二级乙);

(130) 竹根雕八仙庆寿——吕洞宾(故 1201661-2　二级乙);

(131) 竹根雕八仙庆寿——韩湘子(故 1201661-3　二级乙);

(132) 竹根雕八仙庆寿——蓝采和(故 1201661-4　二级乙);

(133) 竹根雕八仙庆寿——汉钟离(故 1201661-5　二级乙);

(134) 竹根雕八仙庆寿——曹国舅(故 1201661-6　二级乙);

(135) 竹根雕八仙庆寿——何仙姑(故 1201661-7　二级乙);

(136) 竹根雕八仙庆寿——寿星(故 1201661-8　二级乙);

(137) 金胎珊瑚桃云龙福寿纹桃式盒(故 11647　未定级);

(138) 紫檀木边嵌牙仙人福寿字挂屏(故 209884　二级);

(139) 紫檀木边嵌牙仙人福寿字挂屏(故 209885　二级);

(140) 金镶珠九蝠挑头(故 12077　未定级);

(141) 金嵌玉石扁方(故 11826　未定级);

(142) 嵌翠玉盆景(故 199115　未定级);

(143) 掐丝珐琅桃蝠山子盆红珊瑚盆景(故 126196　未定级);

(144) 银累丝烧蓝花式盒(故 138420　二级甲);

(145) 铜镀金嵌料石镂空塔(故 185384　未定级);

(146) 象牙雕群仙祝寿塔(故 124668　二级乙);

(147) 紫檀木雕花嵌螺钿绣寿字纹围屏(32 扇)(故 210747　未定级);

(148) 玳瑁镶珠石翠花卉纹扁方(故 10054　三级);

(149) 银镀金烧蓝嵌红宝石高足盖盒(故 10005　一级乙);

(150) 铜镀金嵌珠宝三块带瓦(故 10028　二级甲)。

故宫博物院早期院史展 9 件:

(1) 文物南迁第一箱;

(2) 文物南迁第六箱;

(3) 红木洋式椅(故 208259　未定级);

(4) 沙发(资 218);

(5) 花几(资 200);

(6) 红木长桌(资家 90　资料);

(7) 木洋式圆桌(资家 197　资料);

(8) 掐丝珐琅开光四季花鸟图挑耳瓶(故 117383　二级乙);

(9) 掐丝珐琅开光四季花鸟图挑耳瓶(故 117383　二级乙)。

故宫博物院典藏金银器展 22 件:

(1) 紫檀木嵌珐琅宝座(故 208819　二级);

(2) 紫檀木边座嵌珐琅四友图围屏(故 210846　未定级);

(3) 赤金螺旋纹箸(故 11601　未定级);

(4) 银塔(故141328　未定级);

(5) 铜镀金嵌料石四方形龛(故178141　未定级);

(6) 合金双龙纽云龙纹编钟——黄钟(故169536-1/16　一级乙);

(7) 合金双龙纽云龙纹编钟——大吕(故169536-2/16　一级乙);

(8) 合金双龙纽云龙纹编钟——太簇(故169536-3/16　一级乙);

(9) 合金双龙纽云龙纹编钟——夹钟(故169536-4/16　一级乙);

(10) 合金双龙纽云龙纹编钟——姑洗(故169536-5/16　一级乙);

(11) 合金双龙纽云龙纹编钟——仲吕(故169536-6/16　一级乙);

(12) 合金双龙纽云龙纹编钟——蕤宾(故169536-7/16　一级乙);

(13) 合金双龙纽云龙纹编钟——林钟(故169536-8/16　一级乙);

(14) 合金双龙纽云龙纹编钟——夷则(故169536-9/16　一级乙);

(15) 合金双龙纽云龙纹编钟——南吕(故169536-10/16　一级乙);

(16) 合金双龙纽云龙纹编钟——无射(故169536-11/16　一级乙);

(17) 合金双龙纽云龙纹编钟——应钟(故169536-12/16　一级乙);

(18) 合金双龙纽云龙纹编钟——倍夷则(故169536-13/16　一级乙);

(19) 合金双龙纽云龙纹编钟——倍南吕(故169536-14/16　一级乙);

(20) 合金双龙纽云龙纹编钟——倍无射(故169536-15/16　一级乙);

(21) 合金双龙纽云龙纹编钟——倍应种(故169536-16/16　一级乙);

(22) 紫金白上乐金刚(故197908　未定级)。

慈宁宫雕塑展20件:

(1) 木雕金漆宗喀巴坐像(故876　二级);

(2) 木雕水月观音菩萨像(新104399　一级乙);

(3) 泥塑关羽立像(新51520　二级);

(4) 沉香木旃檀佛立像(故118　三级);

(5) 木雕彩绘观音菩萨立像(新62604　二级);

(6) 三彩马(新112722　二级);

(7) 铜鎏金韦驮像(新100555　三级);

(8) 铜菩萨头像(新 60638　三级);

(9) 铁罗汉像头(新 97482　二级);

(10) 铁菩萨像头(新 140509　三级);

(11) 陶镇墓兽头(新 142666　二级);

(12) 陶武士俑(资雕塑 40　资料);

(13) 陶武士俑(资雕塑 41　资料);

(14) 陶马(资雕塑 42　资料);

(15) 石立像(新 40403　二级);

(16) 石佛像(新 177720　二级);

(17) 石菩萨立像(新 177718　二级);

(18) 石菩萨立像(新 177719　二级);

(19) 三彩武士俑(新 93115　二级);

(20) 石佛造像碑(新 18549　一级甲)。

汝窑瓷器展 2 件:

(1) 香炉(外借);

(2) 康熙款五彩鱼藻纹碗(新 63078　二级)。

常设武备展 22 件:

(1) 正白旗盔甲〔故 171990(甲分 1,盔分 1)二级〕;

(2) 正白旗盔甲〔故 171990(甲分 1,盔分 1)二级〕;

(3) 正白旗盔甲〔故 171990(甲分 1,盔分 1)二级〕;

(4) 正白旗盔甲〔故 171990(甲分 2,盔分 2)二级〕;

(5) 镶白旗盔甲〔故 171994(甲分 1,盔分 1)二级〕;

(6) 镶白旗盔甲〔故 171994(甲分 1,盔分 1)二级〕;

(7) 正蓝旗盔甲〔故 171989(甲分 1,盔分 1)二级〕;

(8) 正蓝旗盔甲〔故 171989(甲分 2,盔分 94)二级〕;

(9) 镶蓝旗盔甲〔故 171993(甲分 1,盔分 1)二级〕;

(10) 镶蓝旗盔甲〔故 171993(甲分 2,盔分 92)二级〕;

(11) 正红旗盔甲〔故171987(甲分1,盔分1)二级〕;

(12) 正红旗盔甲〔故171987(甲分2,盔分2)二级〕;

(13) 镶红旗盔甲〔故171991(甲分1,盔分1)二级〕;

(14) 镶红旗盔甲〔故171991(甲分2,盔分2)二级〕;

(15) 正黄旗盔甲〔故171988(甲分1,盔分1)二级〕;

(16) 正黄旗盔甲〔故171988(甲分2,盔分3)二级〕;

(17) 镶黄旗盔甲〔故171992(甲分1,盔分1)二级〕;

(18) 镶黄旗盔甲〔故171992(甲分2,盔分2)二级〕;

(19) 青缎盔甲〔故171996(甲分1,盔分1)二级〕;

(20) 青缎盔甲〔故171996(甲分3,盔分2)二级〕;

(21) 白缎盔甲(八旗)〔故171995(甲分2,盔分2)二级〕;

(22) 白缎盔甲〔故171995(甲分3,盔分1)二级〕。

珍宝馆展16件:

(1) 银覆斛式方形套杯(新00066386-1/12 二级甲);

(2) 银覆斛式方形套杯(新00066386-2/12 二级甲);

(3) 银覆斛式方形套杯(新00066386-3/12 二级甲);

(4) 银覆斛式方形套杯(新00066386-4/12 二级甲);

(5) 银覆斛式方形套杯(新00066386-5/12 二级甲);

(6) 银覆斛式方形套杯(新00066386-6/12 二级甲);

(7) 银覆斛式方形套杯(新00066386-7/12 二级甲);

(8) 银覆斛式方形套杯(新00066386-8/12 二级甲);

(9) 银覆斛式方形套杯(新00066386-9/12 二级甲);

(10) 银覆斛式方形套杯(新00066386-10/12 二级甲);

(11) 银覆斛式方形套杯(新00066386-11/12 二级甲);

(12) 银覆斛式方形套杯(新00066386-12/12 二级甲);

(13) 银累丝瓜棱式瓶(故141628 二级甲);

(14) 银累丝花篮(故141618 二级甲);

(15) 银提梁壶(故 141633　二级甲);

(16) 银累丝烧蓝花式盒(故 137781　二级甲)。

2015 年澳大利亚展 8 件:

(1) 金廷标画弘历宫中行乐图轴(故 5278　二级);

(2) 清人画弘历是一是二挂屏(故 6492　二级);

(3) 郎世宁画弘历哨鹿图轴(故 5364　二级);

(4) 金廷标簪花图轴(故 5272　二级);

(5) 清人画万树园赐宴图轴(故 6275　一级);

(6) 张宗昌画弘历抚琴图轴(故 5495　二级);

(7) 清人画弘历威弧获鹿图卷(故 9205　二级);

(8) 倪瓒狮子村图卷(新 146662　二级)。

扬州八怪展览 5 件:

(1) 闵贞芙蓉鳜鱼轴(新 61326　二级);

(2) 黄慎草书诗轴(新 127589　二级);

(3) 罗聘花果册(新 130617　二级);

(4) 闵贞芭蕉仕女轴(新 13847　二级);

(5) 黄慎画麻姑仙像轴(新 146964　二级)。

武英殿历代书画陈列(第三轮第一期)3 件:

(1) 戴进关山行旅图轴(新 147264　一级乙);

(2) 弘仁西岩松雪图轴(新 146178　二级甲);

(3) 王翚夏五吟梅图轴(新 86480　二级甲)。

台北故宫博物院"郎世宁来华三百年特展"2 件:

(1) 清人画慧贤皇贵妃朝服像轴(故 6525　二级乙);

(2) 郎世宁海天旭日图横轴(故 9186　二级)。

石渠宝笈特展 25 件:

(1) 福临行书苏轼武侯庙记卷(故 237829　未定级);

(2) 袁桷 徐逊 郭畀 行书诗词卷(新 145396　一级);

(3) 唐寅自书词曲卷(故 2475　一级);

(4) 弘历行书随安室诗卷(故 238694　未定级);

(5) 胤禛行书三月三日得雨诗卷(故 238423　未定级);

(6) 弘历行书学诗堂记卷(故 238918　未定级);

(7) 玄烨行书除夕书怀轴(故 237954　未定级);

(8) 张照临王献之帖卷(故 2578　未定级);

(9) 陈邦彦楷书圆明园四十景诗轴(故 2583　未定级);

(10) 八书画合璧卷(新 147439　二级);

(11) 仇英兰亭修禊图卷(故 4914　三级);

(12) 王原祁西岭春晴图卷(新 146047　二级);

(13) 邹典金陵胜景图卷(新 122565　二级);

(14) 宋旭五岳图卷(新 64335　二级);

(15) 帖附件木盒 宋拓麻纸淳化阁帖册 附件木盒 贴黄条(故 4678-1/10　一级乙);

(16) 福临山水轴(故 236769　未定级);

(17) 弘历临燕肃秋山晚霭图卷(故 247923　未定级);

(18) 倪瓒古木竹石图轴(故 5400　未定级);

(19) 徐扬画弘历再游支硎诗意卷(故 5440　未定级);

(20) 董诰文园狮子林图卷(故 5774　三级);

(21) 张若霭临明朱竹书画卷(新 146744　三级);

(22) 清人英和像卷(新 109001　未定级);

(23) 清人那彦成肖像轴(新 105185　三级);

(24) 宋人盘车图轴(故 6174　一级甲);

(25) 清拓玄烨赐蒋廷锡临黄庭坚行书步虚词十首之一册(故 248939　三级)。

寿康宫原状陈列展览 47 件:

(1) 弘历行书乙酉正月十一延春阁恭奉皇太后观灯即事一律横披

(故245494　未定级);

(2) 弘历行书壬申端阳日侍皇太后观竞渡轴(故239678　未定级);

(3) 弘历行书山庄侍皇太后宴恭纪一律字条(故246747　未定级);

(4) 乾隆画百喜图轴(故237125　未定级);

(5) 永瑢题山水图隔扇心(资原状3170　资料)(5件);

(6) 乾隆御笔"金盘……丹粟"对联 匾(故211442　未定级);

(7) 弘历慈竹水仙轴(故00237301　未定级);

(8) 邹一桂杏花春燕图轴(故00005821　未定级);

(9) 弘历恭祝七旬慈虾山水轴(故00237235　未定级);

(10) 乾隆珠躔朗曜寿星轴(故00237288　未定级);

(11) 永瑢平安如意图轴(新00146172　未定级);

(12) 弘历多禄图轴(故00237275　未定级);

(13) 弘历丹桂黄花轴(故00237349　未定级);

(14) 弘历三寿作朋轴(故00237295　未定级);

(15) 弘历行书五言联 寿康宫复制品(故00240985　未定级);

(16) 弘历行书丁酉新正月二日恭侍皇太后宴即事喜成(故00244448 未定级);

(17) 永瑢海屋添筹图轴(故00004933　未定级);

(18) 弘历行书恭迎皇太后喜而成什横披(故00242052　未定级);

(19) 清人群仙祝寿贴落(故00229107-1/2　三级);

(20) 清人群仙祝寿贴落(故00229107-2/2　三级);

(21) 张宗苍山水轴(故00005486　二级乙);

(22) 弘历画插瓶花卉挂屏(故00247952　未定级);

(23) 弘历画松梅挂屏(故00247947　未定级);

(24) 清人画孝圣宪皇后朝服像轴(故0006454　二级);

(25) 紫檀车棚式木楼钟(故183170　未定级);

(26) 宫扇;

(27) 轩辕镜;

(28) 银双鹤盆景(故126701 二级乙);

(29) 寿康宫后殿黄花梨大柜;

(30) 金塔(故11866 一级乙);

(31) 画珐琅开光鸟兽图椭圆手炉(故115727 二级乙);

(32) 银累丝嵌玉石玻璃盆银叶玉石桃花盆景(故126609 未定级);

(33) 银累丝嵌玉石玻璃盆银叶玉石桃花盆景(故126610 未定级);

(34) 掐丝珐琅云蝠纹花篮式壁灯(故117767 二级乙);

(35) 掐丝珐琅云蝠纹花篮式壁灯(故117766 二级乙);

(36) 缂丝"出门见喜"春条(资古建2422 资料);

(37) 缂丝攒竹嵌玉石围屏(故198915 未定级);

(38) 出门见喜 贴板2件(资古建00002422 资料);

(39) 弘历行书迎祥二字春条(2件)(故00244778 未定级);

(40) 御笔福字挂屏(故00244780)(6件)。

乾隆花园二期工程(符望阁)12件:

(1) 童华款窗扇;

(2) 沈士儒款窗扇;

(3) 赵佑宸款窗扇;

(4) 陈兆凤款窗扇;

(5) 陈兆凤款窗扇;

(6) 童华款窗扇;

(7) 无款款窗扇;

(8) 蒋艮款窗扇;

(9) 蒋艮款窗扇;

(10) 张继明款窗扇;

(11) 徐郙款窗扇;

(12) 沈士杰款窗扇。

光影百年展 2 件：

（1）光绪三十三年秋近畿陆军第一六镇演戏战守图相册封面（照 06896－06935）；

（2）北海西天梵境前琉璃牌坊照片（照 01937）。

文物保护修复技艺特展 14 件：

（1）乾隆御稿龙箱；

（2）黑漆彩画云龙纹瑟（故 169875　三级）；

（3）英国铜镀金乡村景色水法钟（故 182739　未定级）；

（4）英国铜镀金乡村景色水法钟（故 182738　未定级）；

（5）人面纹牌饰（故 221580　未定级）；

（6）铜鎏金无量寿佛（故 195011　未定级）；

（7）铜鎏金白上乐金刚（故 188837　未定级）；

（8）木柄黑漆鞘高丽刀（故 171937－46/177　未定级）；

（9）木柄黑漆鞘高丽刀（故 171937－57/177　未定级）；

（10）石青色纳纱四团彩云蝠金龙纹单衮服（故 44385　三级）；

（11）花梨木嵌螺钿玉石人物图顶竖柜（故 209015　二级）；

（12）黑漆嵌螺钿云蝠山水图海棠式二层套盒（故 111353　二级甲）；

（13）剔红海水纹嵌玉笔筒（故 109591　三级）；

（14）剔红嵌锦纹玉笔筒（故 115351　三级）。

东华门古建筑展览 8 件：

（1）万字框臣工书画加纱木窗心（资古建 2032　资料）；

（2）万字框臣工书画加纱木窗心（资古建 2035　资料）；

（3）紫檀玻璃门扇（资古建 1952　资料）；

（4）绛雪轩雕花槅扇；

（5）五抹紫檀珐琅卡子臣工书画嵌五蝠云龙铜鎏金裙板隔扇（资古建 2284　资料）；

（6）楠木梅花冰裂纹木刻贴雕裙板玻璃隔扇（资古建 2165　资料）；

(7) 楠木梅花冰裂纹木刻贴雕裙板玻璃隔扇(资古建 2163　资料);

(8) 五抹紫檀蝠云镂空夔龙绦环板博古裙板隔扇(资古建 1885　资料)。

漱芳斋原状陈列文物 14 件：

(1) 修复纱扇 4 扇;

(2) 修复门框 5 处;

(3) 紫檀木刻乾隆书诗围屏(故 210817　未定级);

(4) 红木雕云龙纹椅(故 208061　未定级);

(5) 红木雕云龙纹椅(故 208062　未定级);

(6) 紫檀木雕圆寿字纹椅背(故 208292　未定级);

(7) 紫檀木雕圆寿字纹椅背(新 93876466　未定级)。

咸若馆原状陈列文物 127 件：

(1) 木金漆塔底座(故 203085 - 1/8　未定级);

(2) 木金漆塔底座(故 203085 - 2/8　未定级);

(3) 木金漆塔底座(故 203085 - 3/8　未定级);

(4) 木金漆塔底座(故 203085 - 4/8　未定级);

(5) 木金漆塔底座(故 203085 - 5/8　未定级);

(6) 木金漆塔底座(故 203085 - 6/8　未定级);

(7) 木金漆塔底座(故 203085 - 7/8　未定级);

(8) 木金漆塔底座(故 203085 - 8/8　未定级);

(9) 硬木七层佛塔(故 203088 - 1/2);

(10) 硬木七层佛塔(故 203088 - 2/2);

(11) 铜五供——香炉(故 203059 - 1/5　未定级);

(12) 铜五供——蜡扦(故 203059 - 2/5　未定级);

(13) 铜五供——蜡扦(故 203059 - 2/5　未定级);

(14) 铜五供——花瓶(故 203059 - 4/5　未定级);

(15) 铜五供——花瓶(故 203059 - 5/5　未定级);

(16) 铜法轮(故 203071　未定级);

(17) 铜法轮(故 203072　未定级);

(18) 银花瓶(资原状 1946　资料);

(19) 银花瓶(资原状 1947　资料);

(20) 铜磬(故 203060　未定级);

(21) 铜磬(故 203065　未定级);

(22) 楠木小塔底座 2 件;

(23) 楠木佛塔配铜铃铛 80 件;

(24) 铜镀金嵌玉香筒 4 件;

(25) 青铜器 5 件;

(26) 高丽刀 9 件;

(27) 铜炭炉罩等 6 件。

青岛市博物馆复制印章 5 件:

(1) "东安长印"鼻钮铜印;

(2) "东武令印"鼻钮铜印;

(3) "赣榆丞印"瓦钮铜印;

(4) "柜长之印"鼻钮铜印;

(5) "朱虚丞印"瓦钮铜印。

北五所库房 5 件:

(1) 紫檀木嵌玻璃大吉葫芦式灯穗(故 00182545　未定级);

(2) 紫檀木嵌玻璃大吉葫芦式灯穗(故 00182548　未定级);

(3) 描金漆花卉纹玻璃葫芦式挂灯穗(故 00182615　未定级);

(4) 画珐琅帽蓝圆玻璃挂灯穗(故 00182606　未定级);

(5) 彩漆嵌玻璃四方委角挂灯穗(故 00182617　未定级)。

其他 83 件:

(1) 铜镀金嵌五色玻璃转花钟(故 182663　未定级);

(2) 铜镀金珐琅荷花缸钟(故 183083　未定级);

(3) 木楼嵌螺钿五塔钟(故 183448　未定级);

(4) 沉香木旃檀佛立像(故 118　三级);

(5) 木雕彩绘观音菩萨立像(新 62604　二级);

(6) 银累丝嵌玉石玻璃盆银叶玉石茶花盆景(故 126610　未定级);

(7) 清人画普宁寺弘历佛装像轴(故 6485　未定级);

(8) 金錾花云龙纹葫芦式执壶(故 12132　未定级);

(9) 金嵌松石圆塔(故 178149　未定级);

(10) 木雕彩绘观音菩萨像头(新 62603　二级);

(11) 紫檀木镶竹几(故 207232　一级乙);

(12) 紫檀木镶竹几(故 207233　一级乙);

(13) 雪灰色缎绣竹蝶纹花盆底女夹鞋(故 61359　三级);

(14) 铜镀金嵌珐琅扇扇机器人表(故 183077　未定级);

(15) 木胎镶牙交椅(故 207885　一级乙);

(16) 大白釉罐(新 188000　三级);

(17) 陶镇墓兽头(新 142666　二级);

(18) 陶武士俑(资雕塑 40);

(19) 陶武士俑(资雕塑 41);

(20) 陶马(资雕塑 42);

(21) 泥塑彩绘雍正帝坐像(故 937　一级乙);

(22) 黑漆描金靠背(资家 1066　三级);

(23) 金镶青玉嵌乌木箸(故 11609　未定级);

(24) 金镶珠宝凤头簪(故 12100　未定级);

(25) 金镶珠宝凤头簪(故 12104　未定级);

(26) 高丽刀刀鞘 4 件;

(27) 文化部大幅绘画　2 件;

(28) 漱芳斋更换窗纱　52 件。

抢救性保护修复慈宁花园、寿康宫、乾隆花园、毓庆宫等原状陈列文物及库房文物共 30 件:

(1) 慈禧太后御笔"诚感神应"匾(资原状 2016　吉云楼);

（2）慈禧太后御笔"佛"匾（资原状 2013　吉云楼）；

（3）乾隆帝御笔"含清斋"匾（资原状 1996）；

（4）汪廷珍书"其致也"贴落（资原状 2008）；

（5）顾皋书"时也寰宇"贴落（资原状 2007）；

（6）何彤云书"御制慈荫楼书感"贴落（资原状 2006）；

（7）朱珔书"耸兰楣"贴落（资原状 2005　吉云楼）；

（8）曹振镛书"龙篆、鸿僖"对联（资原状 2010　吉云楼）；

（9）顾皋书"萱夹""芝华"对联贴落（资原状 2009　吉云楼）；

（10）嘉庆御笔"家国常经"贴落（故 198977　符望阁）；

（11）董诰画梅水仙山茶贴落（故 199003　二级　符望阁）；

（12）乾隆帝御笔偶读一首贴落（故 198972　二级　符望阁）；

（13）方琮山水贴落（三友轩）；

（14）蒋懋德画山水图贴落（故 198899　未定级）；

（15）嘉庆御笔"书宝旧题"贴落；

（16）嘉庆御笔"陕楚赋渐平"贴落；

（17）嘉庆御笔"几间坐温室"贴落；

（18）铜文殊菩萨（故 188492　未定级）；

（19）铜鎏金白上乐金刚（故 188837　未定级）；

（20）铜鎏金无量寿佛（故 195333　未定级）；

（21）铜鎏金尊胜佛母（故 188112　未定级）；

（22）铜鎏金无量寿佛（故 195011　未定级）；

（23）符望阁窗扇 8 件。

附录二 文物修复相关

人工临摹书画复制(72件)

(1)《雏鸡待饲图》;

(2)《琵琶山鸟图》;

(3) 寿康宫贴落上印章10方;

(4) 军机处复制古书4套(共32本)和单书2本;

(5) 寿康宫乾隆对联的摹制(1副);

(6) 淑芳斋背景福字的摹制(5幅);

(7) 寿康宫贴落8帧(复制);

(8) 董诰山水轴(接笔);

(9) 寿康宫缂丝屏风一套(3件)(复制);

(10) 寿康宫贴落13帧(复制);

(11) 崇庆皇太后万寿图(接笔)。

数字临摹书画复制(93件)

(1) 雍正帝为西北军发出的朱笔谕旨;

(2) 雍正帝列举大将军年羹尧及雍正帝的兄弟允禩、允禵罪状的朱谕;

(3) 乾隆二十一年军机大臣会同兵部关于处理调拨西北军用马匹一案事录副奏折；

(4) 乾隆四十八年兵部关于办理军机档案处供事官员品级事的咨文；

(5) 乾隆三十七年军机大臣遵旨传谕苏杭织造如期解运伊犁等处所需贸易绸缎的上谕；

(6) 乾隆四十年平定金川基木斯丹当噶以下一带作战形势图；

(7) 道光四年达赖喇嘛给清帝的奏书；

(8) 道光二十年英国驻清政府领事为占领香港一事致两广总督的照会；

(9) 同治十三年关于恭亲王奕訢降为郡王仍在军机大臣上行走的朱笔谕旨；

(10) 光绪三十三年两广总督关于黄冈革命党起义致军机处请代奏电文；

(11) 宣统三年关于在京组织医队办理救济事致袁世凯的信件；

(12)《大清一统志》(附原配函套1个)10册(00000270-1-10/240)；

(13)《平定两金川方略》(附原配函套1个)8册(00000101-1-8/64)；

(14)《钦定西域同文志》(附后配函套1个)8册(00000057-1-8/8)；

(15)《钦定八旗通志》(附原配函套1个)8册(00000215-1-8/290)；

(16)《寿康宫隔扇蕊》微喷复制48件。

囊匣制作(108件)

(1) 2015年下半年继续为器物部金石组制作甲骨囊匣100件，并且已全部取走；

(2) 完成国际礼品囊匣4件；

(3) 为宫廷部复制书套4件。

附录三 文物修复合作 76 件

(1) 铜五供——香炉(故 203059-1/5　未定级);

(2) 铜五供——蜡扦(故 203059-2/5　未定级);

(3) 铜五供——蜡扦(故 203059-3/5　未定级);

(4) 铜五供——花瓶(故 203059-4/5　未定级);

(5) 铜五供——花瓶(故 203059-5/5　未定级);

(6) 木金漆八宝——轮(故 203067-1/8　未定级);

(7) 木金漆八宝——螺(故 203067-2/8　未定级);

(8) 木金漆八宝——伞(故 203067-3/8　未定级);

(9) 木金漆八宝——盖(故 203067-4/8　未定级);

(10) 木金漆八宝——花(故 203067-5/8　未定级);

(11) 木金漆八宝——罐(故 203067-6/8　未定级);

(12) 木金漆八宝——鱼(故 203067-7/8　未定级);

(13) 木金漆八宝——肠(故 203067-8/8　未定级);

(14) 木金漆花瓶(故 203069-1/4　未定级);

(15) 木金漆花瓶(故 203069-2/4　未定级);

(16) 木金漆花瓶(故 203069-3/4　未定级);

(17) 木金漆花瓶(故 203069-4/4　未定级);

(18) 木香几(故 203068-1/7　未定级);

(19) 木香几(故 203068-2/7　未定级);

(20) 木香几(故 203068-3/7　未定级);

(21) 木香几(故 203068-4/7　未定级);

(22) 木香几(故 203068-5/7　未定级);

(23) 木香几(故 203068-6/7　未定级);

(24) 木香几(故 203068-7/7　未定级);

(25) 红漆描金供桌(故 203066　未定级);

(26) 木刻金漆乾隆帝御笔"寿国香台"(故 203082　未定级);

(27) 木刻乾隆帝御笔对联(故 203083　未定级);

(28) 剔红横匾(局部)(故 00210914　二级);

(29) 紫檀木雕花嵌螺钿绣寿字纹围屏(故 210747-1/5　未定级);

(30) 紫檀木雕花嵌螺钿绣寿字纹围屏(故 210747-2/5　未定级);

(31) 紫檀木雕花嵌螺钿绣寿字纹围屏(故 210747-3/5　未定级);

(32) 紫檀木雕花嵌螺钿绣寿字纹围屏(故 210747-4/5　未定级);

(33) 紫檀木雕花嵌螺钿绣寿字纹围屏(故 210747-5/5　未定级);

(34) 红木条桌(资 150);

(35) 红木方凳(资 172);

(36) 楠木方凳(资 75);

(37) 楠木方凳(资 76);

(38) 红木圆凳(资 77);

(39) 红木花篮椅(资 314);

(40) 红木花篮椅(资 370);

(41) 红木花篮椅(资 382);

(42) 红木花篮椅(资 393);

(43) 条桌(资 166);

（44）红木长桌（资183）；

（45）楠木方凳（资163）；

（46）花梨桌子（资158）；

（47）红木花篮椅（资365）；

（48）红木花篮椅（资384）；

（49）红木花篮椅（资394）；

（50）紫檀木雕花纹桃式机（故208367　未定级）；

（51）花梨圈椅（故168108）；

（52）紫檀木雕云龙纹翘头案（故206459　二级）；

（53）紫檀木雕灵芝纹方机（新149926　二级）；

（54）紫檀木雕灵芝纹方机（新149925　二级）；

（55）木楼二套带日历钟（故183423　未定级）；

（56）木楼二套带日历钟（故183424　未定级）；

（57）木楼嵌铜活三套三针乐钟（故183303　未定级）；

（58）木楼嵌铜活三套三针乐钟（故183304　未定级）；

（59）木楼嵌铜活带日历钟（故183398　未定级）；

（60）彩绘佛头；

（61）高丽刀刀鞘5件；

（62）紫檀嵌雕填香几2件；

（63）紫檀底座4件。

附录四 宋代五大名窑科学技术国际学术讨论会

（1）陈丽琼，重庆中国三峡博物馆；重庆市人民政府文史研究馆，钧窑之源与始烧年代；

（2）陈文增，河北省曲阳定瓷有限责任公司，当代定窑烧制技艺研究；

（3）丁银忠，古陶瓷保护研究国家文物局重点科研基地（故宫博物院），清凉寺窑汝官青瓷制釉技术起源的科技探讨；

（4）段鸿莺，古陶瓷保护研究国家文物局重点科研基地（故宫博物院），浙江龙泉哥窑与杭州老虎洞官窑黑胎青瓷瓷片的对比研究；

（5）冯松林，中国科学院高能物理研究所，清凉寺汝官瓷胎釉特征的综合分析；

（6）高美京，北京大学，定窑与仿定窑瓷器；

（7）郭学雷，深圳博物馆，"官钧"花器用途考；

（8）韩立森，河北省文物考古所，定窑报告整理的相关问题；

（9）韩鹏，开封市文广新局，北宋官窑在开封的历史传承和地域分布；

（10）侯佳钰，古陶瓷保护研究国家文物局重点科研基地（故宫博物

院),清凉寺汝官窑窑址瓷片釉层的显微结构研究;

(11) 黄晓蕙,广东佛山市博物馆,宋钧窑对石湾窑的影响研究;

(12) 黄旸,中国科学院高能物理研究所,南宋官窑出土瓷片的 EDXRF 分析;

(13) 贾翠,古陶瓷保护研究国家文物局重点科研基地(故宫博物院),宋代汝官窑冰裂纹样品的分析研究;

(14) 江建新,景德镇陶瓷考古研究所,略论明清官窑仿汝窑瓷器及相关问题;

(15) 康葆强,古陶瓷保护研究国家文物局重点科研基地(故宫博物院),定窑考古发掘出土制胎原料的研究;

(16) 李宝平,索斯比(伦敦),澳大利亚悉尼大学,介绍几件拍卖行重要宋瓷及其学术价值;

(17) 李国霞,郑州大学物理工程学院,铜红系列钧官瓷烧制工艺初探;

(18) 李合,古陶瓷保护研究国家文物局重点科研基地(故宫博物院),杭州南宋官窑瓷片标本的锶同位素比值(87Sr/86Sr)研究;

(19) 李建毛,湖南省博物馆,宋五大名窑钩沉;

(20) 李丽,中国科学院高能物理研究所,采用 EDXRF 和 EPMA 研究南宋官窑与明代龙泉官瓷的关系;

(21) 李融武,北京师范大学物理学系,御用汝瓷和南宋官瓷起源和着色机理的研究;

(22) 李伟东,中国科学院上海硅酸盐研究所,汝窑和老虎洞窑青釉瓷的科学研究;

(23) 李媛,古陶瓷保护研究国家文物局重点科研基地(故宫博物院),钧瓷窑变花釉的科技研究;

(24) 栗媛秋,中国科学院大学人文学院科技史与科技考古系,中国科学院古脊椎动物与古人类研究所,长沙窑唐代花釉与宋代钧瓷分相釉呈色机制的对比研究；

（25）林俊，河南省汝瓷文化研究会，汝窑瓷器传统烧制技艺恢复研究；

（26）刘松，中国科学院上海光学精密机械研究所科技考古中心，河南省出土钧釉瓷的无损科技分析；

（27）马会昌，定窑遗址保管所，定瓷绿釉，曾生瑞草山常秀葬有西施土亦香——定窑遗址考古简说；

（28）马小颖，河北师范大学历史文化学院，定窑燕川区考古发掘及相关问题探讨摘要；

（29）孟繁峰，河北省文物研究所，谈新发现的井陉窑宋三彩；

（30）苗建民，古陶瓷保护研究国家文物局重点科研基地（故宫博物院），"北宋钧窑瓷器"热释光年代测定研究；

（31）舒佩琦，鸿禧美术馆，鸿禧馆藏的宋代五大名窑；

（32）王芬，陕西科技大学材料科学与工程学院，钧瓷乳光蓝的正与误——兼论其色斑与流纹的形成机理；

（33）王建保，中国收藏家协会，试论哥窑风格的形成；

（34）王莉英，故宫博物院，中国古陶瓷学会，汝窑天青釉瓷的胎与釉；

（35）王三营，开封市文物考古研究所，对开封新街口出土瓷器的认识；

（36）项坤鹏，故宫博物院研究室，唐末五代宫廷中的定瓷——从王处直墓相关材料谈起；

（37）徐华烽，故宫博物院考古研究所，钧窑分期新论——以禹州闵庄为中心；

（38）闫灵通，中国科学院高能物理研究所，浙江龙泉黑胎青瓷的 EDXRF 分析；

（39）杨大伟，河南广播电视大学，钧官瓷和刘家门窑钧瓷的产地和显微结构对比分析；

（40）叶国珍，浙江萧山宋代名瓷研究所，南宋官窑冰裂纹青瓷研究；

（41）于乐土，河南省北宋官瓷技术工程研究中心，开封东窑与北宋官瓷"紫口铁足"的法缘；

（42）于乐土，河南省北宋官瓷技术工程研究中心，纹犹鳝血裂冰肤——北宋官瓷的开片艺术；

（43）张遥，北京大学考古文博学院，金代定窑与邢窑黑釉瓷工艺研究；

（44）张义，禹州市钧窑瓷器研究所，钧官瓷复烧及工艺研究——中国宋钧官瓷釉的实验与研究的后续研究；

（45）赵兰，古陶瓷保护研究国家文物局重点科研基地（故宫博物院）；

（46）郑直，许昌学院，外加过渡金属纳米材料复烧宋钧官瓷的工艺研究；

（47）周少华，浙江大学文化遗产与博物馆学研究所，浙江出土宋代黑胎、多层釉青瓷科学研究；

（48）朱铁权，中山大学社会学与人类学学院科技考古实验室，广州惠福西路南粤先贤馆遗址定窑白瓷研究；

（49）朱文立，汝州市朱文立汝瓷艺术有限公司，汝瓷、柴瓷天青釉的奥秘；

（50）朱文立，汝州市朱文立汝瓷艺术有限公司，汝州城内将台柴窑（疑似）窑址的寻找、发现与研究；

（51）Chandra L. Reedy，university of Delaware，Petrographic and Image Analysis of Ceramic Thin Sections of Classic Wares of Song Dynasty；

（52）Chris Doherty，Oxford University，岩相学和地质学方法应用于宋代汝官窑胎体的研究；

293

（53）Nigel Wood,Oxford University,精制的寺龙口南宋"官窑类"瓷片标本；

（54）Pamela Vandiver,university of Arizona,Influence of Thermal History on Microstructure；

（55）Sabrina Rastelli,Università Ca' Foscari Venezia,宋代五大名窑的概念：根据中西方文献理解；

（56）Stacey Pierson,University of London,带乾隆题记的模印定窑瓷器——以大维德收藏的定窑碗为例；

（57）Trinitat Pradell,Universitat Politecnica de Catalunya,氧化铁及纳米分相结构对钧窑蓝色釉层的呈色作用。